检察工作现代化背景下

民事行政公益诉讼检察监督理论与实证研究

陈　明 / 主　编
杜豫苏 / 副主编

中国检察出版社

图书在版编目（CIP）数据

检察工作现代化背景下民事行政公益诉讼检察监督理论与实证研究/陈明主编；杜豫苏副主编．—北京：中国检察出版社，2023.11

ISBN 978-7-5102-2953-4

Ⅰ.①检…　Ⅱ.①陈…②杜…　Ⅲ.①诉讼法-研究-中国　Ⅳ.①D925.04

中国国家版本馆 CIP 数据核字(2023)第 203171 号

检察工作现代化背景下民事行政公益诉讼检察监督理论与实证研究

陈　明　主编　杜豫苏　副主编

责任编辑：杜英琴
技术编辑：王英英
封面设计：徐嘉武

出版发行：中国检察出版社
社　　址：北京市石景山区香山南路 109 号（100144）
网　　址：中国检察出版社（www.zgjccbs.com）
编辑电话：（010）86423766
发行电话：（010）86423726　86423727　86423728
（010）86423730　86423732
经　　销：新华书店
印　　刷：河北宝昌佳彩印刷有限公司
开　　本：710 mm×960 mm　16 开
印　　张：20
字　　数：365 千字
版　　次：2023 年 11 月第一版　　2023 年 11 月第一次印刷
书　　号：ISBN 978-7-5102-2953-4
定　　价：60.00 元

编　委　会

代序一

群英荟萃献良策　聚焦监督提质效

——一场理论与实务双向奔赴的盛宴

陈　明*

党的二十大报告对“坚持全面依法治国，推进法治中国建设”作出重点部署，专门强调“加强检察机关法律监督工作”“完善公益诉讼制度”。最高检强调，要围绕新时代检察理论研究，促进习近平法治思想更深融入、引领检察实践。陕西省院王旭光检察长指出，检察理论研究是推动检察工作高质量发展的先导性、基础性工程，承载着助推新时代检察事业高质量发展的重大使命。全市检察机关高度重视理论研究和检察实务融合工作，坚持以党的二十大精神为统领，一以贯之地把理论研究作为夯基础的有力措施、树品牌的重要抓手、走前列的具体体现，以检察理论与实务双向奔赴的理念，赋予西安检察法律监督工作更高的政治站位、更强的时代使命、更重的法治责任！

一、提升政治素养，把“从政治上看”融入检察调研全过程

检察机关是业务机关，更是政治机关，检察理论研究之舟要在

* 陈明，陕西省西安市人民检察院党组书记、检察长。

检察事业的长河中扬帆远航，必须校准航向。要始终旗帜鲜明讲政治，认真学习贯彻党的二十大精神，坚持用习近平新时代中国特色社会主义思想和习近平法治思想武装头脑，把握好世界观和方法论，坚持和捍卫“两个确立”，坚决做到“两个维护”，紧紧围绕“五个牢牢把握”“六个必须坚持”，始终胸怀“国之大者”，让检察理论研究工作一直沿着正确道路前行、发展。要坚持人民至上守初心，把以人民为中心的发展思想贯穿西安检察理论研究全过程，从理论上深化监督与民生、办案与民心的内在联系和外在表现，以理论创新引领为人民司法的西安检察实践，厚植党的执政根基。要紧跟时代步伐谋新篇，新时代检察工作的高质量发展，离不开正确理论理念的指导和校准。全市检察机关要立足新阶段新形势新任务，从习近平法治思想丰富内涵中汲取检察新理念，指导实践并总结鲜活经验，推动西安检察高质量、现代化发展。

二、立足检察实践，在发现、研究、解决问题中述学立论兴业

检察理论研究离不开检察实践这片沃土，否则便是无源之水、无本之木。唯有扎根西安检察实践，才能发现并提出有价值的问题；也只有回答和解决好实践中的问题，才能更好地反哺检察实践。近年来，西安市检察机关立足实际，精准开展民事监督，全面深化行政监督，积极稳妥推进公益诉讼监督，办理了一批好案件，制发了一批好建议，取得了一系列积极成效。要坚持问题导向，善于发掘案件中隐藏的深层次问题、蕴含的普遍性规律，瞄准问题和规律，综合运用法律监督手段寻求解决之道，在司法实践的基础上持续推

动检察理论创新，以更强的理论引领促进新时代西安检察实践。要注重融合发展，对标省院党组研究提出的政治与业务深度融合的思想、话语、行为、评价体系开展好各项工作，不断完善民事检察、行政检察与公益诉讼检察部门常态化合作机制，及时移送线索，相互研判分析，有效融合办案，持续破解基础理论、运行机制中的痛点、难点、堵点，汇聚监督合力。着力数字赋能，立足大数据监督实践，探索构建数字检察“模型化”理论体系，全市检察机关要抓住大数据赋能法律监督重塑性、整体性变革的契机，充分挖掘内部办案数据，吸收借鉴先进地区经验，通过数据业务化、业务数据化提升数字检察监督水平，以此推动大数据法律监督前沿理论研究。

三、汇聚群智群力，以更多调研人才打造更高水平研究成果

“为政之要，惟在得人”，应当充分认识到理论实务人才是检察事业发展的关键。要高度重视人才兴检，贯彻落实好市院《关于构建全市检察人才培养和使用新格局的若干意见》，常态化开展检察理论与实务研究，构建全员参与大调研格局，从中发现、培养、使用、储备人才，不断充实两级院调研人才库和理论成果库。要始终坚持领导带头，充分发挥领导干部“头雁”效应，牵头办理重大疑难复杂案件，带头主持参与重点课题研究，协调联动民事、行政、公益诉讼部门，带头运用“检答网”，以群雁高飞头雁领，营造“检学研”一体化的浓厚氛围。要充分发挥西安高校学术理论研究力量较强的优势，打造检校合作理论研究基地，建立健全检察官、政法部门执法办案人员、行业部门业务人员同堂培训机制，聚焦重点领域，

打破专业壁垒，树立国际视野，促进习近平法治思想落地落细落实，努力为全市检察工作高质量发展提供强有力理论支撑。

近日召开的西安市检察理论与实务研讨会（民事 行政 公益诉讼论坛）是进入新时代、迈向新征程的第一次。我们将以此为开端，始终立足时代发展和理论前沿，持续举办各类理论、实务研讨活动，在推进“四大检察”全面充分协调发展中善学善思、善做善成，久久为功、绵绵用力，为扎实推进中国式现代化贡献西安检察更多的研究成果、更优的检察产品、更实的司法保障。

代序二

在首届西安市检察理论与实务研讨会（民事 行政 公益诉讼论坛）上的致辞

葛 迪*

在全国上下掀起党的二十大精神学习、宣传、贯彻热潮的重要时刻，西安市人民检察院举办了首届西安市检察理论与实务研讨会（民事 行政 公益诉讼论坛），恰逢其时。充分体现了新时代新征程上检察机关以理论研究创新推动自身高质量发展，服务保障经济社会高质量发展的决心。

习近平总书记在党的二十大报告中指出，问题是时代的声音，回答并指导解决问题是理论的根本任务。具体到检察事业，也有自己的“时代之问”，需要优秀的检察理论成果予以回答和解决。近年来，在法学界和广大检察人员的共同努力下，民事、行政、公益诉讼检察在深化理论研究、成果转化、机制建设等方面不断进步，研究人才、研究队伍逐步成长壮大。但不容忽视的是，实践需求与理论供给之间存在的不平衡还比较明显，理论对实践的反哺、引领还不够充分。如何以习近平法治思想为指引，按照新时代检察工作的总体要求，建构更加科学、优化的监督体制和工作机制，我们还在持续探索、找寻的路上。西安市人民检察院组织的这次理论与实

* 葛迪，陕西省人民检察院党组副书记、副检察长。

践研讨会，对于凝聚法学理论界智慧和力量，进一步推进民事、行政、公益诉讼检察理论研究，具有独特的重要意义。

一、高处着眼，全面回应新时代检察工作创新发展

进入新时代，我国经济社会和法治建设快速发展，特别是社会主要矛盾发生历史性变化，检察职能当然应当顺势而为，创新发展。党的十九大以来，随着国家监察体制的改革，检察机关的法律监督职能已重新定位，逐步实现了检察职权配置的“四大检察”重塑。刑事检察、民事检察、行政检察和公益诉讼检察职权的转型、创新为检察理论发展提供了广阔的空间和前景，同时发展转型过程中产生的问题和疑惑，需要理论研究予以回应，也需要成熟的理论成果予以引领。监督理念创新、监督职能深化、职权配置优化、检察权运行保障完善等，这些新时代检察工作发展中的新课题，亟需我们投入精力去思考、去研究。我们要从开展检察理论研究出发，引领、助力检察人准确识变、科学应变、主动求变。同时又要跳出检察看检察，拓宽眼界、着眼大局，为更好地参与社会治理、推进国家法治进程，推动完善中国特色社会主义法律监督体系，探索检察路径、贡献检察智慧。

二、实处入手，深入推动依法能动履职的检察实践

检察机关在回归法律监督机关本质后，检察权优化配置形成的“四大检察”新格局，亟待丰富的实践予以支持。刑事、民事、行政这些原有的检察职能，面临着优化、强化、实化的发展任务；公益诉讼检察作为新生职权，需要探索开辟一条健康的可持续发展道

路。各项检察业务如何依法能动履职，实现提质增效的高质量发展，是所有检察人要思考、要回答的关键问题。检察体制改革以来，“四大检察”在机构设置、人员管理、办案机制、工作保障等多个方面进行的各项改革和探索，是检察理论研究的源头活水。监督履职实践中的各种痛点、难点、堵点问题是调查研究、理论创新的沃土。面对新时代、新要求，机遇与挑战并存。我们要边干边想边总结，紧跟实践发展需要，围绕构建有效引领新动向新路径，为法律监督质效全面提升提炼总结有价值的理论成果。并通过研究成果评价和转化机制，将其运用到履职办案实践中去，实现检察实践与理论研究的齐头并进、相得益彰。

三、发掘人才，培养高质量理论研究的有生力量

形势、环境、任务、要求的变化，使得检察工作比以往任何时候更需要理论支持，更需要高素质的理论人才。高质量的调研源于实践，出自办案一线。一名优秀的理论调研人才应当有发现问题的眼光、分析问题的头脑，是扑下身子能办案子、静下心来能写文章的复合型人才。我们要一以贯之地发现和培养人才。要培养主体意识，鼓励每名干警由手头工作开始，将办案中取得的第一手鲜活素材，转化为有指导意义的理论调研成果，从理论层面上对检察实践中的问题、困惑，给出答案。要完善理论研究的正向激励机制，以完备的研究保障，用好人才资源，激发研究热情，挖掘人才潜能。要采取多种形式营造出鼓励调研、崇尚思辨、重视人才的良好氛围。吸引更多的人，尤其是一线年轻干警，加入到调查、思考、研究、写作的队伍中来，持续推动检察理论研究生生不息、繁荣发展。

四、以文会友，搭建开放权威的交流对话平台

检察理论研究工作的高质量发展离不开法学界的关注、支持和帮助。检察机关始终重视加强与法学界的交流合作。省检察院分别与西安交通大学、西北政法大学等院校建立了检察理论研究基地。2021年还成功举办了中国法学会检察学研究会行政检察专业委员会第一届理事会成立大会。“君子以文会友，以友辅仁。”搭建学习的平台，开诚布公地讨论问题，发表见解，相信彼此都会受益良多。期待更多的专家学者深入了解检察监督办案，参与检察理论研究，尤其是一些重大课题的研究，成为支持检察事业发展的良师益友。也真诚希望今后我们加大理论研讨、学术交流力度，相互支持、相互促进，推动检察理论和法学理论研究共同繁荣，同心协力推进中国特色社会主义法治建设。

目　录

民事检察

行政检察

公益诉讼检察

西安檢察

民事检察

“沉浸式”体验与“跳出式”体检
——民事诉讼精准监督的二维视角

杜豫苏*

“跳出法院看法院”“跳出检察看检察”，打破固有的职业思维，以转换视角的方式会对各自职业看得更真切、更清晰。得益于政法教育整顿，在法院工作30年的我到同级检察院交流任职，开始了从法官到检察官的角色转换，特别是在检察院分管的民事诉讼监督工作与之前在法院分管的民事审判工作之间发生了非常有趣的变化。从裁判者变成监督者，让我对这两种同样独特而神圣的职业有了一种比对的冲动。初起：既往的裁判者角色与现时的监督者角色时时交织，在惯常的思维模式中飘忽摇摆，左右搏击；渐次：随着新工作场景的逐渐适应，两种角色的界域感不断清晰。作为法律职业共同体中最密切的两个职业群体，职业思维的彼此交融会带来一种什么样的变化？先前的任职经验对后者的职业发展到底是妨碍还是促进？延安时期的人民法学家朱婴在《论检察制度》一书中谈道，“法律好像一根线，审判机关和检察机关一个在线的左边，一个在线的右边，彼此互为照应地沿着这条线前进而已。”① 形象的比喻，描绘了法官与检察官既矛盾对立又相生相伴的关系。由此，决定了两种职业思维不可能是简单化的对立，而是在保持各自特性中相互补益；也决定了体验彼此的职业经历，有助于跳出固有的思维模式拥有更为丰盈的经验智识和思维理性。

一、民事诉讼监督的特性

习近平总书记指出，“民事案件同人民群众权益联系最直接最密切”“要

---

* 杜豫苏，西安市人民检察院副检察长、一级高级检察官，陕西省十大优秀中青年法学家，全国审判业务专家。

① 冯小光等：《民法典实施背景下民事诉讼精准监督研究》，中国检察出版社2022年版，第17页。

加强民事检察工作，加强对司法活动的监督”。[①] 民事诉讼监督的本质是检察机关对人民法院行使审判权的监督，是检察机关对公权力监督的重要内容，其监督对象是法官的裁判行为和裁判结果，牵扯案件数量众多、涉及面十分广泛。民事诉讼监督空间广泛、职责重大，但当前民事检察相对薄弱，究其原因与检察机关民事诉讼活动监督本身的特性亦有关联。

（一）程序滞后性

“民事检察监督是以裁判结果监督、执行活动监督、司法人员违法监督三种片断式的、以事后监督为主的监督方式。”[②]《民事诉讼法》第216条规定，当事人可以向检察院申请检察建议或抗诉的情形，主要包括人民法院驳回再审申请的；人民法院逾期未对再审申请作出裁定的；再审判决、裁定明显错误的。这三种情况都要求当事人穷尽民事诉讼的救济程序后，才能申请检察监督。虽然体现了立法设计上的民事检察监督应当遵循的谦抑性监督理念，客观上也导致了民事诉讼监督的程序滞后性。

（二）相对封闭性

对作为监督者的检察机关而言，民事诉讼的整个过程是相对封闭的，包括整个庭审活动，检察机关都没有参与，而关于事实认定的审理活动，如双方举证、质证等活动，检察机关一般只能通过调阅卷宗来了解，有较大的局限性。[③]

（三）非亲历性

民事诉讼监督以书面审查为主，导致检察人员办理案件的司法亲历性不足。虽然检察机关为了提高民事诉讼监督的精准度，开始尝试增强民事诉讼监督案件办理过程中的亲历性，采取了诸如加大调查核实和听证在民事诉讼监督中的适用力度和范围等措施，但与人民法院审判全过程的亲历性相比仍有较大差距。

（四）弱对抗性

民事诉讼监督程序的启动主要依据当事人申请或依职权启动。实践中，基本是依据一方当事人申请，检察机关介入民事诉讼应当尊重当事人的处分权，一般应依申请启动监督程序。在一方申请监督的情形下，相对方往往缺乏参与

---

① 习近平：《充分认识颁布实施民法典重大意义依法更好保障人民合法权益》，载《求是》2020年第12期。

② 冯小光等：《民法典实施背景下民事诉讼精准监督研究》，中国检察出版社2022年版，第4页。

③ 张雪樵、万春、王轶主编：《民事检察业务》，中国检察出版社2022年版，第21页。

的动因，也很少愿意配合，因而整个监督程序中缺乏双方当事人的对抗性，有关案件监督的信息来源具有单向性，难以通过双方举证质证辩论等一系列的对抗性庭审活动来全面查明案件事实、辨明是非曲直。

（五）有限效力性

法律监督与审判的法律效力是不同的，检察权的效力基本上是程序性的而非实体性的、终局性的，而审判的法律效力无论在程序上还是在实体上一般是决定性的、终局性的。[①] 法律监督的最终功能是提请做出决定的机关启动再审等救济程序以纠正错误。法律监督的最终结果，往往由有关机关依法决定，而不是由检察机关决定。民事诉讼监督是通过纠错程序的启动促进审判机关重新审视自身行为并进行自我纠错，检察机关并不具有直接改正的权力。

（六）非精细化分工

民事案件数量庞大、类型复杂，专业性强，占据法院绝大多数案件体量，在法院（除部分基层法院外）一般由分工精细的专门化审判庭进行专业化审理。反观民事检察监督，基本缺乏相对应的民事专业分工，一个员额检察官包揽了所有类型的民事监督案件，基层检察官数量更少，往往一身兼民事、行政、公益诉讼检察监督数职。“全科式”监督模式，导致员额检察官的业务能力不能做到精细化、专业化，民事诉讼监督的质量水准有待提升。

民事诉讼监督的这些特性，使得检察机关在民事诉讼检察活动中受制于客观条件，一定程度上可能存在主观性和片面性，影响监督的质量和精准度。据2020年11月至12月最高人民检察院开展的“关于民法典实施背景下加强民事诉讼精准监督调查问卷”结果显示，有近三成以上受访人员认为民事检察监督工作质效一般，存在较大提升空间。民事检察干警能力素质需加强，监督理念需提升。对于从事民事检察工作缺乏哪些方面能力的问题，有超过2/3的受访对象认为缺乏“释法说理能力”“法律适用能力”和“查清案件事实、找准争议焦点能力”，有半数对象认为缺乏“与法院沟通协调能力”。[②]

二、民事诉讼监督的视角与维度

“检察权既是一种具有法律监督性质的国家权力，即法律监督权，又是一

① 高建明、孙谦、万春主编：《中国特色社会主义检察制度》，中国检察出版社2022年版，第43页。

② 冯小光等：《民法典实施背景下民事诉讼精准监督研究》，中国检察出版社2022年版，第61—67页。

项具有司法性质的国家权力，即司法权。作为一项司法权，检察权与审判权既有联系，又有区别。"① 检察机关以法律监督为本位，审判机关以司法裁判为本位，它们行使不同方面的司法权，执行不同环节或方面的诉讼职能。虽然职责不同、角色各异，但作为法律职业共同体，却运用着规范化的法律逻辑思维、遵循着共同的职业价值理念、实现着同样的政治社会法律功能。检察机关与审判机关相互独立，各自依法独立行使职权，共同为实现司法公正发挥作用。作为监督者的检察机关在履行监督职责时，需要融入裁判者的思维、方法、经验，对裁判结果的形成过程进行一种沉浸式的体验，在某种程度上减弱因上述民事监督程序特性所带来的监督条件限制。

（一）裁判者的视角和角度

法律监督的专业权威，离不开监督者更具专业水准的判断。判断权，是裁判的本质，也是监督权的基础。庭审中，法官依据案件事实、证据，在双方各自提出观点和理由的前提下，作出判断。因而，检察机关在进行民事诉讼监督特别是对生效裁判进行监督时，可以裁判者的角度去把握案件的争议焦点、证据采信、事实认定、法律适用等问题，这有助于更好体验裁判结果背后所包含的裁判思维、裁判经验和裁判尺度是否恰当。

1. 裁判者的思维

法官执掌裁判权，其法律思维的特殊性是由法官的特殊身份决定的。正如马克思指出的，"法官除了法律就没有别的上司。法官的责任是当法律运用到具体案件时，他要根据对法律的诚挚理解来解释法律。"② 任何法律条文不经解释不能适用。解释法律，就是一个严谨的逻辑思维过程。法官从事法律解释，其目的在于公正裁决案件。"所有的解释意见、裁判方案，都必须接受公正性检验，只有符合公正性、能够达成公正裁决的意见和方案，才是正确的和应当采取的。"③ 要保证公正性，法律思维需具备一些基本的要求。

（1）法律思维是规范性思维，具有很强的逻辑性。法官行使自由裁量权的重要基础之一就是其严谨的思维。法律思维的本质特征是严格按照法律条文进行判断。法官在研究案件如何裁判时，基于请求权基础分析方法、通过找法的过程，选择与案件事实相对应的可供直接适用的具体法律规定，紧扣并分析

---

① 高建明、孙谦、万春主编：《中国特色社会主义检察制度》，中国检察出版社 2022 年版，第 42 页。

② 马克思：《第六届莱茵省议会的辩论》，载《马克思恩格斯全集》（第 1 卷），人民出版社 1956 年版。

③ 梁彗星：《法官和仲裁员怎样进行法律思维》，见最高人民法院举办的"关于法律思维和法律方法讲座"。

该法律条文的适用范围、构成要件和法律效果，分析该法律条文的立法目的、政策判断及司法解释。“在法律没有规定或者规定不明确但纷争需要审判者必须作出裁判时，审判者还要根据法律的相关规定、基本原则或者基本精神，将案件事实纳入法律规则体系中作出分析，在作出相当充分的法理分析的基础上加以裁判，这就是法律思维型审判逻辑的结果。”① 审判逻辑思维的形成，不仅关涉裁判方法，更是长期训练养成的一种重要职业素养。

（2）法律思维是体系化思维。法官的规范性思维，不是机械教条简单地适用法律，还须遵循体系化的思维方法。“《民法典》以法律关系为‘轴’进行编订纂修，有机整合了《合同法》《物权法》《侵权责任法》等9部民事单行法，构建了完整的规范体系。”② 这就要求法官在适法中应坚持体系化思维，根据诉争法律关系的性质，充分发挥《民法典》体系化功能，把握好《民法典》总则编与其余各分编、各分编之间以及各分编内部的关系，适用法律条文时不能只看树木不看森林，而要注意它们之间是既相对独立又密切联系、彼此存在体系化适用的整体系统思维过程。在《民法典》中就有49个条款属于引致条款，通过指引的方式指向具体适用的条文，从而在体系化的前提下将引致条款与相关条款结合起来适用，确保审判在法律适用的体系化思维平台上实现案件的正确处理。

（3）法律思维是能动型思维。法官是裁判权的执掌者，这一特殊身份决定了法官法律思维的特殊性，即法官在进行法律思维时，既有被动性的一面，也有主动性的一面。被动性往往体现在法官受“诉”的限制，遵循“不告不理”“当事人意思自治”“有限释明权”等规则要求，但法官也有主动性，即在事实的查明、举证责任的分配、合同效力的审查、法律漏洞的填补等方面可依职权主动作为。特别是，现实生活中会遇到现行法没有具体规定的案件，法官又不能拒绝裁判，在这种情形下法官应当运用各种漏洞补充方法，本着对法律精神的真挚理解，填补法律漏洞，裁判法律未有规定的案件，审判实践中已经有好多成功的案例，③ 并且推动了立法的进步和完善。在能动型思维主导下，法官行使一定的自由裁量权，《民法典》中有很多条文授予法官自由裁量权，如条文中有“相应的责任”“正当理由”“合理期限”等表述以及涉及过失相抵规则、违约金调整、情事变更解释规则、对妇女儿童农民工等群体合法

① 骆电：《审判的逻辑》（上册），法律出版社2019年版，第2页。

② 贺小荣：《体系化思维对民事裁判统一性的内在约束——以〈民法典〉适用为视角》，载《中国应用法学》2022年第4期。

③ 梁彗星：《法官和仲裁员怎样进行法律思维》，见最高人民法院举办的“关于法律思维和法律方法的讲座”。

权益的特别保护等，就有一定的自由裁量空间，法官在法律依据的基本前提下，本着公平理念，协调当事人之间的利害关系，寻求更为妥当的利益衡平。法官的衡平性是法官裁判中的重要法律思维，也是裁判艺术的重要体现。

2. 裁判者的经验

法官是个经验性很强的职业，丰富职业经历有助于洞悉复杂的法律纷争，进而作出法理情相融统一的裁判。法官与医生很相似，接触的疑难复杂案件或疑难杂症的病人越多，积累的职业经验越多，越能找准各自问题的症结所在，也就越能公正裁判或开出治病救人的药方。相比之下，作为民事诉讼监督者的检察官由于缺乏对案件的亲历性，对案件的全面性了解不足，加之监督线索来源少、办理的监督案件数量有限，经验相对匮乏，一定程度上导致民事检察官在行使民事诉讼监督职能中信心不足。

3. 裁判者的尺度

法律生活与社会生活很难完全一致，法律不可能完美无缺。“法官不是自动售货机，是而且必须是有利益追求、兴趣爱好、性格特点和能动性的人，他们在司法中不可能仅仅消极适用法律。”① 遇到现行法没有具体规定的案件，法官除了运用类推适用、目的性扩张或者限缩、反对解释，及直接适用诚信等基本原则填补法律漏洞，裁判法律未有规定的案件外，还可能受到其内心认知情感等个人性因素的影响，使得案件的处理结果带来一定的差异化。“影响法官司法决定的还有个人性要素，包括先天的个人性格或气质，后天的个人背景特点，以及个人阅历和职业阅历。”② 在中国，司法还是政治性很强的业务，一个简单案件背后往往要关注法律、政策和隐含在背后的政治性问题，即规则治理的问题。特别是那些社会争议大的案件，案件当时的社会形势、政策背景、价值趋向、公众情感等因素更需综合考量，法官需要妥善把握裁判的尺度来凝聚社会的道德和法律共识。

（二）监督者的视角和维度

民事检察官沉浸式的体验法，其目的是为了更好地将自己的法律思维与法官同频共振，最大限度地去接近法官的内心想法，试图对案件当时的处理思路有一个相对客观的认知。但是，作为一名监督者，这还远远不够，还需要跳出来，以超然监督者的身份对生效裁判活动和结果有无违法性进行质量检验。民事检察官要扮演好监督者的角色，需要把握好一些监督视角和维度。

① 理查德·波斯纳：《法官如何思考》，苏力译，北京大学出版社 2009 年版，第 3 页。

② 理查德·波斯纳：《法官如何思考》，苏力译，北京大学出版社 2009 年版，第 4 页。

1. 监督理念上的精准性

民事诉讼精准监督理念是检察机关开展民事法律监督工作所秉持的基本和核心工作理念。精准监督包括两个层次的内容：一是做到“精”，注重选择在司法理念和增强法治理念中有纠偏、创新、进步、引领价值的典型案件。二是做到“准”，就是案件事实证据认定清楚、法律政策适用正确。[①] 质量需要一定的监督数量和监督规模作支撑，正所谓“没有数量的质量没有意义，没有质量的数量会有负面效应”。[②] 实践中，多数检察机关面临的共性问题是民事检察监督线索来源不畅，很难在极少量的监督案件中找到能体现“精”字标准的典型案件，制约了精准监督的实际成效。破解精准监督定位不准、发力虚弱的难题，需要监督者以敏锐的眼光去捕捉当前审判领域中那些热点、难点、焦点问题，以类型化案件为突破口，注重选择在司法理念、政策导向、社会道德风尚、公众价值观引领等方面有影响力的案件线索作为监督的重点。

2. 监督履职中的主动性

相对审判权这一被动性的司法权而言，检察权是具有一定主动性的司法权。这种主动性在履行监督职责中体现得较为鲜明。对公权力进行监督的本质属性，为检察机关扩大依职权监督找到法理依据，从而克服目前民事诉讼监督案源过多依赖当事人申请监督带来的弊端，进而为办理虚假诉讼监督案件提供了制度保障。目前，检察机关通过主动履职，依职权发现并打击虚假诉讼，取得了显著成效。主动意味着能动而独立，但这种能动独立又受到一定限制。监督的基本含义是监督者督促被监督者履行职责和义务，既有督促之责，又不可越位代行其责。否则监督者的身份和地位改变了，法律所确定的监督关系就会陷入混乱，也违背了立法初衷。

3. 监督角色上的客观性

民事检察履职应当秉持客观公正立场，“检察官的客观义务不仅是检察官的重要行为准则，也是检察机关履行职能的坚定立场。”[③] 民事诉讼监督的核心是对公权力的监督，对当事人私权利的救济是检察机关进行审判权监督带来的客观效果和间接功能。检察机关在民事监督中并不代表任何一方当事人的利益，处在中立客观公正的立场，目的是保证国家法律的正确统一实施，维护司法的公正权威。在监督生效裁判案件时，不能为了一方当事人去调查收集核实

① 《坚持以习近平法治思想为指导在贯彻实施民法典中全面履职尽责》，载《人民日报》2020 年 12 月 25 日，第 6 版。

② 蔡虹、冯小光、郑锦春等：《做强民事检察工作的方略》，载《人民检察》2019 年第 17 期。

③ 冯小光：《民法典实施背景下民事诉讼精准监督研究》，中国检察出版社 2022 年版，第 17 页。

证据，成为一方当事人的“代言人”。在监督实践中，某些检察官的角色意识发生偏差，将提请抗诉和再审检察建议的立场和重点放在了考虑当事人的实体问题处理和权利怎么得到救济，而非对裁判活动的违法性审查上。

4. 监督尺度的包容性

民事诉讼监督的工作重心和工作标准与民事裁判有着明显的差异，不能将我们的监督工作陷入“审判式监督”的误区。特别是民事裁判结果的监督标准和制度价值要与民事裁判有所区分，这也是民事诉讼监督理念在法定性标准之外辅之以必要性标准的理由之一。比如，对终审判决在认定事实和适用法律方面虽存在一定错误，但实体判决结果正确或相对公正的，一般不宜抗诉；或者对于终审判决在行使自由裁量权方面有所不当，但实体判决结果相对公正的，也不宜抗诉。不考虑监督的包容性，不尊重法官必要的自由裁量权，会导致相对稳定的法律关系处在频繁变动的不安定状态，亦使法律的既判力和司法权威受到影响甚或损害。

5. 监督业务的专业性

“民商事案件因不同性质法律关系划分为不同案由的案件，具有不同的属性、特点和规律，不仅需要众多学科知识，以及一定的生活阅历、司法实务经验，还需要经验与知识融会贯通的综合运用能力。”① 要监督专业化程度比较高的民事裁判活动，民事检察官同样需要走上专业化的道路。检察工作的蓬勃发展对能力需求越来越专，要从一般化向专业化转变。针对“全科式”监督带来的业务不精准、能力不强的问题，可探索组建类案型或专案型办案团队，加强专业类法律业务的深度学习和运用；针对办案经验不足的问题，可以选派检察官到法院跟班学习，通过实战积累经验，提高水平。对具备建成优秀专业化办案团队的办案组，要合理调整人员知识结构，重点培树，配齐配强力量，加强业务能力培训，发挥办案团队规范化、专业化的示范带动作用。

6. 监督权力边界的谦抑性

检察权是一项单独的、典型的国家公权力，民事检察权在行使的过程中应当体现谦抑原则。任何国家权力都有被滥用和进行自我扩张的属性，检察权的产生本身就是对权力进行制衡的结果。那么，作为一项国家权力，法律监督权仍然有自我扩张的权力属性，民事检察权应当适度地收敛和节制。“建立独立的检察制度，就是为了防止司法专制。一方面，国家设立检察机关以监视和辅助独立审判的行使；另一方面，检察机关也同样受到审判机关的限制和匡正，

① 冯小光：《民法典实施背景下民事诉讼精准监督研究》，中国检察出版社 2022 年版，第 197 页。

二者相辅而行。二者都同样地规定在当时的宪法中，同样地向当时的法律看齐。”①

三、结语

像法官一样思考，研究裁判者思考问题的方式，沉浸式地体验其裁判结论的生成机制，并非舍弃民事检察官作为监督者的独特思维和视角。相反，这种“裁判者”的角色意识，有助于更好体验和权衡裁判结果背后所包含的裁判思维、裁判经验和裁判尺度。因为，沉浸之后的跳出，打破的是狭隘固有的单向思维模式，拥有的是更包容的多元经验智识，更会以“监督者”的角色让法律监督更加专业、权威。

① 冯小光：《民法典实施背景下民事诉讼精准监督研究》，中国检察出版社 2022 年版，第 17 页。

民事检察类案监督的实践考量与机制构建

巨　艳*

促进法律统一正确适用，推进类案同判，是检察机关履行宪法法律职责、维护国家法律统一权威的必然要求，也是加强对司法活动监督的具体行动。《“十四五”时期检察工作发展规划》提出探索建立类案监督机制，完善类案不同判的发现、纠正和处理机制。《中共中央关于加强新时代检察机关法律监督工作的意见》明确要求增强类案监督的主动性、精准性、实效性。相比个案监督而言，民事检察类案监督是一种更高层次的监督，具有能动性、普遍性、建设性、预防性等优势，有利于检察机关对更多数量的审判、执行案件进行监督，增强民事检察监督的社会影响力。目前，民事检察类案监督处于起步阶段，理论研究尚缺乏广度和深度。最高检虽以多种方式提出了宏观的、导向性的意见和要求，但实践中缺乏系统的、具有实操性的规范或指引，其突破与进展多来源于自下而上的探索实践。这些探索实践极具借鉴价值，但“星星之火”到“燎原之势”中间有着漫长的道路。只有正视这些困难，并从制度机制层面去攻破，才能尽快发挥其应有的效能，才能适应现代司法实务的新需求，才能符合检察事业高质量发展的新要求。

一、现实之困：民事检察类案监督之现状检视

类案监督是做强民事检察监督的重要抓手，有着广阔的发展前景和迫切的现实需要。检视民事检察类案监督的办案过程及结果，主要存在以下问题：

（一）主动性不强

1. 不敢监督，不愿监督

开展类案监督需要精准研判线索价值、高效检索类案材料、比较归纳共性问题、提出有效解决措施，对办案人员的专业素能要求极高。虽然经过内设机

* 巨艳，西安市新城区人民检察院副检察长、三级高级检察官。

构改革后，民事检察监督职能的地位有所提高，基层民事检察部门的人员配备数量也有所增加，但长期以来重刑轻民的检察传统导致民商事检察监督人才储备不足，现阶段无法达到类案监督所要求的专业化程度。[①] 由于专业水平不足，监督能力欠佳，导致检察官底气不足，不敢监督。法院、检察院同为法律共同体，检察官监督法官从情感上有着天然的顾虑，加之现实中个别法官对检察监督未形成正确且准确的认识，检察官往往有“在夹缝中求生存”的感觉，不愿主动监督。

2. 工作模式滞后，案件线索来源匮乏

长期以来，民事检察监督的办案模式呈现偶发式、个别化、案卷审查等特点。案源短缺一直是基层民事检察工作中的短板。没有个案数量上的支撑，类案监督就如无本之木、无源之水。单纯依靠当事人申诉控告、群众举报、媒体报道等方式“坐等案源”的传统办案模式，无法适应新时代检察机关履行法律监督职责的要求。

3. 质效评价标准单一，类案监督的特性未充分显现

实践中类案监督方式主要有三种：一是检察机关提出抗诉、制发再审检察建议、发出类案检察建议；二是检察机关先行类案分析，进而以座谈研讨、联合调研、会签文件等方式，统一对类案存在问题的认识；三是检察机关对一定时期内的总体监督情况进行总结分析后向法院通报并提出相应的监督意见，或者将监督情况向社会发布，促使法院接受更广泛、更深入的监督。[②] 后两种方式在发挥检察监督建设性、预防性社会效果方面极具价值，往往需要付出大量的精力，但工作成效却不能计入案件质效评价指标中，极大影响了检察官的主动性。

（二）精准性不高

1. 类案种类少，类案监督个案化

受监督能力、监督来源、监督方式所限，进入检察官视野的监督案件数量少、种类更少。检察官对存在相同问题的民事审判或执行案件，均以一个法院案号对应一个检察监督案件，机械化地套用审查报告、讨论笔录等文书模板，指出的违法行为、引用的法律规定、提出的建议对策基本一致。与类案监督的资源节约性、监督高效性的理念相悖，易引起法官的反感和抵触。比如，最高检于 2018 年 12 月就民事公告送达中的不规范问题向最高法发出了类案检察建议，近年来基层检察院就此监督点制发了大量同一类型的个案检察建议。

① 洪菊：《如何提升基层检察院类案监督质效》，载《检察日报》2022 年 7 月 22 日，第 7 版。

② 滕艳军：《民事诉讼类案监督的价值与路径》，载《检察日报》2019 年 10 月 15 日，第 3 版。

2. 程序性监督多、实体类（或法律适用类）监督少

基层检察院监督发现并指出的问题相对浅表，很少对同案异判、异案同判等法律适用问题开展类案监督。因程序类问题容易发现、容易改进、法院容易接受，故检察机关多对此进行监督。因实体类（或法律适用类）问题复杂，监督起来更加耗时费力，故检察机关开展的监督较少，经类案监督改变法院法律适用的案件更是寥寥无几。

3. 权威性学习资料少，类案监督样本难以获取

现阶段，除最高人民检察院发布的《人民检察院民事诉讼监督规则》中对类案有较为原则的规定外，民事检察类案监督多依据间接法律规定。一线检察官大多通过分析最高检发布的典型案例以及国家检察官学院相关培训资料进行学习研讨。目前能够公开检索到的检察法律文书，绝大多数是起诉书、抗诉书等，难以全面反映案件情况。此外，兄弟检察院的同类法律文书很难获取，检察系统内部相互学习借鉴途径不畅，类案监督样本的数量、广度有待提升。

（三）实效性不佳

1. 监督方式刚性不足

检察建议有别于抗诉的强硬，其柔性的特点相对更易被法院接受。由于缺乏救济保障等相应的配套机制，检察机关制发的检察建议常常会遇到消极应对。其作为法定法律监督方式的刚性作用难以实现，陷入了尴尬境地。加之检察建议的配套司法解释系检察机关颁布，对法院没有约束力，产生的监督效果自然难以让人满意。

2. 社会治理成效不显著

《人民检察院民事诉讼监督规则》第117条第2款中“有关单位”的范围不限于法院，类案监督除在司法领域发挥价值功能外，还应当延伸至社会治理领域。当前民事检察官参与社会治理的主观意愿不强、就案办案现象普遍存在，监督能力还有待加强。类案监督未能常态化开展，检察建议促进矛盾纠纷源头防范、减少社会对抗、助力社会和谐稳定的社会治理成效没有真正显现。

二、瓶颈之源：民事检察类案监督之理性分析

民事检察类案监督的现状与检察工作高质量发展的要求还有很大差距，制约发展的原因既有司法理念层面的，也有制度及机制建设层面的，需认真审视并对待。

（一）司法理念层面

1. 重刑轻民传统理念根深蒂固

基层检察机关对新时代民事检察类案监督的认识还不到位，对该领域人力、物力资源投入较少。长期以来，民事系统中民商法专业人员占比较低，检察官对民事法律法规不够熟悉，缺乏深度研究，对民事审判实践不够了解，经验欠缺。尤其是基层检察院一个部门承担民事、行政、公益诉讼三大检察监督职责，客观上存在力不从心、难以兼顾的窘境。

2. 未将协同发展的理念落实在监督实践中

监督不是零和博弈，应当建立监督者与被监督者良性、互动、积极的工作关系。法院承担着民事司法的主体责任，检察机关履行法律监督职责是启动纠错程序，可促进法院重新审视存在的问题并自我纠错；同时通过监督，服务法院、协同法院实现个案司法公正。法检双方不只是监督与被监督的关系，还是服务与被服务的关系，相互协同发展的关系。实践中，个别检察官习惯性自我定位为监督者，未树立起服务、协同的理念，一定程度上导致沟通交流不到位、融合发展缺位。

3. 对类案监督治理的价值缺乏正确认识

类案监督机制的目的在于发现某一类案件中反映出的普遍性、规律性问题，从纠正个案错误上升到在更为深层次的机制层面发现并弥补导致错误发生的漏洞，解决根源性问题，因而更加体现制度治理理念与价值。[①] 实践中，缺乏对类案监督的系统、深度研究，未充分认识其价值，亦未建立起相应的激励机制。

（二）机制建设层面

1. 大数据应用不足，信息化发展滞后

随着信息技术飞速发展和国家大数据战略深入实施，大数据在经济社会高质量发展中的作用愈加重要。《中共中央关于加强新时代检察机关法律监督工作的意见》明确要求，要以检察大数据战略赋能新时代法律监督，助力提升法制体系建设效能。目前检察官的大数据思维正在逐步形成，数量驱动、个案为主、案卷审查的传统个案办理模式已不能适应时代发展。线索发现难、监督工作碎片化、监督质效不佳仍不同程度存在。解决这些瓶颈问题，必须借助司法大数据来实现。目前我国政法系统的统一大数据信息分析平台尚未建立起来，部门间的信息壁垒依然存在。尤其是法检两家之间，亦未建立起数字化案

① 杨建锋：《民事检察类案监督实践问题与建议》，载《检察日报》2020年7月27日，第3版。

件信息共享机制，检察机关对民事诉讼情况及相关信息难以获取，制约了检察机关对民事审判、执行的类案监督。

2. 缺少体系化规范指引

类案监督需要针对一类案件开展更为复杂系统的办案工作，评估类案监督线索价值，充分检索同类案件，运用正确的法律分析方法对共性问题进行归纳，提出更为精准的法律适用标准或有效解决问题的措施建议，并确保得到切实采纳。① 当前，民事检察类案监督处于起步阶段，缺少体系化的具体工作规范指引和配套制度。基层民事检察类案监督只能一边探索一边办案，极易产生无序冲突现象。只有系统化有机整合相关工作力量，才能推动类案监督取得最佳质效。

3. 缺乏科学的考核体系

考核是个指挥棒，基层检察院往往围绕绩效考核开展工作，民事检察类案监督工作亦不例外。民事检察业务绩效考评规则中，对类案监督治理价值未科学设置正向的评价标准，仍以办案数量指标为重要考核项目。民事检察类案监督工作在绩效考核的“数量驱动”下极易异化成个案监督，同时也导致类案监督的权威性、严肃性大打折扣。

三、做强之道：民事检察类案监督之机制构建

民事检察类案监督的办案质效与检察官的司法理念、职业素能以及机制建设密不可分。本文仅针对类案监督的特性，对做强民事检察类案监督的机制建设提出建议。

（一）数字赋能：为类案监督加装“慧眼”

数据是新型资源。“大数据赋能”时代依托数据资源要素生成现实生产力的客观事实已经发展到不容忽视、无法忽视的地步。民事检察类案监督必须因势而谋、应势而动、顺势而为。②

1. 打通部门数据壁垒，建立共治共享机制

中共中央办公厅《关于政法领域全面深化改革的实施意见》强调，加快推进跨部门大数据平台建设，实现办案系统互联互通、数据自动推送、资源共享共用。最高检于2020年11月起在全国检察机关试点“智慧民事检察监督平台”，利用信息化手段破解虚假诉讼“发现难”。建成全国或省级统一的大数

① 《法学汇丨民事诉讼类案监督机制构建》，来源于2020年8月31日澎湃号·政务_澎湃新闻。

② 延庆区人民检察院：《北京“数字检察”实践丨“建用并举”推进大数据赋能检察》，来源于2022年7月22日京检在线。

据类案信息分析平台，共享公、检、法、司甚至政府政务信息数据是数字赋能检察监督的理想化场景。目前，在全国或高层级的信息化平台未建成并有效运行前，运用大数据对类案予以监督的关键在于获取信息及数据库建设。检察机关应以类案监督为契机，加强与法院的深度协作，搭建民事、行政案件信息共享平台。

2. 深化内部平台建设，激发内生数据活力

大数据的生产与运用是一个“人人为我，我为人人”的互通、共享、多赢的过程。检察机关的数字化建设必须内外兼修，不能仅依靠引入外部数据。检察系统内部办案产生的海量数据更是开展类案监督的宝贵财富。目前检察系统内部数据的汇集、公开及应用程度尚不能满足司法需求，检察官很难查询、获取同类案件信息及文书，不利于统一监督尺度。最高检推进的“统一业务应用系统”是国家层面大数据生成的重要平台，各地检察院试点、运行自行开发系统的情况也屡见不鲜。这些数据不仅是后续办案的内部参照系，更是提高公共检察服务效能的基础，应尽可能多地开放并对外输出，助推数字中国建设。

3. 一体推进建用并举，发挥数字建模效用

大数据法律监督模型大赛在检察系统如火如荼地开展，这是倒逼检察创新发展、高质量发展、现代化发展、可持续发展的最新实践，价值非凡、意义非凡。这些数字模型绝不能一赛了之，必须“建用并举”推动大数据法律监督模型由“科技第一生产力”转化为现实生产力，实现检察监督能级提升。对法律监督模型筛查出的线索数据，总结的办案规律，应结合工作实际，同步出台查核指引，完善大数据法律监督的工作方法，健全配套机制，指导实践。

（二）系统指引：促类案监督提质增效

1. 加强体系化建设

最高检或省级检察院应强化顶层设计并系统化推进类案监督。一是构建上下级一体化办案机制，实现案件线索跨院汇集与移送；二是组建核心团队，对监督难点、热点问题专题研究，提升法律适用研判能力并指导实践；三是优化考核制度，加大类案考核赋分权重，通过业绩评价指标的正向引领促进检察官办理类案的积极性和主动性。

2. 出台规范化指引

出台民事类案监督规范化办案指引的价值在于，统一检察官的监督标准和法律适用、规范监督程序、采用更为科学有效的监督手段，提高办案的能力和水平。编撰“指引”是一个系统工程，应包括监督范例、监督焦点、适用法条、方法手段等，需要各级院民事检察职业共同体形成理念共识与工作合力，

共同研究并探索实践。建议最高检本着统筹发展原则，着眼于类案监督的价值引领和政策制定，加强指导与经验汇总。省市级院可以重点开展实体法律类案监督，基层院可以重点开展审判与执行中的程序问题类案监督。①

3. 强化案例指导

发挥指导性案例和典型案例的引领示范作用，组织检察官认真学习研判，提高办案业务能力，比照案例中的违法监督点，适时启动类案监督，提升监督质效。同时应加强检察案例数据库建设，将指导性案例、典型案例及相关类案纳入数据库，并研发创新类案推送机制。② 借助现代信息技术进行类案的识别与检索，积极主动获取监督线索。如浙江省宁波市检察院自主研发的“N +1民事检察筛查系统”，通过案例数据库检索平台，将获取的类案监督线索移交各基层院，值得借鉴。

（三）综治助推：打造良性法律监督生态圈

检察机关必须跳出检察看检察，不能固守“一亩三分地”，而是要结合我国国情、经济社会发展做深刻的思考，形成自己的正确认识，以高度的政治自觉、法治自觉、检察自觉，更加积极主动地全面履行各项检察职责，更好服务经济社会高质量发展，满足人民群众司法新需求。③

1. 争取党委领导支持

落实向同级党委及其政法委请示报告工作制度及年度法律监督工作报告制度，定期报告被监督单位接受法律监督工作情况。检察机关每年向同级党委专题汇报法律监督工作时应将类案监督情况列入其中，推动形成党委领导、人大监督、政府支持、检察机关主办、法院等多部门配合、社会广泛参与的工作格局。

2. 构建良性互动关系

法检两家经常在个案监督层面存在沟通障碍，就类案监督所做的沟通相对顺畅。检察机关应主动向法官宣讲新时代检察机关法律监督的职责定位和使命担当，增进相互理解，力促良性互动。法检两家应以解决同案不同判为双赢目标，推进民事检察类案监督与法院类案审判规范机制相衔接，合作开展类案研究，共享案例资源，形成更为精准的类案审判与监督标准，实现法院内部监督

① 《法学汇丨民事诉讼类案监督机制构建》，来源于2020年8月31日澎湃号·政务_澎湃新闻。

② 王炜、张源：《利用大数据提升类案监督质效》，载《检察日报》2022年9月16日，第3版。

③ 童建明：《深入学习贯彻〈中共中央关于加强新时代检察机关法律监督工作的意见〉乘势而上推动检察工作高质量发展》，载《人民检察》2021年第21—22期。

与检察机关外部监督的有机融合，共同提升司法公信力。①

3. 增强溯源治理能力

陕西省委政法委等部门出台了《关于进一步加强检察建议办理工作促进社会治理法治化的意见》，要求积极推动检察建议刚性落实、延伸检察建议办理效果。《人民检察院民事诉讼监督规则》第117条规定，检察院发现有关单位的工作制度、管理方法、工作程序违法或者不当，需要改正、改进的，可以提出检察建议。故类案监督工作要善于透过一类监督案件溯源发现深层次的社会治理问题，以促进法院或相关行政机关各方从源头到终端实现共治，形成社会治理闭环。② 实践中，检察机关应结合地区发展大局及重点工作，坚持问题导向，在分析研判的基础上，有针对性地建议党委、政府、人大、政协将地区多发、与民生密切相关、制约经济发展、影响营商环境等类型案件列入专项监督检查重点范围。同时可依托各领域专项监督，同步开展类案监督，以能动履职推动检察业务与社会治理融合创新发展。

四、结语

民事检察经历了30年的发展历程，承载着几代检察人的梦想。实现新时代民事检察高质量发展，绝不能固步自封，绝不能单打独斗，既要能动司法、积极作为，又要恪守司法职能、遵循司法规律。只有在痛点处实践、在空白处搭建、在谦抑中能动，民事检察类案监督工作才能在不断完善中实现“质”的飞跃，更好服务于新时代经济社会高质量发展。

① 《法学汇丨民事诉讼类案监督机制构建》，来源于2020年8月31日澎湃号·政务_澎湃新闻。

② 洪菊：《如何提升基层检察院类案监督质效》，载《检察日报》2022年7月22日，第7版。

民事虚假诉讼的检察监督困境及破解之策

西安市人民检察院民事虚假诉讼研究课题组*

自《刑法修正案（九）》将虚假诉讼列入犯罪以来，引起司法机关的高度重视。尤其是最高人民法院、最高人民检察院、公安部、司法部于2021年3月10日施行的《关于进一步加强虚假诉讼犯罪惩治工作的意见》（以下简称《工作意见》），进一步对虚假诉讼罪惩治有关的问题进行了明确。但检察机关对虚假诉讼的民事监督宽于刑事监督，既包括虚假诉讼犯罪，也包括一般民事虚假诉讼行为。而且民事检察监督权的行使要旨亦是通过纠正违法、错误的民事审判行为，维护正常的司法秩序。① 从虚假诉讼对司法资源的浪费和对司法公信力、社会公序良俗的破坏来看，检察机关亦应通过行使检察权保障法律正确实施，维护社会公平正义，维护国家法制的威严和权威。西安市人民检察院成立课题组，对2019—2022年两级院办理的民事虚假诉讼案件进行梳理，从所办案件的领域、诉讼模式及当事人的情况等进行归纳剖析。以一起案件的完整办理为模型，针对案件线索来源、审查、办理、结果处理、后续监督等不同阶段存在的问题和困境进行了探讨，进而提出从立法、外部环境、内部因素三个层面提高线索发现能力、提升团队素能、加强信息化建设和宣传推广等方面努力的意见。

一、概况和现状：民事虚假诉讼案件的办理情况

2019—2022年，西安市两级检察机关共受理虚假诉讼监督案件线索48件，办理37件。其中，针对因虚假诉讼产生的错误生效判决、裁定、调解书，依法向法院提起抗诉案件5件，发出再审检察建议10件，法院裁定启动再审案件15件，针对法院在审判活动和执行活动中存在的违法情形提出检察建议

* 课题组成员：杜豫苏，西安市人民检察院副检察长；朱筱滢，西安市人民检察院第六检察部副主任；崔涛，西安市人民检察院第六检察部四级高级检察官。

① 王莉：《论民事检察权的边界》，载《人民检察》2011年第5期。

5件；向公安机关移送刑事案件线索8件，公安机关均立案侦查；向相关单位和部门发出社会治理类检察建议6件，均被采纳。法院审判人员在诉讼活动中存在违纪行为被纪律处理1人，相关公证人员被处理7人。

（一）主要集中于民间借贷纠纷案件，涉及领域逐渐扩大

虚假诉讼行为人主要以侵占债务人、合同相对人及所在企业合法财产，逃避执行或合同义务为目的。因此，虚假诉讼案件主要发生在民间借贷纠纷中，近年来已逐步扩展至买卖合同纠纷、确权纠纷、离婚析产纠纷、房屋买卖纠纷、不当得利纠纷等。例如，夫妻离婚时一方为侵占对方财产而与他人恶意串通进行的虚假诉讼；为在即将发生的企业破产程序中优先受偿而伪造证据提起的虚假诉讼；企业高级管理人员利用职权捏造虚假的债权债务关系或合同，意图侵占企业财产提起的虚假诉讼；基于捏造的事实，申请具有强制执行力的虚假公证债权文书的虚假诉讼。

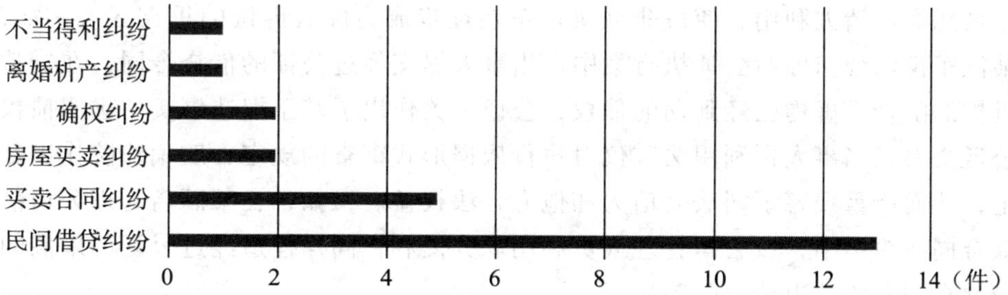

图1　诉讼领域情况分析

（二）标的额大，严重侵害当事人权益

虚假诉讼具有成本低、获利大的特点。实践中，行为人为了获取巨大利益，从而提起虚假诉讼，不仅严重侵犯了被害人的合法权益，更是造成司法资源的极大浪费，对司法公信力造成严重损害。在虚假诉讼中，有的是为了逃避债务或增大债权，有的是为规避另案裁判的执行，但其主要目的是为了通过诉讼手段非法占有他人财产。从案件涉及的标的额可以看出，标的额最小的为5.3万元，标的额最大的达到1500万元，100万元以上标的额的虚假诉讼案件有8件，占案件总数的21.6%。

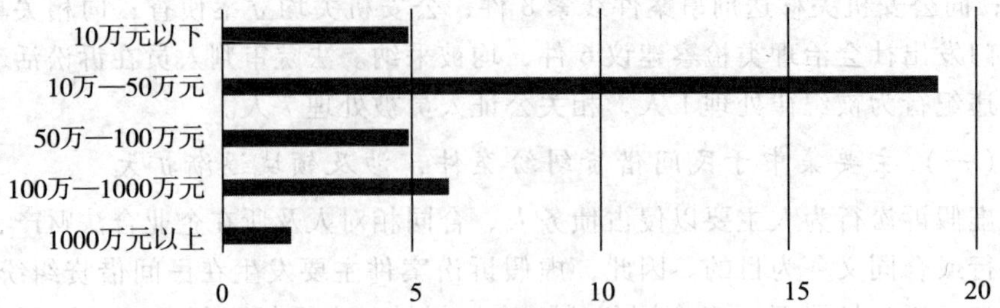

图 2　诉讼标的情况分析

（三）诉讼模式多元化，非诉执行中的虚假诉讼增长明显

《工作意见》对“以捏造的事实提起民事诉讼”进行了细化和明确，将“向人民法院申请执行仲裁裁决、公证债权文书”的行为规定为民事虚假诉讼。办案中发现，仲裁机关、公证机关在非诉执行中往往只注重形式审查，容易被恶意申请人利用，使得非诉执行正在逐步成为虚假诉讼的重灾区。例如，某汽车担保公司虚假公证执行案中，当事人提交经过公证的借贷合同，在贷款机构的配合下虚构已经到期的债权，公证机关作出了基于捏造事实的虚假债权公证文书。当事人再利用法院仅对执行依据形式审查的规定，欺骗法院作出裁定，从而严重损害了司法公信力和他人合法权益。又如，在某酒店管理公司借款合同纠纷案中，该公司管理人员利用职务便利，同样捏造经过公证的虚假的借款合同向法院申请了强制执行。

（四）刑民交织，类案串案占比较大

虚假诉讼是一种比较特殊的犯罪，作为刑事犯罪却源于民事诉讼行为，但实践中通过法院的民事审判发现行为人涉嫌犯罪移送的线索却占比较少。相反，司法机关在办理刑事案件过程中发现涉及虚假诉讼移送的线索比例较大。同时，无论是在刑事还是民事中，虚假诉讼案件大多具有关联性和相似性。办案中，我们利用中国裁判文书网、审判执行平台等网络平台，通过大数据对个案中的诉讼（犯罪）主体或诉讼类别进行分析比对，往往会发现类案或串案。在西安市检察机关办理的 37 件虚假诉讼检察监督案件中，虚假诉讼串案达 20 件，比较典型的是西安市院和临潼区院联合办理的严某某等担保借款纠纷案件中，发现串案 15 件；雁塔区人民检察院办理的民间借贷而提起的虚假诉讼检察监督案件中，发现串案 3 件。

（五）大多发生在熟人之间，当事人关系特殊

民事虚假诉讼监督的重点是发生在熟人之间的诉讼，虚假诉讼当事人为了

减少风险，让虚假诉讼行为“合法、趋真”，同时诉讼结果又“有效、可控”，选择的串通合作对象多为亲戚、朋友、合作伙伴等可信赖的熟人，并多以自认或和解等方式快速结案。在办理的37件民事虚假诉讼案件中，双方具有熟人关系的22件，占总数的59.5%。有的诉讼双方是朋友关系，为了侵占他人财产虚构借贷提起虚假诉讼；有的是生意合作伙伴关系，双方串通侵占单位利益提起虚假诉讼；有的是亲戚关系，为了帮助一方逃避债务或获得利益而虚构事实提起虚假诉讼。

二、问题和症结：民事虚假诉讼案件的困境

一起民事虚假诉讼案件的办理，要经过发现线索、案件审查、立案办理、结果处理、后续监督等数个阶段，不同阶段都存有亟须解决的问题。

（一）线索发现

线索来源具有偶然性，办案模式还停留于“坐堂办案”。虚假诉讼的识别是防范和惩治虚假诉讼的难点，也是线索来源的起点。一方面，检察机关的线索来源主要是当事人的申诉和案外人的控告申诉。虽然2012年修改民事诉讼法时将“人民检察院有权对民事审判活动实行法律监督”修改为“人民检察院有权对民事诉讼活动实行法律监督”，从立法上将民事检察监督的范围扩大到整个民事诉讼领域，但是民事检察监督本质上是一种事后监督，检察机关不可能对法院审判和执行活动全面介入、同步监督，参与法院所有庭审案件，跟踪全部民事执行活动。另一方面，虚假诉讼案件具有隐蔽性较强的特点，虚假诉讼当事人为了达到其不法目的，往往会精心谋划，有的虚假诉讼案件当事人会通过当庭自认，甚至是和解的方式达到虚假诉讼目的；有的当事人拟定虚假协议，利用生效裁判文书的效力达到非法目的；有的当事人会在庭审中提供虚假交易明细，隐匿涉案款项的真实走向；还有的当事人为达到庭审逼真效果，会在庭审中故意作激烈抗辩，增加了对虚假诉讼的审查和识别难度，让检察机关难以发现虚假诉讼线索。

（二）线索审查

基层办案力量薄弱，工作开展不平衡，案件办理对办案人要求较高。一方面，检察机关对虚假诉讼案件的监督是事后监督，待开展调查时，时过境迁，证据搜集固定难度较大。[①] 而检察机关的调查核实需要查询、调取、复制大量证据材料，需要对大量案外人或当事人开展询问，办案人员除了要具备较强的

① 李军灵、侯俊霞：《浅议虚假诉讼的检察监督》，载《中国检察官》2018年第11期。

民事业务能力，还要具备一定的侦查技能和技巧。另一方面，民事、行政、公益诉讼三大检察在基层检察院在同一个部门，负责民事检察工作的人员有限，办案力量比较薄弱。实践中，业务能力强的单位和办案骨干案件多、任务重，而能力弱的单位和个人则停滞不前，两极分化现象比较严重。

（三）案件办理

调查核实权强制力不足，监督实效发挥不明显，检察建议“失之于软”。虽然《人民检察院民事诉讼监督规则》专门一节规定了“调查核实”，但其调查的本质是一般调查权，不能采取限制人身自由和查封、扣押、冻结财产等强制性措施，调查往往依赖于被调查人的配合，对于被调查人不配合或虚假配合的，检察机关缺乏有效的规制措施，调查核实工作往往难以进行。例如，西安市院办理的一起虚假民间借贷诉讼案件中，面对检察机关的调查询问，当事人孙某某一直予以回避，寻找种种理由拒绝接受谈话，在办案人员给其讲清利害关系后，其依然只是委托代理人出面应付，使整个案件的调查工作陷入被动，其后在公安机关的传唤下才取得其证言，但公安机关的介入也是以受害人到公安机关报案并使案件立案侦查为前提。另外，检察机关对民事诉讼检察监督主要是通过向法院提出检察建议和提出抗议等方式来进行，并不能直接对行为人追责惩处，使得检察监督效果难以直接及于虚假诉讼行为人，降低了检察监督的威慑力。

（四）结果处理

虚假诉讼认定标准刑民不统一，刑民衔接存有“留白”。虚假诉讼监督涉及两个程序：一是对虚假诉讼所涉犯罪行为的刑事追诉程序，二是对虚假诉讼的民事检察监督程序。① 在虚假诉讼案件监督上，民事与刑事的证明标准不同、法律适用尺度不一，给民事检察监督带来的问题主要涉及两个方面：一是对尚不构成刑事犯罪的虚假诉讼行为人如何处理上，规定不够明确，没有赋予检察监督相对应的权力。根据《工作意见》规定，检察机关不能直接对一般当事人罚款、拘留，“人民检察院可以建议人民法院依照民事诉讼法的规定，对故意制造、参与虚假诉讼的民事诉讼当事人和其他诉讼参与人采取罚款、拘留等强制措施”。而对检察机关如何建议法院采取强制措施、如果法院不接受检察院的建议应如何处理均没有进一步明确。例如，某汽车担保公司虚假公证执行案件的处理中，检察机关通过检察建议的形式，建议相关部门对公证员、银行工作人员进行了处理，而对涉事的汽车担保公司及其负责人，因其身份限

① 李征：《虚假诉讼检察监督的困境破解》，载《中国检察官》2021 年第 2 期。

制无法给予行政处理或党纪处理，一定程度上降低了打击虚假诉讼的威慑力。二是对涉嫌虚假诉讼犯罪的案件移送公安机关后，民事监督案件的后续处理没有规定。对于民事虚假诉讼案件是否适用“先刑后民”的认识上，理论界和实务界的认识并不一致，包括法院和检察院两家的认识也不一致。在西安市院组织开展的积案清理活动中，查出部分积案是涉嫌虚假诉讼犯罪移交公安机关处理而中止审查的，而对中止后如何进一步处理也缺乏明确规定。

（五）后续监督

司法机关内部缺乏有效衔接，检察机关办理虚假诉讼案件“内热外冷”。一方面，民事虚假诉讼线索的处理缺乏法律规定。虽然《人民检察院民事诉讼监督规则》规定，检察机关对虚假诉讼行为可以依职权启动监督程序，但民事虚假诉讼行为发生在法院，涉嫌犯罪后的管辖权在公安机关，检察机关的监督需要法院、公安机关、司法机关等通力配合。根据《工作意见》规定，法院、检察院、公安机关均可以直接受理虚假诉讼线索，当事人可以向任何一类司法机关控告举报，但对线索的类型、程度、办理机关及依据没有明确。对当事人分头举报如何处理，向不同的机关重复举报的如何处理等问题都没有规定。在西安市院办理的虚假诉讼案件中，群众直接申请监督的仅占1/3，其余均为检察机关自行发现。另一方面，虽然检察机关已将民事虚假诉讼监督作为经常性监督的重点予以关注，但还没有形成配套机制。2019年6月，最高检在全国部署开展虚假诉讼领域深层次违法行为监督专项活动，专项活动开展两年后转为经常性重点工作，并公布了一批指导性案例①。但就基层院如何做好民事虚假诉讼监督还缺乏指引性规定，人民群众对检察机关打击和预防民事虚假诉讼的知晓率并不高。

三、治理和完善：民事虚假诉讼的破解之策

（一）内部途径：谋发展，重自强

1. 加强业务融合，形成监督合力

发挥检察一体化办案优势，采取专案模式办理虚假诉讼案件。一是加强纵向联动，探索上下级办案协作机制。针对基层办案力量薄弱的问题，以市院为主导，上下一体，集中优势力量查办案件。以西安市院和临潼区院共同办理的某汽车担保公司虚假公证执行系列案件为例，该案成立专案组、制定工作方案、密切人员分工，办案中询问相关证人30余人，先后从法院、公证处、银

① 参见最高人民检察院第十四批指导性案例。

行、车管所、汽车担保公司等多处调取证据100余份，上下协同，使得案件得到成功办理。二是密切横向配合，探索民事检察与刑事检察、自侦部门协作机制。检察机关内部要进一步推进融合，业务完善线索移送和跟进办理制度，共同制定调查核实的方向，判断是否构成相关刑事犯罪，进而精准移送犯罪线索。必要时，可以集合民事、刑事、自侦检察优质办案力量，组成跨部门的联合专案组，充分发挥各自特长，加大对民事虚假诉讼的惩治力度。

2. 提高业务能力，强化案件办理

一是加强信息化建设，利用民事检察智能化辅助系统，针对民间借贷等虚假诉讼高发领域建模，通过大数据比对，提高对民事虚假诉讼线索的发现能力。二是充分发挥指导性案例和典型案例的示范作用。在检察机关内部组织学习最高人民检察院第十四批指导性案例、民事虚假诉讼监督相关典型案例，通过案例指引，依法履职，办理好民事虚假诉讼案件。三是检察机关内应探索建立民事虚假诉讼查办考核机制。将防范和打击虚假诉讼工作成绩与业绩列入单位考核指标，并将该项业务与民事检察官考核相结合，与检察官员额惩戒、激励等机制相衔接，督促民事部门的检察官加大查办虚假诉讼的办案力度。

3. 坚持问题导向，加强法治宣传

一是建立和完善民事虚假诉讼惩治机制。尤其是对尚不构成虚假诉讼犯罪的当事人，予以民事制裁和责任追究，不断加大惩治力度，增强对不法行为人的威慑力。二是开展警示教育。加大对潜在虚假诉讼犯罪的震慑作用，防范虚假诉讼行为人以身试法，提升司法公信力，营造防范、打击虚假诉讼的良好氛围。

（二）外部途径：打破壁垒，合作共赢

1. 检察院与法院搭建线索移送平台

根据《工作意见》规定，法院在审理中发现可能涉及虚假诉讼犯罪的，应当移送公安机关并报同级检察机关备案。实践中该项规定缺乏操作可行性，一方面法院移送的线索虽可能涉及虚假诉讼却往往不具备刑事立案的条件，另一方面公安机关担心造成以刑事手段插手民事纠纷而怠于接收虚假诉讼线索。而检察院作为法律监督机关，可以对法院移送的线索进一步调查核实，对经调查不构成刑事犯罪的，可以通过检察建议方式处理，对构成刑事犯罪的，再移送公安机关立案查处。

2. 检察院与公安机关加强对接协作

借鉴刑事检察中提前介入侦查、引导侦查的做法，加强与公安机关的协作配合。一是对公安机关开展虚假诉讼方面的专业培训，提高公安干警对虚假诉讼的识别意识和办案能力。二是与公安机关联合办案，发现民事虚假诉讼线索

后两家共同研判，公安机关负责传统侦查工作，检察机关负责民事虚假诉讼证据的收集固定。

3. 公、检、法、司共同构建一体化办案平台

实践中，辽宁省东港市检察院、法院共同成立了“虚假诉讼监督与协作办公室”，江苏省无锡市新吴区检察院、法院、公安机关共同成立了“预防和惩治虚假诉讼联络办公室”。建议由检察机关牵头，探索加强司法机关之间的平台信息共享，对虚假诉讼涉及的公、检、法相关数据进行整合互通，借助一体化平台建立虚假诉讼移送衔接机制，提升惩治合力。

（三）立法途径：增加司法处罚权，扩大调查权

1. 建议赋予检察机关司法处罚权

民事虚假诉讼是对法律精神的违背，是对诉讼机制的反向利用，也是法律规定检察机关可以依职权启动监督的案件，虚假诉讼行为人应当承担与其行为相适应的法律后果。《民事诉讼法》第十章专章规定了“对妨害民事诉讼的强制措施”，规定人民法院对诉讼参与人可以采取训诫、责令退出法庭或者予以罚款、拘留等强制措施。“民事检察权具有司法权的典型特征，与其他种类的检察权相比，司法属性最强。”[①] 赋予民事检察司法处罚权具有法理基础，也有利于民事虚假诉讼案件的办理。

2. 扩大民事检察调查权的内容，赋予必要的强制措施

民事虚假诉讼中，检察机关的调查核实是查明案件事实的重要途径，是与虚假诉讼犯罪侦查衔接的必要补充。调查的内容既包括法院应当调查未调查的证据，也包括与诉讼行为相关的证据，同时也包括对审判、执行人员违法行为的调查，可见调查需要达到的标准极高。而要把这一过程从根源查清，仅靠民事检察部门的坐堂办案和书面审查显然是不够的，需要采取一定的强制措施。因此建议修改相关法律规定，赋予民事检察部门采取查封、扣押等必要的强制性调查措施的权力。[②] 同时，检察机关在行使调查核实权时应严格遵循必要性原则，不能破坏法定的举证责任规则，代行当事人举证，打破民事诉讼中当事人双方的平衡关系。[③]

---

① 王功杰、苏彦来：《民事检察调查核实权研究》，载《黑龙江省政法管理干部学院学报》2020年第3期。

② 卢佳佳：《民事虚假诉讼检察监督现状及问题建议》，载《法制博览》2021年第32期。

③ 贾萧宇、王芳：《能动履职加强民事虚假诉讼检察监督》，载《人民检察》2022年第14期。

四、结语

民事虚假诉讼的危害性及对其预防和惩治的必要性已在司法机关和理论界形成共识，检察机关作为法律监督机关责无旁贷。发挥好民事检察在虚假诉讼预防和惩治中的作用任重道远，在监督时机、调查措施、一般虚假诉讼行为人处理方面还需要进一步的法律规制。本文的研究，仅仅是打开了一扇观察的窗户，将民事虚假诉讼实践中的问题彻底予以破解，还需要立法机关和司法机关的共同努力。

虚假诉讼惩治的制度机制问题及治理路径初探

余明涛　胡培育*

虚假诉讼，是指当事人采取伪造证据、捏造事实等方式提起民事诉讼，使法院作出错误的判决书、裁定书、调解书、支付令等法律文书的行为。该行为侵害了国家利益、社会公共利益或他人的合法权益，扰乱司法秩序，浪费司法资源，损害司法权威和司法公信力，令人深恶痛绝。党的十八届四中全会通过的《中共中央关于全面推进依法治国若干重大问题的决定》、2021 年发布的《中共中央关于加强新时代检察机关法律监督工作的意见》均提出要加大对虚假诉讼的惩治力度。检察机关作为法律监督机关，打击虚假诉讼，维护社会公平正义义不容辞。2019 年至 2021 年，全国检察机关开展了虚假诉讼领域深层次违法行为监督专项活动，活动开展以来，全国检察机关共纠正虚假诉讼 21906 件，起诉虚假诉讼犯罪 3657 人，取得了显著成效。① 最高法、最高检在 2018 年、2021 年相继出台惩治虚假诉讼犯罪相关司法解释，针对发现甄别不及时、协作查办机制不健全、刑民衔接不畅等问题，建立健全惩治协作和程序衔接机制，进一步加强了此类犯罪惩治的力度。

但在司法实践中仍存在认定标准不统一、衔接配合不到位的问题，笔者结合近几年的办案情况，对办理虚假诉讼监督案件中亟待解决的问题及治理民事虚假诉讼方法及路径做以下分析探讨，进一步增强惩治防范民事虚假诉讼工作合力。

---

* 余明涛，西安市鄠邑区人民检察院检察长；胡培育，西安市鄠邑区人民检察院副检察长。

① 参见最高检张军检察长 2020、2021、2022 年检察工作报告。

一、惩治虚假诉讼亟待解决的制度机制问题

（一）虚假诉讼的刑法定罪范围广于民事诉讼认定的虚假诉讼行为范围，不利于整治虚假诉讼，实现刑民衔接

虚假诉讼就是通常所说的“打假官司”。虚假诉讼从是否构成犯罪而言可分为刑事虚假诉讼犯罪和民事虚假诉讼行为。法学理论中就参加诉讼的当事人是否存在“合谋”这一标准，将虚假诉讼分为双方串通型和单方欺诈型。双方串通型主要表现为双方当事人恶意串通，采取虚构民事法律关系或伪造诉讼证据等手段提起民事诉讼，骗取法院生效裁判文书，进而达到隐瞒、转移财产、逃避债务履行或者使他人不分、少分财产等非法目的的行为。这类案件多发生在民间借贷、离婚析产、继承财产等领域。单方欺诈型主要表现为民事诉讼一方当事人通过伪造证据等手段，以其他民事主体为被告向人民法院提起民事诉讼，意图侵占他人财产的行为。

2012 年《民事诉讼法》没有专门规定虚假诉讼的概念，仅在第 111 条规定了对妨害诉讼行为的强制措施，即“诉讼参与人或其他人有伪造、毁灭重要证据，妨碍人民法院审理案件的，人民法院可以根据情节轻重予以罚款、拘留，构成犯罪的，依法追究刑事责任”。第 112 条规定“对于当事人之间恶意串通，企图通过诉讼、调解等方式侵害他人合法权益的，人民法院应当驳回其请求，并根据情节轻重予以罚款、拘留；构成犯罪的，依法追究刑事责任”。这表明当时仅将该行为认为是一种恶意串通，通过诉讼、调解方式损害他人合法权益的妨碍诉讼行为。2015 年最高人民法院《关于适用〈中华人民共和国民事诉讼法〉的解释》第 190 条第 2 款规定，第三人根据《民事诉讼法》第 56 条第 3 款规定提起撤销之诉，经审查，原案当事人之间恶意串通进行虚假诉讼的，适用《民事诉讼法》第 112 条规定处理。在此规定中正式出现“虚假诉讼”这一名词。为惩治和预防民商事审判领域存在的虚假诉讼现象，于 2016 年 6 月 20 日出台最高人民法院《关于防范和制裁虚假诉讼的指导意见》共 18 条，第 1 条中明确规定，虚假诉讼一般包含以下要素：（1）以规避法律、法规或国家政策谋取非法利益为目的；（2）双方当事人存在恶意串通；（3）虚构事实；（4）借用合法的民事程序；（5）侵害国家利益、社会公共利益或案外人的合法权益。以上规定虽然没有明确给虚假诉讼行为下定义，但都不约而同提到，双方当事人恶意串通，提起诉讼损害他人权益。这表明在最高人民法院关于民事虚假诉讼的规定中将虚假诉讼认定为双方恶意串通进行诉讼的行为，并没有将单方欺诈型的行为认定为虚假诉讼。

为惩治虚假诉讼犯罪，维护司法公正，2015 年 8 月 29 日颁布的《刑法修正案（九)》，增设虚假诉讼犯罪，增加第 307 条之一，规定“以捏造的事实提起民事诉讼，妨害司法秩序或者严重侵害他人合法权益的，处三年以下有期徒刑、拘役或者管制，并处或者单处罚金；情节严重的，处三年以上七年以下有期徒刑，并处罚金。单位犯前款罪的，对单位判处罚金，并对其直接负责的主管人员和其他直接责任人员，依照前款的规定处罚”。最高法、最高检公布《关于办理虚假诉讼刑事案件适用法律若干问题的解释》（以下简称《解释》）第 1 条第 7 项规定，采取伪造证据，虚假陈述等手段，单方或者与他人恶意串通，捏造身份、合同、侵权、继承等民事法律关系的行为，向法院提起民事诉讼的，应认定为《刑法》第 307 条之一第 1 款规定的“以捏造的事实提起民事诉讼”。该司法解释将虚假诉讼罪分为单方欺诈型和双方串通型两种类型。单方欺诈型虚假诉讼是指当事人一方伪造证据、虚假陈述，捏造事实向法院提起诉讼，侵害另一方当事人合法权益。双方串通型虚假诉讼是指当事人双方达成合意，恶意串通采取伪造证据、虚假陈述、捏造事实，向法院提起诉讼，骗取法院作出判决，损害国家、社会公共利益，侵害案外第三人合法权益，或者规避相关法律法规规定的管理义务或其他法定义务，该类型犯罪案件中当事人双方之间不存在不可调和的利益冲突或实质性对抗关系。[①]

由此可见，民事诉讼法及其相关司法解释将民事虚假诉讼界定为“双方串通”实施的行为，而刑法及“两高”司法解释将虚假诉讼犯罪界定为“单方欺诈型”和“双方串通型”两种虚假诉讼行为。刑事规制虚假诉讼犯罪行为的范围和民事规制虚假诉讼行为明显不同，民事诉讼法和刑法关于虚假诉讼界定标准不同，导致单方欺诈型行为已经构成虚假诉讼罪了但不认为是民事虚假诉讼行为的逻辑悖论。同时，不构成犯罪的单方欺诈型虚假诉讼行为亦不能按照民事诉讼法的相关规定认定为虚假诉讼行为并给予有力惩处，使得执法不能形成闭环，影响司法权威和公信力。

（二）刑法关于虚假诉讼罪的认定范围过窄，导致对“部分篡改”型虚假诉讼行为无法进行最严厉打击

从捏造事实的程度看，虚假诉讼犯罪可分为“部分篡改”型虚假诉讼和“无中生有”型虚假诉讼。从现行刑事法律法规司法解释对虚假诉讼犯罪的规定可看出，当前司法实践中将“无中生有”型虚假诉讼行为作为犯罪行为的法定类型，将“部分篡改”型虚假诉讼行为排除在定罪范围之外，为打击犯

① 绵杰、吴峤滨：《〈关于办理虚假诉讼刑事案件适用法律若干问题的解释〉重点难点解读》，载《检察日报》2018 年 9 月 27 日。

罪带来了不便。《解释》第1条开宗明义规定，刑法规定的“以捏造的事实提起民事诉讼”是指捏造民事法律关系，虚构民事纠纷，向审判机关提起民事诉讼的行为。最高人民法院法律政策研究室对此说明，该司法解释的捏造事实的行为的本质是虚构主体、事实、证据，伪造并不存在民事法律关系、虚构当事人权利义务纠纷。根据该解释，要成立虚假诉讼犯罪，行为人捏造事实和提起诉讼两个条件需同时具备，缺少任何一个条件都不构成犯罪。对于“部分篡改”型虚假诉讼行为，即民事法律关系和民事纠纷客观存在，行为人只是对具体的诉讼标的额、履行方式等部分事实作夸大或者隐瞒的行为，不属于刑法规定的虚假诉讼罪的范畴，对于行为人在“部分篡改”型虚假诉讼过程中，其具体行为可能构成其他犯罪的，以其他犯罪定罪处罚，但如果其行为没有构成其他犯罪，则按无罪处理。笔者认为这不利于打击犯罪，实现司法公正。从虚假诉讼行为的社会危害性来看，虚假诉讼罪认定标准中“捏造的事实”应该既包括“无中生有”型虚假诉讼即凭空虚构事实、伪造证据，全部事实均为虚假，也包括篡改部分事实，隐瞒部分事实，以提起诉讼，损害一方当事人利益的行为。对于部分篡改型诉讼行为认定犯罪的标准主要应该看篡改的部分事实的数额大小及给他人权益造成损失的大小。因此，笔者认为虚假诉讼罪的认定范围应根据社会实践的发展进一步扩展，应根据打击犯罪的需要，将部分篡改型虚假诉讼纳入刑法规制范围，具体理由如下：

一是从概念上看，“部分篡改事实”与“无中生有捏造事实”具有明显不同，但从人民群众的普遍认识上看，都属于“捏造事实”，不过一个事实完全虚假，一个事实部分虚假而已。将篡改部分虚假事实认定为“捏造事实”，符合人民群众惩治虚假诉讼的维护社会诚信的迫切需要，符合保护国家利益和社会公共利益及他人合法权益的立法精神。因此，不能简单地将篡改虚假事实排除出刑法规制范围。①

二是相对于“无中生有”型虚假诉讼而言，“部分篡改”型虚假诉讼损害的法益相同，不应因为篡改的程度而否定其所具有的法益侵害。

三是当“部分篡改”的事实所涉及的具体数额较大、期限较长、影响特别大的情况下，部分篡改所产生的法益侵害有时比无中生有型虚假诉讼所造成的损害更大。例如，甲对乙实际享有5万元的债权，后甲起诉乙欠其100万元，虚增了95万元的金额，属于“部分篡改”；丙对丁不享有债权，但丙捏造了丁欠其20万元的虚假事实，然后起诉，这属于“完全捏造”。在不考虑其他条件的情况下，单凭虚构的数额来看，“部分篡改”完全有可能比“完全

① 孙永上：《虚假诉讼罪中“捏造事实”待规范》，载《检察日报》2019年12月24日。

捏造”侵犯的法益更严重。

四是“部分篡改”型行为同样可以适用《解释》中的定罪标准，即除去被告人真实的诉讼标的额后再认定他人的经济损失、无法实现的债权数额、被非法占有的数额等。

五是从司法实践看将篡改事实归入虚假诉讼很有必要。从司法实践看，篡改事实型虚假诉讼占比较大，但又无法适用刑事处罚，导致此类行为得不到有效惩处，为不法行为人利用该司法解释漏洞伪造部分证据，提起诉讼，骗取法院判决裁定以可乘之机，为全面整治虚假诉讼行为留下隐患，一定程度上动摇了受害人和人民群众对司法公正的信心。此外，“部分篡改”型行为是否违反诉的真实性，是否属于民事诉讼的客观规律，是否出于诉讼策略考虑，与“部分篡改”型行为是否在虚假诉讼罪范围之内没有必然的因果联系，因为出于诉讼策略考虑，同样可能存在刑事犯罪行为。

（三）民事虚假诉讼当事人追责惩戒制度机制落实不到位

法院对民事虚假诉讼当事人处罚执行不到位。2021 年至今本院共办理 4 起虚假诉讼案件，分别为民间借贷串通虚构债务 140 万元、工程款纠纷 490 万元、隐瞒债务已偿还要求再次偿还 10 万元债务、将高利贷重新打借条以起诉让借款方妻子共同偿还债务案件，向法院发出 4 份再审检察建议，法院虽予以采纳，对案件重新审理，但均没有严格执行民事诉讼法关于对伪造证据行为人的处罚规定，对相关提供假证责任人进行处罚。这证明法院和检察院就民事虚假诉讼的认定和处罚标准认识上仍存在分歧，法院将“部分篡改”型虚假诉讼行为不认为是虚假诉讼行为，也不认为是当事人故意提供假证的行为。这与当事人从虚假诉讼活动中获得的巨大收益相比，无法令其感受到法律的强大威慑力。事实上，现实生活中因虚假诉讼获罪的案例少之又少。由此可见，当前对虚假诉讼当事人的追责惩戒力度尚显不足。

（四）检察监督的制度强制保障力度不够

当前，虚假诉讼已延伸至“高利贷”“套路贷”“校园贷”等领域，与非法经营、非法拘禁、黑社会性质犯罪等刑事犯罪相伴而生，严重影响到社会公众安全，民事虚假诉讼更是损害了司法权威和司法公信力。目前，检察机关在办理虚假诉讼案件方面取得了一些成效，但由于虚假诉讼本身具有复杂多样的行为方式，导致民事虚假诉讼检察监督在法律上仍面临难题。[①]

一是案件线索发现难。现阶段法院、检察院、公安机关、公证机关、仲裁

---

① 郝晓彤：《论民事虚假诉讼检察监督》，黑龙江大学 2021 年硕士学位论文。

机构关于虚假诉讼的防范惩戒、信息共享、执法联动机制尚未完全建立，加之检察法律监督属于一种事后监督，往往虚假诉讼案件发生后，相关当事人申请再审，检察机关受理审查后才能发现。

二是调查取证难。《民事诉讼法》只笼统规定了检察机关可以调查取证，但没有规定可采取哪些调查取证手段。《人民检察院民事诉讼监督规则》虽然规定了5种方式，但缺乏强制效力。司法实践中经常出现检察机关对参加虚假诉讼活动的当事人进行传唤询问时，相关当事人拒不配合调查取证的情况，究其原因在于民事检察部门调查核实权的相应立法授权与配套措施保障尚不完备。

二、存在问题的原因分析

（一）立法没有统筹刑事和民事的关系，导致对民事虚假诉讼认定不够周延

越来越多的民事虚假诉讼随着社会经济的不断发展而出现，学界对民事虚假诉讼的持续关注，在此背景下，对于民事虚假诉讼以及虚假诉讼罪的界限研究将有助于了解民事虚假诉讼行为的本质，在针对民事虚假诉讼行为的防治和惩处上更加科学。通过对民事虚假诉讼的概念进行系统阐述、准确界定，并与其他相关概念进行辨析，以明确民事虚假诉讼的特征、危害性及惩罚措施。再通过对虚假诉讼罪的犯罪构成要件进行分析，对虚假诉讼案件作出类型化分析，系统阐述虚假诉讼罪的犯罪构成。民事虚假诉讼与虚假诉讼罪既有相似性又相互区别，二者在立法目的上、适用范围上、法律体系上具有相似性；在设定目的、构成要件、产生责任、危害结果上有所区分。通过研究分析，搭建防范惩治民事虚假诉讼与打击刑事诉讼犯罪的桥梁纽带，实现民事虚假诉讼和刑事虚假诉讼犯罪惩治上的有效衔接。[①] 在逻辑构成上，民事虚假诉讼的认定范围应广于刑事虚假诉讼罪的范围，在构成要件上民事虚假诉讼的认定标准应低于刑事虚假诉讼罪的认定标准。

（二）对虚假诉讼罪侵害的法益认识较为狭窄，仅以所提诉讼是否真实来认定是否妨害诉讼秩序，未能考虑此类犯罪对国家、集体或第三人带来的财产损失情况

虚假诉讼侵害的法益具有多样性，既侵害了诉讼的真实性，又侵害了国家、集体、第三人的财产权益。《解释》第4条明确了实施以骗取财物为目的的虚假诉讼犯罪又构成其他犯罪的处理原则，即实施以骗取财物为目的的虚假

① 李广宇：《民事虚假诉讼与虚假诉讼罪界限研究》，华侨大学2017年硕士学位论文。

诉讼犯罪，又构成诈骗罪，职务侵占罪，拒不执行判决、裁定罪，贪污罪等犯罪的，依照处罚较重的规定定罪从重处罚。该条规定在实践中往往很难操作，因为虚假诉讼犯罪采取的方式是提起诉讼通过法院判决或裁定方式非法占有他人财物，而以骗取财物为目的的认定属于犯罪故意的认定，司法实践中虚假诉讼当事人都不会承认其行为是为了骗取财物，司法实践中也很少出现实施虚假诉讼犯罪同时又构成其他犯罪数罪并罚的案例。

（三）法律监督立法精细度不够、力度不强

检察机关法律监督的对象是公安机关侦查，法院审判、执行及司法行政机关刑罚执行活动。从理论上，要保证监督的有效性，必须赋予检察机关和法院、公安机关对等的调查核实权和强制措施权，以保证法律监督的实效性和强制性。但因我国法治发展较晚，对检察监督的调查权法律规定不够细化，导致检察机关开展监督过程中遇到被监督者不予支持配合的情形下，无法及时采取反制措施，一定程度上损害了法律监督的权威性和司法公正。

三、治理路径初探

（一）修改民事诉讼法及相关司法解释，使民事虚假诉讼和刑事虚假诉讼内涵、行为基本统一，解决法律适用不接轨的问题

修改民事诉讼法及相关司法解释，将单方欺诈型虚假诉讼纳入民事虚假诉讼认定范围，进一步完善民事虚假诉讼的架构体系，实现民事法律作为基本保障法的功能，杜绝出现刑事认定范围广于民事范围的反常现象。为顺利实现民刑衔接，形成惩治虚假诉讼合力奠定法律制度基础。

（二）将“部分篡改”型侵占他人财物虚假诉讼行为入罪，解决同样数额、同样危害的违法行为，仅因诉的真实程度不同而导致罪责各异的现象

为了严密法网，出于保护诉权的正当行使和国家、集体、第三人财产权益的角度，建议修改司法解释将“部分篡改”型企图侵占他人财产的虚假诉讼行为纳入虚假诉讼罪规制范围，进一步增强对虚假诉讼行为的震慑力度，更好保护国家利益和社会公共利益及第三人合法权益，以符合司法实践要求和人民群众的呼声。

（三）授予检察机关在调查虚假诉讼中强制传唤权和拒不配合的处罚权，以保障调查取证强制力

目前，检察机关到法院或相关行政机关、金融机构等调取书面材料，一般较为顺利，调查核实权弱化的环节主要是获取虚假诉讼当事人的言词证据，这也是突破虚假诉讼案件，使当事人陈述与相关书证印证，形成证据锁链的关

键。为有效甄别、彻底打击虚假诉讼行为，建议赋予检察机关更强的调查取证权，细化检察机关监督调查核实的内容、方式以及有关单位和个人的协助义务，同时赋予检察机关对拒不配合调查的当事人给予传唤、司法拘留、罚款等强制措施的职权，以保证检察监督的权威性和实效性。

(四) 与人民法院、公安机关、司法行政机关、纪检监察建立信息共享、执法联动机制，形成执法合力

要切实做好民事虚假诉讼的监督工作，建议由政法委或法治办牵头，建立健全法、检、公、司、纪检监察等部门的联合监督机制。要充分发挥党绝对领导政法工作的政治优势，发挥公安机关在查找相关涉案人员户籍信息、联系方式、突破造假人证言方面的侦查优势，发挥法院在审查甄别书证、证言中的审判优势，发挥纪检监察机关在查办国家工作人员、司法人员违纪审查中的查处优势。除此之外，检察机关应主动加强与律师事务所、鉴定机构和公证机构等社会服务机构的联系，形成一张更加严密的法网，从虚假诉讼案件的前期、中期、后期等各个环节建立执法联动监督机制，形成全方位、多角度的惩治虚假诉讼工作网络。

(五) 强化惩戒追责，增强法律震慑力

违法成本低、收益高是虚假诉讼当事人一再涉险的根本原因。建议根据虚假诉讼标的额或违法所得数额的比例处以相应罚款，提高违法成本。同时，完善民事侵权责任相关法规，建立虚假诉讼责任制度，将虚假诉讼行为规定为民事侵权行为，受害人可以通过提起侵权之诉，追索因虚假诉讼遭受的利益损失。建立检察机关监督虚假诉讼案件“一案三查”制度，争取达到“办理一案、警示一片、治理一域”的办案效果。具体在办案中，一要审查生效裁判是否有错误，能否提出抗诉或发出再审检察建议；二要审查审判行为和执行行为是否违法；三要调查诉讼当事人或审判法官是否违法违纪。通过“一案三查”方式，将监督重心从对案监督转移到对人监督和对行为监督上来，进一步增强监督的精准性和穿透力。

(六) 建立预防性监督机制

针对虚假诉讼检察监督滞后的问题，可以引入一定的预防性监督。具体操作上，当案件仍处于法院审理阶段，检察机关收到相关当事人控告举报或自身收集到相关虚假诉讼线索时，可以向法院发送检察建议或告知函的方式，将线索告知法院，建议法院审慎查明案件事实，阻止虚假诉讼的发生。当然，在实施预防性监督过程中，仍需遵循民事诉讼法的规定和诉讼基本规律，充分尊重法院的独立审判权。

单方虚构部分事实构成民事虚假诉讼探析

——以实务个案切入

巨　艳　张莎莉*

随着最高人民法院、最高人民检察院《关于办理虚假诉讼刑事案件适用法律若干问题的解释》（以下简称“两高”《解释》）和最高人民法院、最高人民检察院、公安部、司法部《关于进一步加强虚假诉讼犯罪惩治工作的意见》（以下简称“两高两部”《意见》）先后出台，司法机关对虚假诉讼罪的构成要件、认定标准等日趋统一，但这仅限于刑事范畴。而对于民事虚假诉讼行为，检察机关与审判机关的分歧依然存在。本文以真实案例切入，以期通过对基础借贷法律关系存在，一方当事人伪造证据、虚构部分事实的行为是否构成民事虚假诉讼的论证，厘清思路，统一认识，正确指导司法实务，维护司法秩序和权威。

一、个案呈现：虚构部分转账凭证，借款实为还赌债

（一）原审查明的案件事实

李某系某公司法定代表人。2020 年 1 月 2 日，李某以某公司资金周转为由向王某借款 320 万元，双方签订借款合同。合同约定：借款期限自 2020 年 1 月 2 日起至 2020 年 6 月 1 日，月利率 2 分，逾期还款除应承担借款利息外，还应每月支付欠款的 2% 作为逾期还款违约金、罚息。合同上有双方签名、捺印以及担保人某公司的盖章。王某于 2020 年 1 月 2 日，分两笔将 320 万元通过银行转账转款至合同约定的李某指定的个人账户。2020 年 7 月 6 日，王某诉至借款合同约定的管辖法院（以下简称甲区法院），请求判令李某偿还借款本金人民币 320 万元，并按月利率 2 分支付利息。

* 巨艳，西安市新城区人民检察院副检察长、三级高级检察官；张莎莉，西安市新城区人民检察院二级检察官。

（二）诉讼过程及裁判结果

经公告送达起诉书副本及传票，2021 年 1 月 15 日，因被告未到庭应诉，甲区法院缺席审理。2021 年 1 月 28 日，甲区法院以王某所提供的借款合同及两份银行转账凭证（第一笔 170 万元、第二笔 150 万元）作出判决。2021 年 2 月 23 日，该院在《西部法制报》公告送达判决书。2021 年 5 月 10 日判决生效。

甲区法院认为，根据王某提交的借款合同、转账记录，王某与李某之间的债权债务关系依法可以确认，王某已按约定向李某转款 320 万元，且借款合同明确约定借款利率为月利率 2 分、逾期还款还应每月支付欠款的 2% 作为逾期还款违约金、罚息，上述约定系双方自愿签订且不违反法律规定。故判决李某向王某偿还借款人民币 320 万元，并支付利息（以 320 万元为基数，从 2020 年 1 月 2 日起按月利率 2% 计算至实际清偿之日止）。

得知生效判决后，李某以借款事实不存在向甲区法院的上一级法院乙市中院申请再审。该院组成合议庭审查后，以李某已向公安机关报案，在公安机关未作出结论前，李某所提交证据不能证明本案涉及“套路贷”或虚假诉讼，不足以推翻原判决为由，裁定驳回李某的再审申请。

（三）检察机关调查核实情况

李某申请再审被驳回后，向检察机关申请监督。经检察机关调取证据查证，本案另存在以下事实：（1）320 万元借款中的第一笔 170 万元，其真实流水过程为蒋某→王某→李某→卫某→高某→王某，并且在高某向王某转账时将其中 20 万元转回蒋某账户（如图 1 所示）；（2）李某欠蒋某赌债 150 万元；（3）蒋某通过王某名义借款 320 万元给李某，但前提条件是其中 170 万元用以偿还其赌债；（4）2020 年 1 月 2 日当天 320 万元转账过程系蒋某、王某、卫某、高某陪同李某在银行完成。

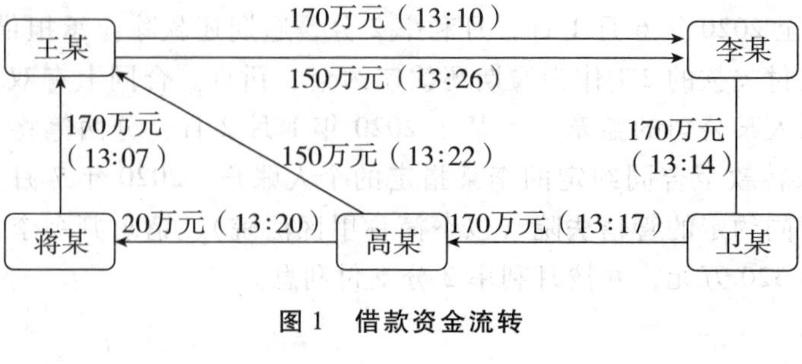

图 1　借款资金流转

二、观点论证：单方部分虚构应认定为民事虚假诉讼

上述案例中，王某与李某之间确实存在民间借贷法律关系，但其中的170万元系蒋某以王某名义逼迫李某借款偿还150万元赌债，并收取20万元砍头息。对此，检察机关能否提起民事检察监督，关键在于这170万元的虚增部分是否属于民事虚假诉讼。换言之，基础法律关系存在，一方当事人虚构部分事实的行为，是否构成民事虚假诉讼？

第一种观点认为，虚假诉讼的通常要素之一是“双方当事人存在恶意串通”，只有当事人恶意串通才属于民事虚假诉讼。

第二种观点认为，只要诉的构成要素（诉讼主体、诉讼标的、诉讼请求等）之一是虚假的，即可认定为虚假诉讼，其中包括了虚构、虚增、隐瞒部分事实。

笔者赞同第二种观点。具体理由如下：

（一）从法理上分析

民事虚假诉讼，是指当事人单方或者与他人恶意串通，以谋取非法利益为目的，采取虚构事实、伪造证据等手段，捏造民事法律关系，通过提起民事诉讼或仲裁等合法途径，规避法律法规，侵害国家利益、社会公共利益或者他人合法权益，妨害司法秩序的行为。①

构成虚假诉讼一般必须具备以下要素：（1）主观上行为人明知自己的行为会发生侵犯他人合法权益、妨害诉讼秩序、破坏司法公信力的后果，为获取非法利益仍然实施虚假诉讼行为；（2）客观上以伪造证据、虚构案件事实或者隐瞒真相向人民法院提起民事诉讼为手段，获取法院的裁判文书，即具备伪造证据—提起诉讼—获得裁判文书的客观要件；（3）侵犯的直接客体是他人的合法权益，同时把司法权作为谋取非法利益的工具，异化了民事诉讼的制度功能，对司法秩序及司法公信力造成损害。②

具体到上述案例，蒋某为迫使李某还其赌债，伪造320万元的银行转账凭证，虚构170万元的债务，并通过民事判决将赌债的非法债务以民间借贷的方式合法化，不仅侵害了李某的合法权益，同时浪费了司法资源、妨害了司法秩序、损害了司法权威。蒋某以民事诉讼的合法途径达到非法目的之行为，严重违背民事法律基本理念及民事诉讼制度功能，应予以否定评价和严厉打击。

---

① 吕洪涛、兰楠：《最高人民检察院第十四批指导性案例解读》，载《民事检察工作指导》2022年第2辑，第173页。

② 周清华：《虚假诉讼的构成要素》，载《中国检察官》2017年第14期。

因此，结合民事虚假诉讼的含义、构成要素与上述案例，无论是单方恶意诉讼还是双方恶意串通，无论是全部虚构还是部分虚构，只要虚构的事实、伪造的证据通过民事诉讼或仲裁等合法途径达到侵占他人财产（或财产性利益）的非法目的，把司法权作为谋取非法利益的工具，妨害了司法秩序，损害了司法权威，即构成民事虚假诉讼。

（二）从法律规定判断

首先，《刑法》第 307 条之一规定了虚假诉讼罪，其基本犯罪构成为："以捏造的事实提起民事诉讼，妨害司法秩序或者严重侵害他人合法权益"。虚假诉讼罪系《刑法修正案（九）》新确立的罪名，其立法的背景是虚假诉讼案件的集中涌现和专项打击。该条规定并未限定"捏造"系双方恶意串通还是单方捏造，也未限定系全部捏造还是部分捏造，从保护法益、打击犯罪的立法目的而言，不应对"捏造"作缩小解释，将其限定在双方恶意串通、虚构全部事实的范围之内。

其次，根据"两高"《解释》规定，单方或者与他人恶意串通，采取伪造证据、虚假陈述等手段，捏造民事法律关系，虚构民事纠纷，向人民法院提起民事诉讼的，应当认定为刑法规定的虚假诉讼犯罪行为；向人民法院申请执行以捏造的事实作出的仲裁裁决、公证债权文书，或者以捏造的事实对执行标的提出异议、申请参与执行财产分配的，属于刑法规定的虚假诉讼犯罪行为；以捏造的事实提起民事诉讼，致使人民法院基于捏造的事实作出裁判文书的，应当认定为虚假诉讼罪；在未作出裁判文书的情况下，行为人具有虚假诉讼违法犯罪前科，或者多次以捏造的事实提起民事诉讼，或者具有致使人民法院采取保全措施、致使人民法院开庭审理、干扰正常司法活动等情形的，也应当以虚假诉讼罪定罪处罚。

最后，"两高两部"《意见》进一步明确规定，虚假诉讼犯罪，是指行为人单独或者与他人恶意串通，采取伪造证据、虚假陈述等手段，捏造民事案件基本事实，虚构民事纠纷，向人民法院提起民事诉讼，妨害司法秩序或者严重侵害他人合法权益，依照法律应当受刑罚处罚的行为。

此外，全国人大常委会法制工作委员会民法室在阐释对民事诉讼法的理解与适用中也曾指出，"通常所说的虚假诉讼，有广义和狭义之分。狭义的虚假诉讼是指当事人之间恶意串通，企图通过诉讼、调解等方式侵害他人合法权益的行为。广义的虚假诉讼还包括伪造证据，故意将被告拖入诉讼等情形"。[①]

---

① 邓晓静、袁园：《浅析民事虚假诉讼监督应注意的两个问题》，载《检察日报》2022 年 11 月 30 日，第 7 版。

可见，《刑法修正案（九）》、"两高"《解释》及"两高两部"《意见》均对虚假诉讼作广义理解，强调事实本身的虚假性，即虚假诉讼也包括单方伪造证据、事实的行为。民事诉讼法与刑法对虚假诉讼的界定，本质上均是对虚假诉讼的规制，只是侧重点不同。由于刑事犯罪的证明标准远比民事诉讼更为严苛，举重以明轻，达到虚假诉讼罪的虚假诉讼行为必然构成民事虚假诉讼。

将法律规定适用到上述案例中，虽然王某与李某之间存在民间借贷基础法律关系，但其虚增的170万元系以胁迫方式索取赌债并包含"砍头息"，涉嫌"套路贷"，具备虚假诉讼罪的行为特征，必然构成民事虚假诉讼。故此，基础法律关系存在但一方当事人虚构部分事实的行为，可以构成民事虚假诉讼。

（三）从司法实践观察

首先，最高人民检察院检例第56号指导性案例江西熊某等交通事故保险理赔虚假诉讼监督案中，江西省人民检察院以周某伪造原告起诉状、假冒原告及其诉讼代理人提起虚假诉讼，非法套取高额保险赔偿金，扰乱诉讼秩序，损害社会公共利益和他人合法权益，向江西省高级人民法院提出抗诉后，江西省高级人民法院作出民事裁定书，认为该案是一起由周某假冒熊某诉讼代理人向人民法院提起的虚假诉讼案件。该案的监督结果反映出，江西省人民检察院与江西省高级人民法院在一方当事人单方虚构行为可以构成民事虚假诉讼的认定上达成共识：假冒原告名义提起诉讼，采取伪造证据、虚假陈述等手段，取得法院生效裁判文书，非法获取保险理赔款，构成民事虚假诉讼。

其次，"套路贷"民间借贷虚假诉讼系民事虚假诉讼监督案件数量最多的类型之一。该类案件一般是小额信贷行业伪造银行流水、借条等证据，虚增债权债务，通过非法手段恶意制造单方违约获取生效裁判，假借民间借贷等民事纠纷之名，收取高额管理费、手续费等，意在规避不得预先扣除利息及利率上限的规定，达到非法侵占他人合法财产的目的。① 一方面，在"套路贷"民事虚假诉讼中，并不存在职业放贷人与借款人的恶意串通，而是职业放贷人单方虚构事实、伪造证据捏造法律关系，通过民事诉讼的合法途径假借司法公权达到非法目的，属于典型的一方当事人单方虚构行为。另一方面，在"套路贷"民事虚假诉讼中，民间借贷的基础法律关系是存在的，只是职业放贷人通过非法手段虚增了债权债务，其虚增的部分即属于虚构部分事实。

综上，无论从保护当事人合法权益还是从维护司法秩序和权威的角度而

① 最高人民检察院第六检察厅：《民事检察工作指导》2022年第2辑，第97—98页。

言，基础法律关系存在但一方当事人虚构部分事实的行为都应认定为构成民事虚假诉讼。

三、个案启示：精准监督，维护司法公正和权威

（一）转变理念，注重民事权利优先保护

《民法典》确立了民事权利保护优先的原则。民事诉讼活动中的虚假诉讼行为与刑法意义上的虚假诉讼罪，既有联系也有区别。因此，刑事案件正在审查尚未得出构成虚假诉讼罪结论的，并不必然影响对该行为的民事评价。只要查明的证据足以证明原民事判决中存在因当事人进行虚假陈述、提交虚假证据而造成法院错误裁判，且客观上侵害了他人合法权益，同时原案对刑事犯罪的处理不关涉民事方面对虚假诉讼的认定，也不会引发相互矛盾的裁判或处理结果，则检察机关应依法提出再审检察建议或抗诉，及时纠正错误裁判，防止损失扩大或造成难以弥补的后果，提升民事权利保护质效。①

（二）精准监督，充分发挥法律监督职能

最高人民法院《关于审理民间借贷案件适用法律若干问题的规定》明确规定，存在出借人事先知道或者应当知道借款人借款用于违法犯罪活动仍然提供借款及违背公序良俗情形的，应认定民间借贷合同无效。显然，依此规定，王某与李某签订的民间借贷合同中虚增的170万元债务属无效内容，不受法律保护。

检察机关根据李某提供的线索，从王某、蒋某、卫某、高某等人的身份及其相互之间的关系、资金往来规律切入，以涉及王某、蒋某、卫某、高某等人的民间借贷案件为着力点，积极调查取证，发现第一笔转账的170万元系蒋某以王某名义借款给李某用以还其赌债而虚增的债务，以及王某、蒋某、卫某、高某等人涉嫌“套路贷”的线索。

赌博系违法犯罪活动，亦违背公序良俗。根据司法解释的规定，赌债不受法律保护，何况本案中虚增的170万元借款之用途系蒋某等人逼迫李某还其赌债，更不在法律保护范围之内。面对此类案件，检察机关应找准切入点和着力点，积极调查取证，正确适用法律，敢于监督，精准监督，强化监督刚性，提升监督质效，充分发挥法律监督职能。

① 最高人民检察院第六检察厅：《民事检察工作指导》2022年第1辑，第299页。

数字检察引领下民事虚假诉讼类案监督机制探索与发展

舒雅明*

数字检察是新时代检察工作的重要模式，也是目前和未来检察改革和战略转型的重点任务。习近平总书记强调，“大数据是信息化发展的新阶段”“要推动大数据、人工智能等科技创新成果同司法工作深度融合”。《中共中央关于加强新时代检察机关法律监督工作的意见》中也明确提出，要加强检察机关信息化、智能化建设。① 将检察大数据运用到民事虚假诉讼类案监督中，助力法律监督提质增效，是数字检察战略的重要组成部分。那么如何运用数字检察对民事虚假诉讼进行类案监督，从海量的数据中提炼出有价值的案件线索和有效数据支撑办案？笔者拟从应用层面、协作层面以及如何对接检察机关统一业务应用系统等方面进行分析，展开对相关机制的探索。

一、数字检察的概念

数字检察是在智慧检务、智慧检察建设基础上的进一步深化，是以检察核心业务为重点，通过建设重点场景应用，实现检察工作全方位变革的数字化建设新阶段。具体到民事虚假诉讼类案监督中，数字检察是指检察机关通过大数据采集、存储和分析，开发设计多个应用场景来梳理案件规律，经过数据分析、数据碰撞对比、类案线索研判、开展精准监督，从而达到推动社会治理效果的动态全过程。

二、应用数字检察进行民事虚假诉讼类案监督的路径

（一）建立检察大数据分析系统

虚假诉讼案件类型多样、隐蔽性强，无论是从证据链条还是从适用法律方

---

* 舒雅明，西安市莲湖区人民检察院第四检察部检察官助理。

① 参见《中共中央关于加强新时代检察机关法律监督工作的意见》。

面都很少有破绽，要发现这样的案件线索，需要建立相关大数据分析系统，这个意义上的大数据，在数量上要大，大到司法案例数据全样本；在内容上要全，全到涵盖实体、程序的全部内容；类型要多，多到"四大检察"全覆盖；速度要快，这样才能与违法行为赛跑，及时遏制违法行为，从而维护社会公平正义。笔者认为，其来源需要从以下几个方面入手（见图1）：

1. 内部数据。内部数据来源于历年来检察办案的数据库，主要是指检察机关通过已办案件沉淀的数据资源，如院档案室的案卷资料及目前的全国检察业务应用系统2.0平台的数据。

2. 共享数据。共享数据是指检察机关通过与司法机关、行政机关的协作机制等方式打破数据壁垒，将公安机关、法院、司法局的案件数据以及政务平台信息数据资源进行整合，通过数据共享，可以延伸检察监督的触角。[①]

3. 外部数据。外部数据是指检察机关通过中国裁判文书网、国家企业信用信息公示系统、企查查、天眼查等App以及群众线上线下的检举控告、线索举报以及监控网络舆情信息等渠道获得的数据资源。

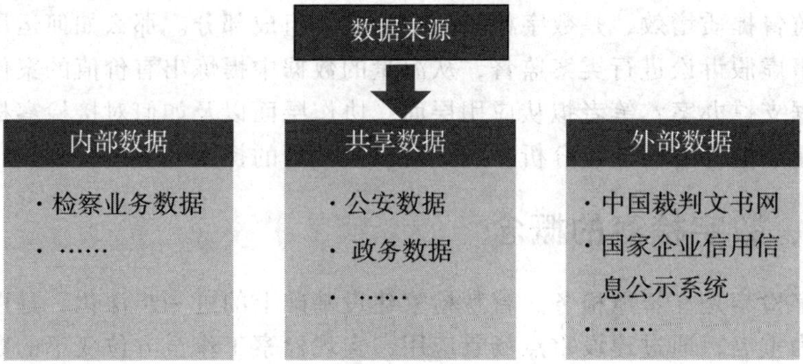

图1 数据来源

综上，整合全国范围内可用于办案的大数据信息，包括内部数据、共享数据以及外部数据等，建立检察大数据分析系统，实现电子卷宗、法律文书、涉案财物等办案信息全流程的收录，使当事人信息、案件信息等可以进行网上查询、流转、共享、留痕，这样可以实现大量信息的整合、链接以及共享，打破数据孤岛，加强与司法机关、行政机关的协作，及时发现虚假诉讼等案件线索，通过数据碰撞对比，实现精准有效的类案监督。

---

① 金鸿浩：《持续推进检察大数据深度应用》，载《检察日报》2022年5月16日。

（二）设计研发重点运用场景

有了相关检察大数据的集成分析系统，下一步需要具体应用到不同案件场景中用以排查虚假诉讼相关案件线索。以下结合具体案例，从应用层面展开对检察大数据的探索。

案例一：民间借贷纠纷类案件。2016 年至 2017 年间，张某某等人以向被害人出借资金为诱饵，收取高额“砍头息”“管理费”，与被害人签订“借款合同”“房屋租赁合同”等，在被害人无力归还高额借款本息的情况下，欺骗或强迫被害人“以贷还贷”，将高额利息和本金转换成一个新的借款合同，并对部分被害人以非法侵入住宅、非法限制人身自由等方式催收债务。在被害人还不起贷款后，张某某等人多次向法院提起民事诉讼，通过向法院提供利率合法的借款合同，隐瞒事实，对被害人已偿还的利息拒不承认等行为，使张某某所诉案件均得以胜诉，被害人多被缺席判决与强制执行，可能涉嫌虚假诉讼。

案例二：追索劳动报酬类案件。某公司因经营不善于 2013 年停产，2020 年进入破产程序，2018 年起有多名职工手持老板手写的工资欠条向法院提起诉讼，请求支付工资报酬，金额多为十几万元到三十几万元不等，共计申报债权 220 余万元，在破产财产分配中，劳动债权清偿顺序优于普通债权，在公司停产后五年才申报债权，可能涉嫌通过熟人申报虚假劳动债权的方式逃避破产后的债务履行。①

案例三：虚假公证类案件。2011 年，某公司董事长高某因非法吸收公众存款罪被追究刑事责任。2012 年，其公司名下酒店被法院查封拍卖，拍卖所得用于退赔集资款和偿还债务。2013 年高某保外就医期间与王某、杜某等七人商议，由高某以公司名义出具借款借条，虚构公司债务，并前往公证处进行了赋予强制执行效力的公证，后由上述人等以民间借贷为由，使用强制执行公证债权文书，向法院申请强制执行，可能存在用公证文书进行虚假诉讼从而骗取公司财产拍卖执行案款的行为。②

在检察大数据的集成分析系统中可以更好更快地发现以上案例，具体应用步骤如下：第一步：选定所要运用的大数据范围。对裁判文书进行基础分类，设定大数据运用场景，确定要分析的案件案由，如民间借贷类案件、追索劳动报酬类案件等，确定筛查范围为此类型所有的判决、裁定、调解书等法律文书；第二步：筛查裁判文书中当事人信息。提取民事裁判文书中的当事人

① 曾于生、金丹丹：《一条线索牵出 142 件虚假讨薪案——浙江绍兴：数据碰撞发现民事案件异常情况》，载《检察日报》2022 年 4 月 23 日。

② 参见最高人民检察院第十四批指导性案例。

（代理人）基本信息，包括姓名、性别、出生年月、身份证号、住址或者公司法定代表人、地址等基本信息，查找相同、相关人员或者公司多次起诉或者被起诉，可能形成类案的裁判文书；第三步：提取案件主要行为要素，找出“模型化”特征。通过对裁判文书信息列表汇总分析，进行监督点、关键词的提炼。例如，案例一的监督点、关键词可以为案件中频繁出现的“借款合同”“房屋租赁合同”“房屋抵押合同”等词汇，案情多为原告与被告签订借款合同，被告出租、抵押了房产，被告还不起借款因而被起诉，案件结果多为公告送达、缺席判决、强制执行的“模型化”特征。案例二的监督点、关键词可以为“工资欠条”“劳动关系”等，案情均为凭工资欠条起诉同一家公司要求支付工资报酬，且短期内密集起诉、证据单一、结案时间短等“模型化”特征。案例三的监督点、关键词可以为“公司欠款”“公证文书”“申请强制执行”等，案情多为针对同一家公司要求偿还借款，并进行了公证，申请法院强制执行的“模型化”特征。第四步：进一步比对异常数据，形成线索预警推送条目。由电脑按照上述途径，依据系统内设置的运用场景特征对比，要素和频次分析，自然语义识别、挖掘统计等方法对海量裁判文书进行筛查、分类和处理，形成线索预警推送条目，推送异常裁判文书，从而实现从海量文书到人力可审查文书范围的筛选，对虚假诉讼领域的类案进行精准的监督。①

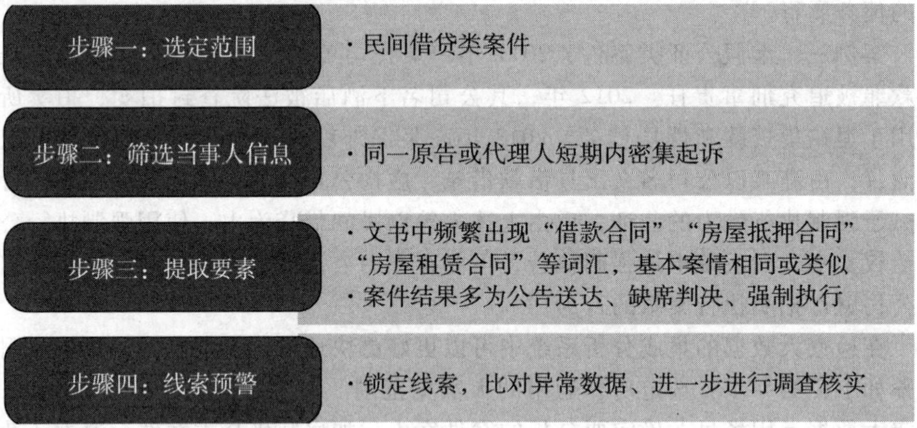

图 2　案例一的数据分析方法

① 曾于生、章芳芳：《如何运用大数据精准监督虚假诉讼》，载《检察日报》2022 年 7 月 6 日。

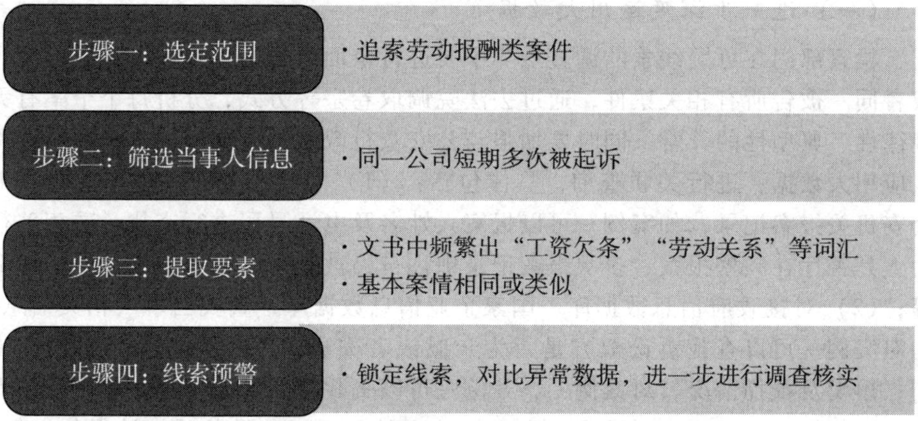

图 3　案例二的数据分析方法

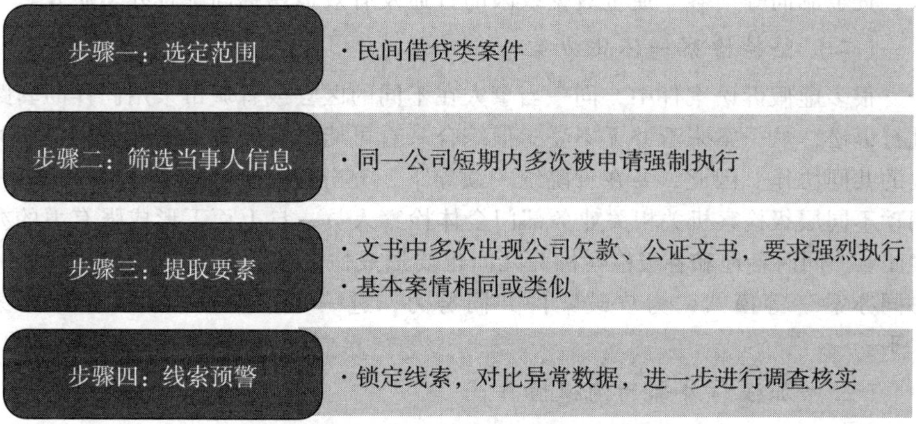

图 4　案例三的数据分析方法

通过上述几个案例的演示可以看出，运用大数据进行虚假诉讼类案监督的应用前景很广，可以根据案件的不同类型设计筛查的要素和关键点，对海量的裁判文书进行大数据挖掘分析，从而发现虚假诉讼违法犯罪线索。

三、多方助力，建立异常线索检察融合监督机制

有了系统排查推送的异常线索后，需要开展进一步的调查核实。在检察官进一步调查核实有价值的线索这一过程中，需要多方助力，建立异常线索检察融合监督机制，共同完成案件的办理。具体而言，可以从以下几点入手：

（一）进一步深度运用大数据

检察部门在可疑线索的调查核实中要进行全面综合的审查，汇总同一原告或者同一被告所有相关案件，通过去法院调取卷宗等方式，分析每个个案有无规律性、典型性的异常，同时要加强与公安及行政机关等部门的协作，继续深入应用大数据，进行关联查询，具体包括：（1）对接公安机关数据库，查询公安机关报案记录，如案例一可以报案人姓名及电话号码进行查找，看相关行为人是否存在频繁报案、多次报案记录中称自己被威胁、强迫签下借条的情形等；（2）对接政府信息数据库、国家企业信息数据库，查找当事人相关信息，如对案例一可以查找诉讼双方是否为亲戚或者夫妻关系，当事人名下房产出租、出卖及抵押情况，对案例二、案例三可以查找公司经营情况，股东、法人变更情况等，以及多起诉讼当事人之间的人员关系、劳动关系、社保信息等；（3）对接银行数据库，查找可疑线索当事人或者公司资金财产情况、工资流水、资金流向等内容。通过数据权限的打通及有效运用提高综合办案质效。

（二）坚持检察一体化办案

很多虚假诉讼案件中，同一当事人在不同的区县或者城市采用同样的套路进行诉讼，从个案来看并无不妥，但综合来看可能会有问题，此时需要各相关院的共同协作。因此，要在省院统一领导下，充分发挥市、县级检察院作用，调动不同层级检察机关相关业务部门全体检察人员，自上而下形成强有力的办案团队，同时各地和各级检察机关之间也要形成协同模式，通过“数据赋能+协同办案”等模式，为攻破案件共同努力，进一步推动检察机关整体办案水平。

（三）加强与外部的沟通协作

在发现民事虚假诉讼线索后，公、检、法及相关行政部门之间需共同商讨解决思路、围绕线索移送、执法司法数据资源共享、办案协作等重点领域进行沟通交流，研究办案方向，进行合力办案。检察机关可以指定专人对相关案件通过开放跨数据运用权限，使数据资源在检察履职中有效配置与运用，对案件进行协查、反馈、归档，同步谈话取证、书面审查的结果，畅通办案流程，固定民事检察监督所需的证据等，在一次次磨合中逐渐增强办案合力，共同打击虚假诉讼，实现双赢多赢共赢。

（四）坚持“四大检察”融合发展理念

要形成刑事检察、民事检察、行政检察、公益诉讼检察资源融合、监督手段融合、监督办案融合的良好态势，如可以借助刑事侦查来推动民事案件调查，除依据民事检察职能对相关案件材料与人员作进一步深入调查外，必要时可以积极探索借力刑事案件程序来促进民事案件调查的方法，实现刑民融合的“引导侦查”。通过“四大检察”全面协调、充分发展，形成良性互动的工作关系，实现资源共享、优势互补、措施互助、力量互融，进一步提升法律监督质效，推动检察业务高质量发展。①

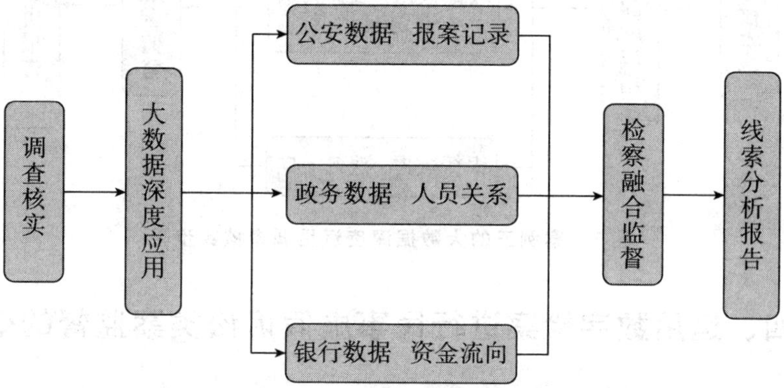

图5 案例一的大数据深度运用调查核实步骤

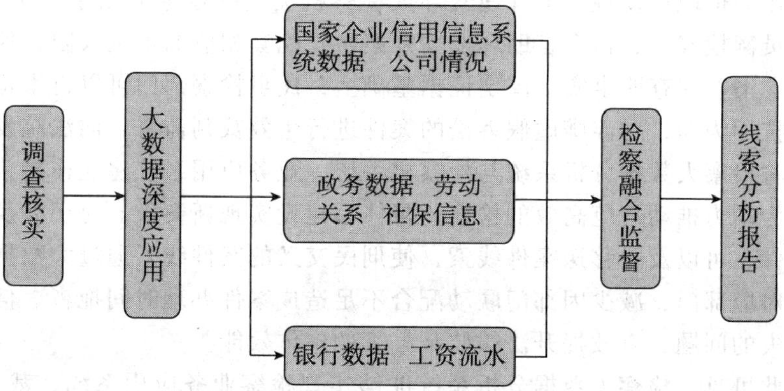

图6 案例二的大数据深度运用调查核实步骤

① 参见《陕西省人民检察院关于推进检察业务融合发展提升法律监督工作质效的意见》（陕检发办字〔2022〕36号）。

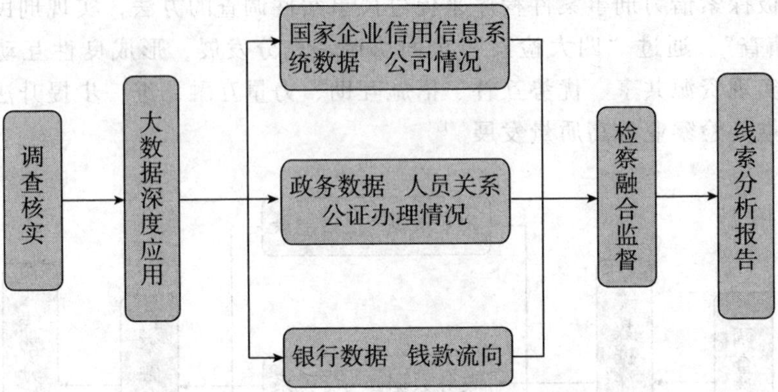

图 7 案例三的大数据深度运用调查核实步骤

四、运用数字检察进行民事虚假诉讼类案监督的效果与意义

经过检察官深入的调查核实，对确实涉嫌民事虚假诉讼的案件可以经检察长审批作为依职权发现的案件线索导入检察机关统一业务应用系统进行办理，并匹配员额检察官、检察官助理设立办案组，配套相应的审批权限、保密系统及相关文书，在查明事实、固定证据基础上，民事检察部门可以再审检察建议为主、抗诉为辅，对涉嫌虚假诉讼的案件进行生效裁判监督，向法院发出检察建议，将检察大数据分析系统与检察机关统一业务应用系统建立连接，以数字化改革为动力推动规范高效的检察监督体系建设实现新突破。对于涉及刑事犯罪的案件，可以及时移送案件线索，使刑民交叉的案件线索通过大数据推送直接到达对应部门，减少因部门联动配合不足造成案件办理时间拖沓、信息损耗以及流失的问题，有效提升法律监督办案的整体效能。

由此可见，检察大数据分析系统能够实现检察业务应用系统、裁判文书、执行信息、公安机关数据、政务服务网、企业信用信息公示系统、金融机构银行流水信息等内部数据、共享数据、外部数据之间的贯通，可以在现有的海量数据信息中，寻找最有用的数据，与检察办案相匹配，开展专业预警分析和评估，及时遏制违法犯罪行为，助力社会治理，延伸检察职能，提升监督效能，化解虚假诉讼线索发现难、调查核实难等问题。并且可以在技术成熟之后针对更多类型的案件进行运用场景研发设计，开展类案监督，针对办案中发现的共性问题，实现促进该类问题一并解决的精准、高效监督，最终达到“办理一案、监督一批、治理一片”的社会治理效果。

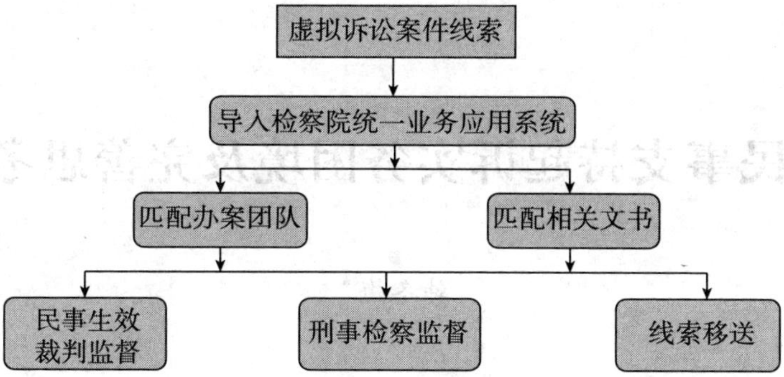

图 8　确定为虚假诉讼线索的处理方法

民事支持起诉实务困境及完善思考

韩冬梅*

一、民事支持起诉概述

（一）法律依据

支持起诉工作是陕甘宁边区人民检察制度初创时期的一项探索。我国民事诉讼法从1982年试行、1991年正式施行至今，其间历经四次修正，均把支持起诉作为一项民事诉讼制度予以确认。具体规定在现行《民事诉讼法》第15条，“机关、社会团体、企业事业单位对损害国家、集体或者个人民事权益的行为，可以支持受损害的单位或个人向人民法院起诉”。随着经济日益发展和社会不断变化，支持起诉制度的运用日渐广泛，常见于赡养纠纷、劳务纠纷、人身侵权纠纷等领域，且主要体现于对弱势群体的救助。

（二）工作现状

近年来，检察机关支持起诉案件大幅上升，广泛探索对于弱势群体的司法保护，并以此来确定支持起诉的案件范围。集中体现为请求给付劳动报酬，请求给付赡养费、抚养费、扶养费的，因遭受人身损害、提起诉讼确有困难等领域。充分体现了检察机关民事检察部门以人民为中心的工作理念，以及在帮助诉讼困难等特殊群体维护合法权益方面取得的成效。

二、民事支持起诉实务困境

近年来，民事支持起诉工作在取得一定成效的同时，仍存在立法不够完善、实践标准不一、工作开展不平衡等突出问题，[1] 主要表现为：

---

* 韩冬梅，西安市人民检察院第六检察部副主任。

① 陆瑞芳：《民事支持起诉的实践与完善》，载《中国检察官》2022年第3期。

（一）法律依据过于笼统

目前有关民事支持起诉的法律依据为《民事诉讼法》第15条规定的“支持起诉原则”，即“机关、社会团体、企业事业单位对损害国家、集体或者个人民事权益的行为，可以支持受损害的单位或个人向人民法院起诉”。但该条文的规定过于笼统，导致实践中可操作性不强。

1. 关于支持起诉的主体。民事诉讼法规定“机关、社会团体、企业事业单位”是支持起诉的主体，但该规定对于检察机关的主体定位并没有予以明确，且对于各主体之间的分工亦没有明晰。此外，关于支持起诉主体与被支持一方之间的权利义务关系缺乏规制，导致实践中极易产生争议。

2. 关于支持起诉的范围。依照法律规定，“损害国家、集体或者个人民事权益的行为”，可作为支持起诉的案件范围，但是对于损害的程度和方式没有明确，实践中关于是否必须造成实质性损害、损害责任是否包括违约责任等，仍存在不同认识。

3. 关于支持起诉的程序。民事诉讼法对支持起诉仅仅作出原则性规定，并未对具体程序予以规范。最高人民检察院第六检察厅制定的《民事检察部门支持起诉工作指引》对检察机关内部办理支持起诉案件的操作流程进行了较为细致的规定，但与法院审判程序的衔接还有待法、检两家进一步达成共识。

（二）实践操作方式不统一

由于民事支持起诉相关法律规定过于笼统，导致实践中具体操作不够规范统一，主要表现为：

1. 文书名称不统一。关于检察机关支持起诉的文书，各地有不同的名称，如支持起诉书、支持起诉意见书、检察建议书等。文书名称表述的不统一直接影响到民事支持起诉工作的规范性，同时也影响到检察监督的严肃性。

2. 是否派员出庭不统一。从目前提出支持起诉意见的案件来看，仅有部分案件检察机关派员出庭，许多案件则采取书面支持起诉的方式，该现象亟须统一。

3. 办理程序不统一。各地检察机关对支持起诉案件的受理、调查取证、告知程序及与法院审判环节的衔接等均存在做法不一的情形。

（三）案件办理不均衡

从目前检察机关民事支持起诉案件办理情况来看，首先，突出表现为各领域的案件数量不均衡，请求给付劳动报酬、劳务合同纠纷类案件数量占整个民事支持起诉案件的绝对多数，其他领域案件较少；其次，各地区检察机关办案数量不均衡，有的检察机关每年的办案数量可达数百件，而有的仅有零星几件。

三、完善民事支持起诉的几点思考

支持起诉虽然在保护国家及社会公共利益、保障弱势群体合法权益、维护社会公平正义、促进社会和谐稳定等方面发挥了重要积极作用，但仍存在不少理论及实践问题亟待完善。

（一）完善支持起诉主体定位

《民事诉讼法》第15条规定“机关、社会团体、企业事业单位”可以作为支持起诉的主体，在此，应当进一步明确各主体之间的分工及职责范围；同时，应明确检察机关在支持起诉过程中的主体定位，厘清其与诉讼代理人的界限，使检察机关始终在民事诉讼中承担支持者角色，避免因主体定位不清晰导致法律关系主体及权利义务关系混乱。

（二）明确支持起诉的范围

检察机关民事支持起诉的目的是维护民事权益受损的国家、集体及个人的合法权益，通过支持起诉帮助当事人排除诉讼权利行使中的各种障碍，以此发挥民事诉讼解决矛盾纠纷、维护实质公平、保护合法权益的功能。然而，检察机关开展民事支持起诉工作时，不可避免地会对当事人实体权利义务产生影响，所以需要给予一定的规制，故对支持起诉的范围应作出明确的立法规定。①

1. 合理界定支持起诉的范围，应当坚持以诉讼能力欠缺而不是经济困难为标准。最高人民检察院第六检察厅制定的《民事检察部门支持起诉工作指引》对支持起诉的案件范围进行了规定，在此基础上，检察机关应进一步强化权利救济思维，畅通司法救济渠道，着眼于支持特定民事主体提起民事诉讼维护自身合法权益。同时，要守好检察权边界，充分尊重当事人的处分权，在特定民事主体权益受到损害且有起诉意愿的前提下予以支持起诉，不可代为行使起诉权，更不得干预当事人起诉，防止因检察机关过多介入民事私益诉讼而导致诉讼结构失衡等现象的发生。

2. 与时俱进，拓展民事支持起诉新领域。随着社会的发展、时代的变化、法律的完善，人民群众对支持起诉有了新期待和新需求。尤其是伴随着《民法典》的实施，一些具有强烈社会性和时代性特点的条款，检察机关应当高

① 方圆：《探索民事支持起诉新局面》，载《中国检察官》2022年第3期。

度关注。通过深入研究、准确适用，积极探索支持起诉新领域，打造检察监督新格局，同时努力打破支持起诉案件办理不平衡的现状。例如，《民法典》首次规定了反性骚扰条款，针对处于弱势地位、遭受性骚扰等侵害的妇女，检察机关应积极适用《民法典》相关规定，帮助其克服举证困难等各种因素，支持其依法维护自身合法权益；再如，《民法典》对居住权进行了明确规定，对于侵害居住权的行为，检察机关亦可对于被侵权人给予适当支持和帮助。

（三）完善支持起诉程序

目前，检察机关民事支持起诉工作尚未形成完整科学的程序规范，在今后的理论研究与检察实践中，要从各程序环节予以把握。

1. 案件受理阶段，应当统一由检察机关负责控告申诉的部门对案件线索和材料进行形式审查，符合受理条件的，依法受理并移送负责民事检察的部门进行实质审查。

2. 案件审查阶段，检察机关对于民事支持起诉案件，应当按一定的标准和原则进行审查，在审查过程中可以采取必要的调查核实措施，并且履行一定的告知程序，将案件办理情况及时通知相关利害关系人。同时，在案件审查过程中，当事人确实存在因客观原因不能自行收集证据的情况，检察机关也可以依申请帮助当事人收集调取证据，但该证据若要成为法院裁判的依据，仍然必须通过法院质证程序。

3. 支持起诉的办案期限，在遵循民事检察监督案件办案期限的基础上，综合考量支持起诉案件的特殊性，根据案件情况及时作出正确决定。检察机关审查后决定支持起诉的，应当制作《支持起诉意见书》，在作出决定后7日内，同案卷材料及所调取证据等一并移送受理诉讼的人民法院；检察机关审查后认为对于不符合支持起诉条件的，应当制作《不支持起诉决定书》，并说明不予支持起诉的理由，在作出决定后15日内发送当事人。

4. 出庭支持起诉方面，应明确检察机关应当出庭支持起诉，其主要职责是宣读《支持起诉意见书》，并对检察机关调取的证据进行出示并予以说明。除此之外，检察机关不参与法庭审理的其他环节，以保障双方当事人在诉讼权利和诉讼地位的平等及审判权的独立行使。

5. 将支持起诉与监督职能有机结合。如果法院对检察机关提出支持起诉意见的案件审理并作出判决后，对方当事人有能力履行却拒绝履行法院的生效判决时，检察机关可以依法对执行情况进行监督，维护当事人的合法权益。

检察机关支持起诉的制度建构与发展方向

——基于最高检第三十一批指导性案例与工作指引的分析

倪 波*

支持起诉原则自1982年《民事诉讼法（试行）》规定以来，长期处于闲置状态，而同时期经济体制和社会管理方式的转变引发了理论界对支持起诉制度的存废之争①，进而影响了该项制度在实践中的适用。但不可否认的是，主流观点赞成保留及完善该项诉讼原则，从民事诉讼法及有关部门法律的修订过程来看，立法机关也持该观点，多部法律对弱势群体保护中都明确规定了支持起诉原则。同时，学界也对支持起诉的法理基础形成了国家社会干预的一致认识，即“支持起诉作为我国民事诉讼的基本原则之一，肇始于国家干预主义的公权属性，并在充分尊重当事人处分原则的基础上对其进行了扬弃性改造”，② 形成了国家机关、社会团体等在尊重当事人自愿的情况下对弱势群体诉讼能力保障的支持起诉制度，“是外部法治资源本土化的产物，是符合中国法治实践的鲜活样本”，③ 检察机关作为支持起诉的最重要主体之一，依法维护弱势群体合法权益、履行支持起诉职能，既符合法律监督机关的角色定位，也契合检察机关为人民服务的司法理念。但在实践中对该项原则的适用仍然存在厘定弱势群体范围、支持起诉路径不一致的问题。2021年12月，最高检发布第三十一批指导性案例，对检察机关支持起诉工作中的帮助对象、案件范围、工作方式等问题予以明确。2022年3月，最高检第六检察厅印发《民事检察部门支持起诉工作指引》（以下简称《工作指引》），以内部规范性文件的形式，详细规范检察机关支持起诉的工作原则、职能定位、重点领域和工作方式。截至目前最高检在总结以往办案经验基础上，以指导性案例和《工作指

* 倪波，西安市人民检察院第六检察部四级高级检察官。

① 陈刚：《支持起诉原则的法理及实践意义再认识》，载《法学研究》2015年第5期。

② 王炜、张源：《浅谈民事支持起诉制度的细化与完善》，载《检察日报》2021年5月12日，第7版。

③ 冯小光等：《检察机关支持起诉的学理基础及制度建构》，载《人民检察》2022年第15期。

引》初步建构了检察机关民事支持起诉制度。

一、支持起诉的概念内涵

《工作指引》第2条对检察机关支持起诉的概念或内涵进行了明确规定：民事权益受到侵害的当事人，经有关行政机关、社会组织等依法履职后合法权益仍未能得到维护，具有起诉维权意愿，但因诉讼能力较弱提起诉讼确有困难或惧于各种原因不敢起诉的，人民检察院可以支持起诉。

该规定源自《民事诉讼法》第15条，并对此进行了更加精准严谨的概括，即检察机关民事支持起诉的核心要义是民事权益遭受损害但其自身欠缺通过诉讼维护权益能力的弱势群体，需要国家社会予以干预的，检察机关可以帮助其行使诉权获得救济，从而保障双方当事人诉权的实质平等。

指导性案例和《工作指引》更加直观地对其内涵进行了阐述：一是支持起诉的对象主要为残疾人、老年人、进城务工人员、家暴受害人等群体，但又不限于上述群体，核心在于这些群体的合法权益遭受侵害而欠缺独立诉讼能力，需要国家和社会帮助其维护自己的私权。二是民事支持起诉主要依当事人申请进行，仅提供诉讼上的支持和帮助，当事人享有完整的诉讼权利，可以自由处分、甚至撤回起诉。三是检察机关的帮助行为方式较为宽泛，如提供法律咨询、协助申请法律援助、协助收集证据、协助申请缓减免诉讼费及引导自行和解等，主旨是帮助申请人获得诉讼能力，维护其合法权益。

二、支持起诉的工作原则

《工作指引》第3条至第6条对检察机关民事支持起诉工作的原则进行了规定。笔者结合现有研究及文件内容，将其概括为自愿原则、有限介入原则、独立审判原则和纠纷化解原则。

（一）自愿原则①

《工作指引》第3条规定："人民检察院办理支持起诉案件，应当遵循自愿原则，尊重当事人的处分权；当事人不同意起诉的，检察机关不能独立启动诉讼程序。"首先支持起诉是否提起需要遵循当事人的意愿，尊重当事人的处

① 冯小光等：《检察机关支持起诉的学理基础及制度建构》，载《人民检察》2022年第15期，该文中将其概括为处分原则，而肖建国、丁金钰：《检察机关支持起诉的制度功能与程序构造——以最高人民检察院第三十一批指导性案例为中心》，载《人民检察》2022年第1期，该文中将其概括为自愿原则。笔者依照工作指引，在此选择自愿原则。

分权。具体来说，就是一般情况下，当事人申请检察机关支持帮助的，检察机关才能审查以确定是否可以支持；其次当事人在诉讼中对其诉讼程序上的权利和实体上的权利可以自由处置，检察机关不能强制干预；最后检察机关提出支持起诉、当事人起诉后，当事人有权撤回起诉，检察机关不能干涉。

（二）有限介入原则

《工作指引》第4条规定："人民检察院办理支持起诉案件，应当秉持客观公正立场，依法保障当事人诉讼权利平等，避免造成诉权失衡。"民事诉讼是指作为平等主体的公民之间、法人之间、其他组织之间或者他们相互之间因财产关系和人身关系发生纠纷，向人民法院提起诉讼，请求人民法院通过审判解决争议，保护自身的合法权益。[①] 检察机关的介入必将打破这种"平衡"，因此，必须为此设定介入的限度——通过检察机关的帮助使处于弱势者一方的当事人有机会将其权益受损的诉求展现到法庭，获得被人民法院依法裁判的资格——检察机关起到弭平当事人地位平等的作用。这就要求检察机关在支持起诉中应从案件受理、帮助方式等方面严格限制，防止打破民事诉讼的实质平衡。同时，检察机关必须秉持客观公正的立场，不能因为帮助的对象是弱势群体就降低诉讼证明标准，更不能以诉讼为弱势群体谋取不应得的利益而有损于司法公正。

（三）独立审判原则

《工作指引》第5条规定："人民检察院办理支持起诉案件，应当支持人民法院依法独立行使审判权。"如前所述，检察机关民事支持起诉的核心在于向诉讼能力欠缺的弱势一方提供以诉讼维权的能力，使之与对方处在诉讼的平衡状态，进而从实质上达到"等腰三角形"的民事程序构造设计。因此，检察机关支持起诉必须保持客观公正的立场，绝不能因支持弱势群体起诉而引发新的诉讼失衡。故此，一般情况下，检察机关制作支持起诉意见书并送达法院后不参加庭审，避免对法院审判造成干扰。

（四）纠纷化解原则

《工作指引》第6条规定："人民检察院办理支持起诉案件，应当积极运用多元化解纠纷机制，做好当事人的矛盾纠纷化解工作。"弱势群体权益受损寻求检察机关帮助时，其目的在于解决问题，弥补损失。因此，检察机关在办理民事支持起诉案件时必须贯彻纠纷化解原则，在当事人有和解意愿的情况下，可以引导当事人自行和解。在审查案件过程中，有关单位或者部门对申请

① 王胜明主编：《中华人民共和国民事诉讼法释义》（第2版），法律出版社2012年版，第1页。

人合法权益保障提出解决方案或双方当事人达成和解撤回支持起诉申请的，检察机关应当终结审查。如检例第123号赡养纠纷案中，检察机关支持起诉后，在审判期间与法院共同努力，促成当事人达成调解协议，化解家事纠纷，修复受损家庭关系。

三、支持起诉的工作内容与程序

（一）案件范围

第三十一批指导性案例中检察机关支持起诉的案件为：残疾人财产损害赔偿（检例第122号）、老年人请求成年子女支付赡养费（检例第123号）、劳动争议（检例第124、125号）和家庭暴力受害人起诉离婚（检例第126号）。《工作指引》第9条对指导性案例的案件范围予以明确，同时又有所拓展，其第五项规定对“确有支持起诉必要的其他情形”也可以支持起诉。各地工作实践也是以上述案件类型为主，而且实践中对“确有支持必要”的理解一般是诉讼能力偏弱，不能或者不敢独立提起诉讼维护其合法权益，这也符合检察机关支持起诉的内涵要求。

（二）支持方式

指导性案例中检察机关具体支持方式包括提供法律咨询、协助收集证据、提出支持起诉意见书、协调提供法律援助等。《工作指引》第14条和第15条基本上对上述做法予以肯定，也就是说，支持起诉的方式较为宽泛，其主旨在于帮助获得维权方面的救助，而出具支持起诉意见书只是一种方式。

这里需要重点说明的是协助收集证据的问题。案件审查首先是审查证据及由此证明的法律事实。而弱势群体受制于身体状况、文化水平、经济能力等方面的限制，往往最欠缺的就是收集证据的能力，如检例第122号和检例第125号中，残疾人和环卫工人因无能力收集并提交法院与仲裁机构受理案件所需的证据而不予受理。因此，检察机关在支持起诉中应视情况协助当事人收集证据——一般情况下应通过释法说理、法律咨询的形式引导当事人自行收集证据，只有在当事人因自身能力制约无法自行收集的情况下才能协助当事人调取、收集确定当事人具体诉讼请求、证明原被告与案件争议事实存在关联并符合起诉条件的相应证据。①

① 肖建国、丁金钰：《检察机关支持起诉的制度功能与程序构造——以最高人民检察院第三十一批指导性案例为中心》，载《人民检察》2022年第1期。

（三）工作程序

根据指导性案例和《工作指引》的有关规定，笔者认为检察机关支持起诉的工作程序主要有以下三项要点：一是程序启动应依申请支持为原则、自行发现为例外。虽然《工作指引》列明的案件来源包括当事人的申请、检察机关在履职中发现、其他机关组织移送等，但是基于自愿原则和有限介入原则，支持起诉的程序启动应以当事人申请为前提条件，其他形式的案件必须经联系当事人同意并提出申请后方能启动。二是对当事人申请进行实质审查，防止不必要支持情况的出现。所谓实质审查就是要严格查证当事人的诉讼能力，将检察机关有限的司法资源真正提供给弱势群体。天津市东丽区检察院提出的“主客观一致＋主体特定”，即主观上想起诉但客观上不能起诉的弱势群体的审查标准值得学习借鉴。[①] 三是以不出庭为原则、出庭为例外。如前所述，出于弱势一方的帮助者地位，避免干扰法院审判，检察机关在提出支持起诉意见后，一般不再参加庭审。但对于检察机关协助收集的证据，当事人诉讼能力不足的情况有必要在与法院沟通的情况下，由检察官出庭对证据予以出示和说明，以确保支持起诉效果。

四、支持起诉需要正视的关键问题和发展方向

虽然指导性案例和《工作指引》已经基本建构了检察机关支持起诉制度，全国检察机关也普遍开展了支持起诉工作。但是，检察机关支持起诉的法律授权、有限介入的限度等关键问题仍然制约着该项工作的推进，当然上述问题也同时预设了检察机关支持起诉工作的发展方向。

（一）支持起诉并非检察机关的专属职权

我国《民事诉讼法》第15条规定：“机关、社会团体、企业事业单位对损害国家、集体或者个人民事权益的行为，可以支持受损害的单位或者个人向人民法院起诉。”这一规定被实务界和学术界一致认为是支持起诉原则的法律依据。实践中，检察机关往往会援引此条作为法律依据，第三十一批指导性案例均援引了此条。然而，民事诉讼法再未对支持起诉进行具体的规定，以至于一些学者因此质疑检察机关是否应有权支持起诉。[②] 但检察机关多年开展的支

---

① 《民事支持起诉与弱势群体保护》，天津市东丽区人民检察院课题组，课题组负责人：季文生，天津市东丽区人民检察院党组书记、检察长；课题组成员：李健锋，天津市东丽区人民检察院第五检察部副主任，发表于《中国检察官》2022年第9期。

② 徐静：《关于“检察机关支持起诉”的冷思考》，载《安徽警官职业学院学报》2008年第2期。

持起诉实践，对维护弱势群体合法权益以及对丰富和完善检察制度与检察实践发挥了积极作用。检察机关作为我国宪法规定的法律监督机关和公共利益维护者，自然包含在《民事诉讼法》第15条中的“机关”之列，是支持起诉的适格主体。[①] 同时，涉及弱势群体保护的多部法律，对支持起诉进行了明确的规定。如《妇女权益保障法》在2005年修订时增加支持起诉的规定，其第54条第1款规定：“妇女组织对于受害妇女进行诉讼需要帮助的，应当给予支持。”2022年修订后的《妇女权益保障法》第78条规定：“国家机关、社会团体、企业事业单位对侵害妇女权益的行为，可以支持受侵害的妇女向人民法院起诉。”《残疾人保障法》在2008年修订时增加支持起诉的规定，其第59条第2款规定：“残疾人组织对残疾人通过诉讼维护其合法权益需要帮助的，应当给予支持。”2018年修订时延续了该条款规定。《工会法》第22条第3款规定：“职工认为用人单位侵犯其劳动权益而申请劳动争议仲裁或者向人民法院提起诉讼的，工会应当给予支持和帮助。”《消费者权益保护法》第37条第1款第7项规定：消费者协会可以就损害消费者合法权益的行为，支持受损害的消费者提起诉讼或者依照本法提起诉讼。《未成年人保护法》在2020年修订时增加支持起诉的规定，其第106条规定：“未成年人合法权益受到侵犯，相关组织和个人未代为提起诉讼的，人民检察院可以督促、支持其提起诉讼；涉及公共利益的，人民检察院有权提起公益诉讼。”2021年制定的《军人地位和权益保障法》第60条规定：“军人、军人家属和烈士、因公牺牲军人、病故军人遗属的合法权益受到侵害的……人民检察院可以支持起诉。”也就是说，部门法已经对弱势群体保护开展支持起诉作出了明确规定，包括检察机关在内的多个职能机构或社会组织被赋予支持起诉的职权。上述立法同时表明：一方面，检察机关并不具有支持起诉的专属职权；另一方面，随着检察机关在践行以人民为中心司法理念、维护社会公平正义，有效匡扶弱势群体诉讼能力的显著成效，立法机关已经认可并明确赋予检察机关支持起诉的法定职权，而且这种立法趋势越发明确。

（二）合理化推进的方向

基于立法规定和现实考量，检察机关在推进支持起诉工作中必须履行好法律监督职能。一方面，要加强与法律援助及其他相关职能部门和社会组织的协调，发挥职能机构在其权限内正确履行法律赋予的责任和义务，尽可能发挥各个职能机构依法帮助弱势群体维权的优势。只有在弱势群体穷尽其他救济渠道

① 肖建国、丁金钰：《检察机关支持起诉的制度功能与程序构造——以最高人民检察院第三十一批指导性案例为中心》，载《人民检察》2022年第1期。

或情况紧迫的条件下，检察机关才能开展支持起诉。另一方面，对相关机构不依法履职、未能有效开展法定支持起诉工作的情形，检察机关可以通过社会治理类检察建议的方式督促其依法履职。这样既彰显了检察机关有限介入民事诉讼的审慎态度，还能动员社会力量共同帮助弱势群体维护权益，在司法资源紧张的情况下尽最大可能化解社会矛盾，使弱干预的支持起诉和强干预的法律监督齐头并进，让弱势群体在维护其合法权益的过程中切实感受到公平正义。

浅析检察机关民事支持起诉的基层实践

温媛媛　李　彬*

《民事诉讼法》第15条规定，“机关、社会团体、企业事业单位对损害国家、集体或者个人民事权益的行为，可以支持受损害的单位或者个人向人民法院起诉”，该项规定被视为支持起诉原则的法律来源。民事诉讼主体平等，一般而言只能由民事权益受到侵害的主体向人民法院提起诉讼。法律之所以有支持起诉的规定，目的在于发挥机关、社会团体、企事业单位在发现民事违法行为时，积极维护国家、集体或个人民事权益。具体来说，就是当受到损害的个体不能或不敢通过诉讼行为维护自身合法权益时，需要有关机关、社会团体和企事业单位给予帮助和支持，以弥补弱势群体在诉讼过程中的劣势，更好地维护其自身权益。

中共中央《关于加强新时代检察机关法律监督工作的意见》中指出，要进一步加强民事检察工作，畅通司法救济渠道，依法保护公民、法人和其他组织的合法权益。检察机关作为宪法规定的法律监督机关，秉持客观公正的立场，通过开展民事检察支持起诉工作，积极维护农民工、老年人、妇女以及未成年人等弱势困难群体和当事人的合法权利，为其提供支持与保障，引导当事人理性依法维权，践行“以人民为中心”的能动司法理念，有助于提升人民群众的获得感，实现法律效果、政治效果和社会效果的有机统一。

一、检察机关民事支持起诉制度的发展历程

1982年《民事诉讼法（试行）》第13条规定：“机关、团体、企业事业单位对损害国家、集体或者个人民事权益的行为，可以支持受损害的单位或者个人向人民法院起诉”，这是我国民事支持起诉原则的首要依据，现行《民事诉讼法》保留沿用了这一规定。

---

* 温媛媛，西安市雁塔区人民检察院第四检察部副主任；李彬，西安市雁塔区人民检察院第四检察部检察官助理。

2006年，最高人民检察院《关于检察机关为社会主义新农村建设服务的意见》在依法保障农民工合法权益中明确提出“结合检察职能，积极探索对侵害农民工等弱势群体利益的案件支持起诉”，随后各地检察机关积极探索办理了拖欠工资、人身损害赔偿等支持起诉案件，开展了维护弱势群体合法权益支持起诉专项活动等工作。2012年，最高检在向全国人大常委会作《关于民事行政检察工作情况的报告》时提出，探索开展支持起诉工作，加强对妇女儿童、进城务工人员、下岗失业人员、残疾人等合法权益的司法保护。2017年《民事诉讼法》第55条规定，检察机关有权在机关、组织提起公益诉讼时支持起诉。2019年民政部、最高法、最高检等《关于进一步加强事实无人抚养儿童保障工作的意见》中规定“人民检察院应当对涉及儿童权益的民事诉讼活动进行监督，必要时可以支持起诉维护合法权益”。2021年12月，最高人民检察院发布第三十一批指导性案例，为检察机关更好地办理支持起诉案件提供指引。

近年来，全国各地检察机关在民事支持起诉方面进行了积极有效的探索。根据相关报道，2019年全国检察机关共受理民事支持起诉案件18510件，支持起诉15419件；2020年全国检察机关共受理民事支持起诉案件32546件，支持起诉24355件；2021年1月至9月，全国检察机关共受理民事支持起诉案件41966件，同比上升87.9%；支持起诉29303件，同比上升70.1%。[①] 但由于法律规定不完善、民事诉讼理论制约等因素，检察机关开展民事支持起诉工作仍存在许多现实困境，如缺乏上位法指引、诉讼地位不明、办理案件程序不明确等，导致各地实践相差较大，实际工作开展和办案成效不一。为了进一步促进民事支持起诉工作的规范化，最高人民检察院于2022年3月22日印发《民事检察部门支持起诉工作指引》，对检察机关开展支持起诉工作的原则、范围、方式等基本法律问题进行了明确，对民事检察支持起诉工作规范开展起到了积极作用，但因为该指引仅是检察机关内部规定，仍存在部分未解决的问题，如与法院审判程序的衔接、与民事检察监督工作的衔接等。为有效开展民事支持起诉工作，结合基层检察实践，有必要对相关问题进行讨论。

二、检察机关民事支持起诉面临的问题和困境

从近年来的实践可以看出，支持起诉的办案规模不断扩大，职能范围也在不断扩展，从支持农民工讨薪到支持消费者起诉、支持知识产权权利人起诉

① 参见《能动履行民事支持起诉职能，依法保障特殊群体合法权益》，最高人民检察院微信公众号。

等，案件类型在不断丰富，但也存在一些问题影响和制约着该项工作的发展。以本院在探索开展支持起诉工作中与法院、相关行政机关、律师事务所的走访座谈以及办案中遇到的实际问题为蓝本，目前影响和制约民事检察支持起诉的问题主要有以下几个方面。

（一）缺乏完善的制度设计

从《民事诉讼法》第15条的原文可以看到，支持起诉的主体可以是机关、社会团体或者企事业单位，检察机关只是其中的一分子，支持起诉的法律赋权并非检察机关专属。且从该条规定来看，也只是规定了有权支持起诉的主体范围和支持对象，对如何进行支持起诉并没有可操作性强的具体规定。当前，检察机关开展支持起诉工作更多体现的是检察担当和检察责任，最高人民检察院第六检察厅印发的《民事检察部门支持起诉工作指引》是内部文件，不具备法律规定的普适性效力，当前理论界、实务界对检察机关如何履职争议较大，造成检察实践中的诸多困难，导致民事检察支持起诉工作各地差异较大，检法两家认识也不统一。

（二）检察机关在支持起诉中角色定位不清晰

如前所述，《民事诉讼法》和相关司法解释并没有解决如何依法进行支持起诉的问题，对适格的支持起诉主体在诉讼中应当具备何种身份、占据何种地位长期以来争议很大。实践中检察机关支持起诉，既非案件当事人也非诉讼代理人，以支持起诉的方式介入民事诉讼中，其主体定位为何？当前有“证人说”“诉讼参与人说”“共同参与人说”，还有“多重身份说”。因主体地位不明，导致案件当事人及审判机关对检察机关支持起诉持怀疑和抵触情绪，认为检察机关支持起诉为原告背书，打破了当事人诉讼地位平等的平衡；而检察机关的监督职能又可能导致既当裁判员又当运动员，影响案件的公正性。

（三）支持起诉的程序性衔接问题

从《民事检察部门支持起诉工作指引》相关规定来看，检察机关支持起诉工作主要集中在起诉受理这一诉讼阶段，主要是解决弱势当事人因某些原因不敢、不能提起诉讼的问题，旨在让弱势群体获得最低诉讼能力。支持起诉重点在于“支持”二字，但在新闻检索中会发现有些支持起诉人参与了庭审的质证、辩论环节，容易使人对检察机关在支持起诉中的地位产生混乱。同时，在实际办案中关于何时可以进行支持起诉的问题各地检察机关认识也大相径庭。根据检答网搜索，对民事检察支持起诉是在法院立案前还是立案后支持起诉这一问题，有观点认为必须在当事人到法院立案前支持起诉的，有观点认为立案后也可以支持，甚至在法庭辩论终结前亦可支持。从这点亦可看出因为缺乏完善的制度支撑导致实践的混乱和不确定。

（四）群众参与度不高，办案较为被动

目前检察机关支持起诉工作职能社会知晓率还很低，有些当事人对检察机关开展支持起诉工作的接受程度不高，案件线索来源主要依靠检察机关的主动挖掘，当事人申请的极少。造成此项问题的原因，一方面有宣传不到位的因素，另一方面是当事人不了解检察机关在民事支持起诉工作中的具体作用，也不理解如果通过找律师或者法律援助可以解决的诉讼问题，为什么要找检察机关，抑或是如果检察机关在支持起诉后又不能出庭，还需要通过当事人或者诉讼代理人出庭应诉，那找检察机关的意义何在？

三、开展民事检察支持起诉工作的几点思考

支持起诉是一种诉权补强措施，其正当性在于保障诉权。诉权平等不仅指民事主体平等享有诉权，还应当包括民事主体平等行使诉权，也即当民事权益受到违法侵害，而受害人无力获得法律救济，且需要通过司法途径才能免受违法侵害时，从理论上就可以有适用支持起诉原则的空间。[①] 民事支持起诉可以最大限度地保障弱势当事人一方行使法定的诉讼权利，从这个角度来看，检察机关必须承担起支持起诉的责任。同时，从参与社会治理角度来说，开展民事检察支持起诉工作也将更有利于检察机关密切关注人民群众在社会经济生活中的“难点”“痛点”，通过开展支持起诉工作让人民群众有司法获得感和满足感。为了切实做好此项工作，让民事检察支持起诉制度经得起实践和历史的检验，应当从以下几个方面予以完善和坚持。

（一）进一步完善相关顶层设计

囿于当前法律规定和操作规则的缺失，使得各地在实践中五花八门，制约了支持起诉工作影响力的发挥。为规范办理案件，建议上级机关可以根据当前实践经验，有条件的情况下，细化民事诉讼法中关于支持起诉案件的程序规定，或在没有条件立法时，省级检察机关可以和同级人民法院出台支持起诉的相关程序性规定，进一步统一实践认识，消除分歧，促进民事检察支持起诉工作规范有序开展。

（二）进一步明确检察机关民事支持起诉中的主体定位

支持起诉主要强调的是对起诉人的支持作用，帮助解决这些特殊群体缺乏

① 姜昕、李浩、肖建国、冯小光、李延灵、王小飞：《检察机关能动履职支持起诉的价值考量及法理内涵》，载《人民检察》2022 年第 4 期。

诉讼能力，不能诉、不敢诉的问题，没有改变诉讼主体资格的意图，也不是起诉人的诉讼代理人，支持起诉后，仍然需要起诉人自己独立行使诉权完成诉讼活动。而现有法律规定的诉讼参与人范围并不能将检察机关在行使支持起诉职能时的地位包含进去，举例来说，在支持起诉案件的法院裁判文书中检察机关是否列明，各地法院判决做法各不相同，有的法院在裁判文书中把检察机关列为“支持起诉机关”，有的法院在判决文书中并不出现检察机关；或是检察机关是否可以出庭等问题，都折射出亟须从法律上明确检察机关的主体定位的现状。

（三）坚持检察权行使的合法性、谦抑性原则

检察权具有法定性，检察机关开展民事支持起诉工作理应依法进行，防止检察权的滥用。第一，检察机关开展民事支持起诉工作应当最大程度尊重当事人的意愿，如果当事人可以通过社会组织或法律援助获得诉讼支持，检察机关一般无须提供支持。而在当事人通过其他机关或单位的支持仍不能实现维权目的时，检察机关可依其申请支持起诉。同时，开展民事检察支持起诉应以当事人申请为原则、以依职权启动为例外，在确有必要依职权开展支持起诉工作时，也应当以当事人同意起诉为前提。第二，应当严格限制检察机关的调查核实权。在起诉前，对于一些当事人因客观原因不能自行收集证据的，经申请，按照《民事检察部门支持起诉工作指引》第 15 条规定，检察机关可依法协助进行收集。进入诉讼程序后，对当事人因客观原因无法收集而又影响案件审理的主要证据，应由当事人依据《民事诉讼法》相关规定申请人民法院调查收集。第三，检察机关在支持起诉中要充分尊重法院独立行使审判权，避免因自身发挥职能作用而对法院的审理及判决产生干扰或不良影响。另外，要明确自身定位，检察机关在支持起诉工作中并非当事人的诉讼代理人，要依法保障当事人诉讼权利平等，避免造成诉权失衡。第四，把握好支持起诉的核心价值理念。《民事诉讼法》并没有限制开展支持起诉的领域，但《民事检察部门支持起诉工作指引》将支持起诉案件重点放在弱势群体上，这一重点可以说是对当前社会生活中主要矛盾的精准反映，也符合检察机关的职能定位和社会治理需求。如前所述，支持起诉的目的是对诉权的补强，正当性在于保障诉权。可以预见，随着各级检察机关司法实践的丰富，未来还会有更多类型的支持起诉案件纳入检察机关办案范畴，但鉴于民事诉讼对公权力的限制要求，以及检察机关开展支持起诉工作必然会对当事人的实体权利义务产生不可避免的影响，检察机关开展支持起诉案件范围应当作出一定的限定，对《民事检察部门支持起诉工作指引》第 9 条第 1 款第 5 项兜底性条款的理解应当符合支持起诉工作开展的本意。

支持起诉工作作为检察机关践行“司法为民”理念的重要载体，体现了社会需求和检察担当。通过支持和帮助当事人行使诉权，从根本上保障其合法权益，不仅有利于公平正义的实现，也是“以人民为中心”发展思想在民事检察工作中的生动体现。为做好此项工作，一方面应加大宣传，提高群众知晓率和参与度，另一方面还应对外加强与法院、公安、妇联、残联、民政、司法局等部门的沟通联络，强化信息资源共享和协作配合，实现双赢多赢共赢。在工作开展中积极参与诉源治理，探索检察和解和人民调解等调解机制的衔接，积极开展矛盾纠纷化解，通过司法救助、检察建议、公开听证等多种形式积极参与社会综合治理，促进案结事了人和，在推动和谐稳定社会建设中贡献检察力量。

参与社会治理视阈下检察机关民事支持起诉实证探析

强米米*

一、检察机关民事支持起诉理论沿革

支持起诉原则肇源于苏联民事诉讼的“国家干预”理论，我国1982年《民事诉讼法（试行）》第13条[①]将支持起诉确定为民事诉讼法的基本原则，现行2021年修正的《民事诉讼法》第15条规定的支持起诉原则即是对该条款的沿用。2017年修订的《民事诉讼法》在第55条公益诉讼条款上增设第2款公益诉讼支持起诉的相关内容，使支持起诉原则在民事诉讼法具体制度层面有了映射。2021年施行的《人民检察院公益诉讼办案规则》第100条至第103条对检察机关支持起诉公益诉讼案件类型、支持方式作出具体规定。2021年12月23日，最高人民检察院首次发布支持起诉指导性案例，指明检察机关支持起诉职能定位、重点领域和发展方向。5件指导案例中，办案检察机关主动与司法行政机关、村委会等基层群众自治组织及人民调解开展多元解纷协作，搭建共建共治共享的现代化治理平台。[②] 为《民事诉讼法》第15条赋予更加丰富的内涵，发挥了重要的释法价值和示范价值。2022年3月，最高人民检察院第六检察厅制定的《民事检察部门支持起诉工作指引》对检察机关内部办理民事支持起诉案件应当遵循的原则、受案范围、支持方式、办案流程等作出具体规定。特别是第6条、第13条第2款、第14条对检察机关在办理支持起诉案件中积极运用多元化解纠纷机制、引导和解，参与社会治理作出指引。

---

* 强米米，西安市临潼区人民检察院第四检察部三级检察官助理。

① 1982年《民事诉讼法（试行）》第13条规定：“机关、团体、企业事业单位对损害国家、集体或者个人民事权益的行为，可以支持受损害的单位或者个人向人民法院起诉。”

② 《以能动履职强化检察支持起诉有效保障特殊群体合法权益》，载《检察日报》2022年2月14日，第3版。

综上，检察机关支持起诉不仅适用于传统的私益诉讼案件，也适用于公益诉讼案件，且不具有排他性。检察机关将支持起诉作为一项职能职责，体现的是一种社会担当和责任意识。对于检察机关健全民事监督多元化监督格局，积极推动社会治理体系和治理能力现代化具有重要意义。

二、检察机关民事支持起诉实证分析

在某案例网，通过高级搜索将案由设置为“民事”，全文设置为“检察院支持起诉”进行检索，共检索出5202个案例。[①] 以审理程序分类：一审4912件，二审81件，审判监督3件，督促案件118件，特别程序76件，财产保全1件，其他11件。以结案文书类型进行分类：判决书4238件，裁定书813件，支付令118件，通知书21件，调解书10件，其他2件。以裁判年份分类：2013年46件，2014年65件，2015年122件，2016年195件，2017年286件，2018年384件，2019年817件，2020年1461件，2021年1114件，2022年541件。[②] 主要案由为：合同、准合同纠纷3000件，劳动、人事争议1557件，侵权责任纠纷266件，婚姻家庭及继承纠纷127件，非讼程序案件99件，物权纠纷42件，人格权纠纷36件，与公司、证券、保险、票据等有关民事纠纷8件，知识产权与竞争纠纷2件，其他65件。通过对上述裁判文书梳理分析发现，检察机关民事支持起诉工作在司法实践中呈现以下几个特点。

（一）案件数量呈增长趋势

随着支持起诉制度的不断完善，司法现实需求以及民事检察改革逐步深入发展，检察机关民事支持起诉案件量逐年增长，尤其是2019年以来案件增长幅度明显。

（二）案件类型逐渐丰富

各地普遍以不同领域的社会弱势群体为支持起诉对象。涉及智力残障人士、老年人权益保障、劳动争议、反家庭暴力与人格权保护等。2018年以来，随着公益诉讼制度的全面实施，检察机关不断探索丰富民事公益诉讼支持起诉类型，各地的支持起诉民事案件大多与环境污染责任纠纷、消费者权益保护等公益诉讼交叉进行。

（三）诉讼地位尚未明确

检察机关支持起诉的案件中，大多都有委托代理人。检察机关作为支持起

① 相关数据来源于把手案例网，http：//www. lawsdata. com/，访问时间：2022年11月27日。

② 因2022年度数据尚未全部上传，所以数据不全面。

诉人，只有少部分裁判文书将其列明于当事人基本信息部分，大部分裁判文书只在审理经过中提及，且大部分判决书对检察机关支持起诉意见不作表述。例如在2022年7月23日判决的王某1、王某2等赡养费纠纷一案中，吉林省扶余市人民法院在案件审理中未将检察机关列为当事人，全文仅在裁判文书审理经过部分阐明检察机关支持起诉，未阐述支持起诉具体意见。

（四）支持起诉方式单一

绝大多数检察机关支持起诉方式为协助调查取证、提交诉状、向人民法院出具支持起诉意见书。未能充分发挥检察机关引导和解、多元化解矛盾等支持起诉效能。

（五）诉讼请求大多得到支持

从裁判结果来看，检察机关民事支持起诉案件诉讼请求99.9%得到支持，取得了良好的法律效果，充分体现出检察机关支持起诉作用得以发挥，目的得以实现。

三、检察机关民事支持起诉的现实困境

尽管各地检察机关在司法实践中对民事支持起诉进行了大量的探索，办理了很多成功案例，但是因为法律规范的原则性规定，对立法意旨的歧解，检察机关民事支持起诉工作还面临以下几个方面现实困境，亟须解决。

（一）角色定位不清

检察机关作为法律监督者，具有对民事诉讼活动进行法律监督的职能。同时，检察机关办理民事支持起诉案件中又作为支持起诉机关。在同一案件中能否既是诉讼参与者又是监督者，检察机关应以何种角色自居？

（二）诉讼地位不明

《民事诉讼法》规定的“诉讼参加人”仅有两类，即当事人和诉讼代理人，并不包括“支持起诉人”这一类主体。检察机关支持起诉的诉讼地位长期以来存有争议，形成“证人说”“代理人说”“共同诉讼人说”“诉讼参与人说”等学说分歧。在诉讼地位不明的情况下，支持起诉机关能否拥有独立的诉讼地位乃至诉讼意志？支持起诉方如何在诉讼程序中行使举证权利、承担举证责任？面对裁判结果，原告认同，支持起诉方不认同，支持起诉方能否单独提起上诉？能否代表原告独立接受、变更或放弃调解意见？当原告放弃部分权利，支持起诉方能否提出反对意见？该反对意见能否构成对原告调解意见的对抗？这些问题目前尚无定论。

(三) 形式化质疑

司法实践中，检察机关作为支持起诉一方一般不被列为当事人，裁判文书大多未体现支持起诉意见，检察机关支持起诉作用在裁判过程中未予以展现，且检察机关支持起诉案件大多当事人都委托了诉讼代理人，使得检察机关支持起诉工作给他人以“走过场”“形式化”印象。[①] 有观点认为，如果支持起诉对象已经委托了诉讼代理人予以法律帮助，检察机关支持起诉则没有必要性。

(四) 支持限度不一

因现行检察机关民事支持起诉法律规范规定的概况性、原则性，检察机关在实践办案中对于支持起诉的必要性、支持起诉案件范围、方式等把握尺度不一。例如，进入诉讼阶段后检察机关能否支持起诉？有观点认为，应当对支持起诉做文义解释，支持起诉的目的在于帮助民事权益受害人提起诉讼，只要起诉已由法院受理，支持起诉的目的即达成。检察机关要坚持谦抑原则，不应过多参与诉讼过程。有观点认为，应当对支持起诉扩大解释为整个诉讼过程，不应当仅仅是支持到法院立案了之，检察机关支持起诉主要是辅助一方当事人进行诉讼，弥补其诉讼能力的不足，切实维护受到侵害的国家利益、社会公共利益和弱势群体合法权益。

(五) 程序衔接缺位

检察机关民事支持起诉案件在一审完结后如何与二审程序、审判监督程序以及执行程序进行衔接？现有法律法规并无规定，导致司法实践各不相同。检察机关在一审中支持起诉，案件进入二审程序、审判监督程序以及执行程序后，检察机关是否仍支持原审原告支持起诉？若继续支持，由原审支持起诉的检察机关继续支持，还是由二审法院对应的同级检察机关支持起诉？这些问题亟须立法回应。

四、保障检察机关民事支持起诉有效行使的现实进路

当事人主义下的民事诉讼本身存在实质失衡的缺陷，检察机关对民事诉讼的有限介入，能够维护诉讼结构的实质平衡，在民事诉讼的程序正义和实质正义遭到削弱时，检察机关支持起诉具有重要的匡正价值。但是检察机关民事支持起诉面临的现实困境，使其在实践中未能有效发挥预设功能。在深入推进全面依法治国、加快建设社会主义法治国家的新时代，检察机关开展支持起诉工

① 郑学磊：《检察机关支持起诉的形式化问题及其规制》，载《全国检察官阅读征文活动获奖文选》2020 年。

作要有更高的站位，与时俱进跟进检察工作理念。笔者认为，在社会治理视域下，应从以下几个方面保障检察机关民事支持起诉制度实现其应然价值。

（一）更新司法理念

《中共中央关于加强新时代检察机关法律监督工作的意见》指出，要以民法典为契机，进一步加强民事检察工作，畅通司法救济渠道，加强对损害社会公共利益、程序违法、裁判显失公平等突出问题的监督，依法保护公民、法人和其他组织的合法权益。检察机关支持起诉，是积极贯彻“以人民为中心”的能动司法理念，通过支持特殊群体当事人有效行使诉权，解决“急难愁盼”民生问题，提升人民群众司法获得感。通过支持起诉工作扶弱济困，维护公益，在全社会弘扬和谐、平等、公正、法治、友善等社会主义和谐价值观。拓宽检察机关社会服务渠道，发挥检察机关社会治理效能，彰显我国司法制度优势和人文关怀。

（二）明确角色定位

检察机关作为支持起诉人与检察机关作为我国法律监督者的角色定位并不矛盾。在检察机关支持起诉案件中，检察机关具有双重身份属性。作为支持起诉人，与其他国家机关、社会组织支持起诉时的角色没有根本区别，都是弱势群体的支持帮助者和国家利益、社会公共利益的维护者，以促进原告诉权实现、维护公共利益为目标；作为法律监督者，检察机关应秉持客观公正立场，对于生效法律文书、审判程序等履行监督职能，如果发现支持起诉案件中有事实认定、法律适用或审判程序瑕疵，检察机关有权另案提起诉讼监督程序。

（三）确定诉讼地位

检察机关作为支持起诉人，本质上是帮助原告完成诉讼，以达到最佳诉讼效果，应属于独立的诉讼参加人，具有独立的诉讼地位，其权力来源是法律直接授权。法院应当在裁判文书中列明支持起诉人，在裁判文书中体现支持起诉意见，保障程序规范和司法权威。在诉讼中，支持起诉人应尊重当事人意思自治，对于当事人的意思表示有不同看法时，可以向当事人或者法院提出意见建议，但是不能替代当事人行使诉讼权利。应以原告利益为出发点，行使举证、调解、上诉等诉讼权利，诉讼行为的效果归结于原告。检察机关应保持客观独立，对于原告不合理、不合法的诉求不予支持。

（四）把握支持限度

检察机关进行支持起诉工作的价值考量，应当以“矫正当事人失衡法律地位、保障社会公益”为价值目标，保持有限介入。例如，当检察机关支持起诉制度与法律援助、诉讼代理制度发生冲突、重叠时，当案件已进入诉讼阶段后，检察机关是否支持起诉需要根据具体案件综合斟酌是否存在支持起诉的客观需要。审查申请人是否具备足够的诉讼能力及经济能力，如果能够通过其他途径获得诉讼支持，且该支持能够为其提起诉讼活动提供有力支撑，检察机关无须支持起诉；[①] 若不能有力支撑，可以同时支持起诉，起到补充和加强作用。

（五）丰富范围、方式

现有立法将支持起诉的范围规定为“损害国家、集体或者个人民事权益的行为”，几乎囊括了所有的民事诉讼范围。随着支持起诉与民事公益诉讼的进一步融合，民行检察权对弱势群体的进一步扩张保护，支持起诉的范围会不断拓宽，因此对支持起诉做广义理解更符合设立检察机关支持起诉制度的目的，检察机关在实践探索中应不断拓展支持领域，延伸监督触角支持起诉的方式除提供法律帮助、物质帮助和精神支持之外，[②] 还应当通过听证、主动与司法行政机关、村委会等基层群众自治组织及人民调解开展多元解纷协作等方式引导权利人解决矛盾纠纷，推动检察机关支持起诉工作融入社会治理体系现代化大格局。

（六）完善程序衔接

二审程序、审判监督程序及执行程序与当事人的合法权益和公共利益保障、胜诉权益的实现息息相关，检察机关的“帮助”与“支持”应贯穿民事诉讼的整个过程，但是支持的方式、限度需根据具体案件斟酌决定。民事检察监督实行的是“同级受理”原则，案件进入不同程序后，由同级人民检察院支持起诉更加合理，否则存在法理上的障碍。原审当事人提起上诉后，原审支持起诉检察机关应及时汇报、移送案件材料于上级检察机关，由上级检察机关支持起诉，上级检察机关也可以指定由下级检察机关支持起诉。

① 冯小光、姜耀飞、朱光美：《检察机关支持起诉的学理基础及制度建构》，载《人民检察》2022年第15期。

② 王永虎：《我国检察机关支持起诉制度建构研究》，安徽大学2010年硕士学位论文。

浅析民事检察和解制度

张军涛　蔡　越[*]

一、民事检察和解制度背景和法律依据

近年来，最高检在不断强化民事检察精准监督的基础上，积极倡导以柔性手段化解矛盾纠纷、防范和化解风险隐患，促进社会和谐稳定，进一步明确了推进诉源治理，探索司法办案、信访风险评估、矛盾化解同步推进，畅通和规范办案过程中群众诉求表达、利益协调、权益保障通道，把化解矛盾纠纷落实到办理民事检察监督案件全过程等具体司法实务中。①

《中共中央关于加强新时代检察机关法律监督工作的意见》指出，检察机关是国家的法律监督机关，是保障国家法律统一正确实施的司法机关。新时代民事检察和解制度体现了检察机关法律监督与解决纠纷的双重职能。修订后的《人民检察院民事诉讼监督规则》也对民事检察和解制度进行了原则性的规定，检察和解应遵循自愿原则和合法原则。《人民检察院民事诉讼监督规则》第51条规定，"人民检察院在办理民事诉讼监督案件过程中，当事人有和解意愿的，可以引导当事人自行和解。"此外，第73条第1款第3项规定，"申请人在与其他当事人达成的和解协议中声明放弃申请监督权利，且不损害国家利益、社会公共利益或者他人合法权益的"，人民检察院应当终结审查。这是新时代背景下有关检察和解制度的最新立法规定。检察机关除了依法履行好法律监督的职能外，还应切实肩负起化解社会矛盾与纠纷的责任，在民事检察办案中坚持把"司法为民"的法治理念贯穿始终，将更多的矛盾纠纷化解在检察环节，在法律框架内实现最大程度的化解矛盾。

---

* 张军涛，西安市新城区人民检察院检察委员会专职委员、四级高级检察官；蔡越，西安市新城区人民检察院书记员。

① 刘霞：《新时代民事检察和解适用的初步探讨》，载《检察日报》2021年11月24日，第7版。

二、民事检察和解在司法实务中的运用

在检察机关司法实务中，民事检察和解实际上已经融入各项民事检察专项活动以及常态化检察监督工作中。下面以基层检察机关办理的两起民事案件为例进行阐述。

案例一：当事人申请的民事执行监督案件。杨某以房屋买卖纠纷向人民法院提起诉讼，判决生效后向人民法院申请强制执行，但只执行了少部分财产，剩余款项一直未得到清偿，故杨某向检察机关申请民事执行监督。检察机关通过调查核实案件情况，认真听取当事人的主张和依据，查阅法院相关案卷材料，与执行法官多次沟通，经审查发现被申请执行人在执行期间卖掉房屋获得60多万元并已将财产转移，故意不履行生效判决，导致法院判决没有得到全部履行。检察机关将该案件事实及时告知法院，为使杨某的合法权益尽快得到保障和实现，提高维权效率，检察机关对双方当事人进行释法说理后双方均有和解意愿，在检察机关的积极引导下双方自愿达成和解协议，随后杨某向法院申请恢复执行并将和解协议记录在法院执行笔录中，该案最终以和解结案。

案例二：民事支持起诉案件。2021年10月李某等三人在甲公司承建的工程项目中从事瓦工工作，一直未依法获得劳动报酬。2022年7月甲公司向李某等三人出具《付款情况证明》，载明拖欠劳动报酬总金额，并约定于2022年7月底前付清。2022年9月甲公司就拖欠瓦工班组人员费用进行了明确。因甲公司未遵守协议约定，李某等三人向人民法院提起诉讼，随后向检察机关申请支持起诉。检察机关经调查核实，甲公司拖欠李某等三人劳动报酬共计5万余元，至今未付。检察机关了解到农民工涉案金额较小，且有和解意愿，为减少当事人诉累，提高办案效率，检察机关经多方协调、释法说理，并召开民事支持起诉听证会，经多方共同努力，双方当事人在听证会上达成一致，均同意和解。同日，双方当事人签订了和解协议书，后该和解协议在人民法院进行司法确认，有效化解了矛盾纠纷。

由此可见，检察机关开展民事检察和解工作已将“司法为民”的法治理念贯穿各项民事检察工作中，体现了检察机关在法治框架下结合新时代“枫桥经验”，主动发散思维，采取多元化纠纷解决机制，依法履行检察监督职能的同时作优作实民事检察和解工作。

三、民事检察和解制度运行中存在的问题

目前检察机关开展民事检察和解工作仍处于探索阶段，以基层检察机关为

例，基层检察院办理民事申诉案件，以和解结案的占比并不在多数。笔者通过梳理民事检察和解工作开展过程中遇到的问题，听取当事人对民事检察和解工作的意见和建议，总结发现民事检察和解在立法层面仍存在空白，有关检察和解的适用条件及具体情形、民事检察和解协议的效力与救济等问题亟须进一步明确和探讨。

（一）民事检察和解的适用范围不明确[①]

基层检察机关在办理控告申诉案件时，对于哪些监督类案件能够适用民事检察和解，尚无法律明确规定。对于原审裁判无明显错误，但双方当事人系亲属、亲友或邻里关系的案件，检察机关此时适用民事检察和解，既可化解诉讼的烦琐程序、人情纠葛带给当事人的诉累，又是以柔和手段维系当事人情谊关系的最优方式。对于长久遗留下来的复杂案件，事实难以查清，当事人若坚持以诉讼的方式解决纠纷可能适得其反，未必能化解矛盾，同时可能引起当事人的逆反心理，对于这类案件适用民事检察和解来弱化、软化双方当事人之间的纠纷，更有利于修复双方关系。因此，法律应当明确规定适用民事检察和解制度的案件适用范围，以使检察机关在开展民事检察工作时有法可依。

（二）民事检察和解协议的效力不明确

在检察机关主持引导下当事人签订的民事和解协议不同于在法院主持下签署的民事调解书，法院的民事调解书具有执行效力，而民事检察和解协议的效力难以被认定。当民事检察和解程序或者协议存在瑕疵时，只能依靠案件当事人之间的相互信赖执行。假设检察机关在开展民事检察和解过程中，双方当事人已经签署民事和解协议，若一方当事人突然反悔不愿意履行时，司法机关无法追究其法律责任，因为民事检察和解协议没有履行的强制性。这种种情形下，既影响当事人对民事检察工作的信任度和威信力，还有可能引发新的矛盾纠纷。民事检察和解协议是民事检察和解制度的核心，其效力直接影响当事人不履行和解协议时的权利救济程序。因此，有必要明确民事检察和解协议的效力，维护检察机关的法律监督威信力，保护民事检察和解协议双方当事人的信任利益和合法利益的实现。

四、有效开展民事检察和解工作的建议

检察机关开展民事检察和解的目标，即定分止争、案结事了人和的社会和

① 邬兰、李雁若、耿姗姗：《完善立法 规范程序 做好民事检察和解工作》，载《检察日报》2022 年 4 月 6 日，第 7 版。

谐稳定。检察机关作为中立方，以柔性手段化解社会矛盾纠纷，修复社会人际关系的裂缝，既利于防范风险隐患，也利于促进司法办案政治效果、法律效果和社会效果的有机统一。

检察机关开展民事检察和解工作不能基于息诉服判强行主持和解，也不能为了追求案件数据指标的上升而忽视当事人和解意愿的真实性，此举既违背当事人和解的自愿性、损害当事人的合法权益，又是检察机关对民事检察和解制度的滥用，会使群众对民事检察和解制度产生误解。笔者认为，为有效推进检察机关民事检察和解工作的稳步有效开展，切实取得民事检察和解工作实效，可以从两方面入手。

（一）完善立法依据，让检察机关开展民事检察和解工作“名正言顺”①

首先是民事检察和解的适用范围问题。司法实务中，检察机关受理申诉案件，从裁判结果上来看可以分为三大类：第一类是生效裁判事实认定清楚、适用法律正确，程序正当的；第二类是生效裁判确有错误的，符合抗诉条件的；第三类是生效裁判存在一定的瑕疵，但不符合抗诉条件的。对于第一类生效裁判无错误的案件，检察机关不宜主动介入做和解工作，会损害到司法权威。此种情形下，检察机关应当做好释法说理、安抚当事人的情绪，最大化地做到案结事了人和。对于第二类案件，如果是涉及当事人私权处分且案件标的额小、社会影响不大的案件类型，检察机关可以依据当事人的意愿进行民事检察和解；如果是涉及公权领域的案件，如原审裁判存在严重事实认定错误、法律定性错误或审判人员失职渎职等情形的，检察机关此时应当依法予以监督，不适用民事检察和解。对于第三类案件，检察机关可以根据当事人的和解意愿，积极进行检察和解，在化解矛盾的同时节约司法资源。但在办理民事虚假诉讼案件以及部分确权案件中有损害国家利益、公共利益或者第三人合法权益等情形的，则不应适用民事检察和解制度。

其次是民事检察和解协议的效力问题。目前仍是立法空白，检察机关虽引导当事人达成了民事检察和解协议并督促当事人及时履行，但民事检察和解协议尚不具有强制执行力。法律应当明确规定在一方当事人不履行和解协议的情况下，另一方当事人的合法权益如何救济；应当明确原生效裁判虽有瑕疵、但不符合抗诉条件的案件，一方当事人不履行已达成的民事检察和解协议又向检察机关申请监督时，检察机关不再受理；应当明确适用民事检察和解程序后，

① 杨波、滕艳军：《民事检察和解：实现精准监督与社会治理同频共振》，载《检察日报》2022年5月18日，第5版。

当事人不履行和解协议时，检察机关应当恢复对原申诉案件的审查程序，依法抗诉，以维护当事人的合法权益。即应当对民事检察和解协议的效力进行明确的法律规定，如若不能赋予民事检察和和解协议强制执行力，那么也应当在法律规定中明确民事检察和解协议效力的兜底条款，这样才有利于检察机关民事检察和解工作的顺利进行。

（二）检察机关依法能动履职，主动作为，运用法治思维和法治方式开展民事检察和解工作

首先是建立健全工作机制①，依托机制建设有序开展民事检察和解工作。检察机关肩负着化解社会矛盾与纠纷的责任，应当充分发挥民事检察主观能动性，主动作为，结合工作实际，主动发散思维，通过积极走访、开展座谈会等方式与司法行政机关协调沟通，积极建立健全民事检察和解与法院审判调解、执行和解的衔接机制，逐步建立起民事检察与司法行政机关民事检察和解工作的协作意见。在机制建设中明确民事检察和解工作重点、信息互通共享、协助民事检察和解协议履行等相关事宜，对于不主动履行检察和解协议的当事人，检察机关应当与法院及时对接，通过法院司法确认从而赋予民事检察和解协议法律效力，或者通过法院积极督促一方及时有效履行检察和解协议。以机制建设推动民事检察和解工作稳步有序开展，促使检察机关与司法行政单位实现“双向奔赴”，弥补民事检察和解协议效力的先天不足。

其次是运用多元化纠纷解决形式，让社会矛盾纠纷“化干戈为玉帛”。新时代“枫桥经验”明确了在法治框架下，检察机关应采取多元化纠纷解决机制，努力将矛盾化解在基层，实现自治、德治、法治相结合。检察机关在开展民事检察和解工作过程中，可以根据案情程度的必要性，通过释法说理、公开听证、引导和解等多元方式，借力、借智开展和解工作。以当事人意思自治和自愿处分私权利为前提和基础，尊重当事人对和解的选择权，保障当事人充分发表意见的权利，认真听取当事人的实际诉求，了解当事人的真实需求，积极引导当事人依照诚实守信、公序良俗等法律原则，用最优最有效的方式化解矛盾，真正在检察环节做到定分止争、案结事了人和。

再次是将民事检察和解工作贯穿民事检察各项专项活动中，做优做实民事检察监督工作。检察机关不能单独、片面地开展民事检察和解工作，应当主动发散法治思维，将民事检察和解工作与民事支持起诉专项活动、“办小案暖民心”专项活动以及常态化开展民事执行监督申请等民事检察专项活动相结合，

① 王昱：《用法治思维、法治方式和检察智慧做好民事检察和解》，载《检察日报》2021年2月24日，第7版。

积极引导当事人达成和解，减少当事人的诉累和维权成本，提高办案质效。

从次是进一步加强民事检察和解宣传力度，提升群众的知晓率和信任度。检察机关在有序开展民事检察和解工作的同时，应当运用线上线下新媒体多元化宣传方式，用人民群众易于理解的语言形式进行普法宣传，提升民事检察工作影响力，增强人民群众对民事检察和解工作的信任度、采纳度，用最温和的解决方式修复维系当事人之间的人际情谊关系，促进创新社会治理，实现双赢多赢共赢。

最后是做好民事检察和解工作的总结提炼和理论调研，助推民事检察工作高质量发展。检察机关开展民事检察和解工作更应当加强典型案例培育意识，挖掘民事检察促进社会治理的着力点，做好每起案件办结后的总结提炼，完善和提高检察和解工作的完成度、满意度。与此同时，检察机关还应当强化理论调研，不断推进理论与实务的深度融合，增强理论素养，以调研促业务提升，以学促干、以干促学，更好地办好每一宗案件，确保实现案件办理的三个效果的有机统一，助推民事检察和解工作高质量发展。

浅析我国民事检察和解制度

孟　敏*

民事抗诉与检察建议制度作为检察机关对法院民事诉讼活动的主要监督方式，在监督审判机关依法行使审判权力，保护当事人合法权益，维护司法公正与司法权威方面起到重要的作用。但这两项监督方式还不能满足千差万别的个案需要，而且民事申诉案件的双方当事人大多经历多次诉讼，时间上有的甚至长达几年、十几年之久，花费了大量人力、物力、财力，此时各方当事人都变得焦虑不安、易暴易怒。检察机关作为维护当事人合法权益的最后一道救济途径，在传统的办案方式不能有效化解当事人之间矛盾的情况下，民事和解制度就成为解决当事人诉求的最优路径，检察机关同时采用公开听证的方式，充分向当事人释法说理，更为有效化解双方矛盾争议点。

积极开展民事检察和解制度是创新和发展新时代“枫桥经验”的重要举措，也是检察机关实现“以人民为中心”的发展思想和“案结事了人和”价值目标之所在。

一、民事检察监督中的检察和解概念界定

“概念乃是解决法律问题所必需的和必不可少的工具，没有限定严格的专门概念，我们便不能清楚地和理性地思考法律问题。”① 在我国，目前法律法规对民事检察和解的概念尚未作出明确规定，因此“通过探索其准确定义以明确其规范对象和内容”就成为分析相关问题必不可少的前提。何谓民事检察和解，学者存在不同的看法。第一种观点认为，民事检察和解是指对于人民法院生效的裁判，当事人一方不满向人民检察院提出抗诉申请，人民检察院在依法向人民法院提出抗诉前，主持双方当事人达成和解协议，从而暂时中止抗

* 孟敏，西安市长安区人民检察院第四检察部二级检察官。

① ［美］博登海默：《法理学——法律哲学与法律方法》，邓正来译，中国政法大学出版社 2004 年版。

诉审查程序或暂缓提出抗诉的一种程序和过程。① 第二种观点认为，民事检察和解是指对于当事人不服人民法院生效裁判的申诉案件，人民检察院在审查中，认为生效的裁判在事实认定或适用法律等方面虽然存在问题但不符合抗诉条件的，在当事人有和解意愿的情况下，通过说服工作，促进双方达成和解协议，彻底解决其纠纷的制度。② 第三种观点认为，民事检察和解是指检察机关在审查民事申诉案件过程中，促成双方在自愿、合法的原则下平等协商，互谅互让，达成和解协议并主动履行，从而在事实上变更执行原生效裁判确定的权利义务内容，终结民事申诉审查程序的一种制度。③ 这三种定义都有其合理的地方，但也都有不足之处。如第一种定义认为民事检察和解的案件仅包括抗诉案件，缩小了民事检察和解的适用范围；第二种定义认为"通过说服工作""促进"民事检察和解，有检察权不当介入之嫌；第三种定义将当事人和解的内容限定在"原生效裁判确定的权利义务内容"，限制了当事人自愿和解的内容。

笔者认为，民事检察和解的概念是由两个概念组成的，即民事检察监督与和解。先从和解谈起，和解是一项传统的民事法律制度，但我国法律对此概念也未界定，有学者将诉讼上的和解定义为：当事人约定相互让步以终止争执或者防止争执发生，同时又以终止诉讼全部或一部分为目的的协议。④ 不难看出，和解是无第三人意见加入、仅由当事人自行协商以解决纠纷。而民事检察监督的概念在民事诉讼法修改后也应重新界定，2012 年修改后的《民事诉讼法》第 14 条将"人民检察院有权对民事审判活动实行法律监督"修改为"人民检察院有权对民事诉讼实行法律监督。"此次修改扩大了人民检察院的监督范围。故民事检察监督的概念应是指人民检察院对人民法院的民事诉讼依法实施的一种法律监督活动。

在了解民事检察监督与和解这两个概念后，结合相关规定与办案经验，笔者认为，民事检察和解是指人民检察院对当事人申诉的民事案件审查过程中，确定当事人双方有和解意愿后，在不损害国家利益、社会公共利益及他人合法权益的前提下，监督当事人自愿达成和解协议，经审查后终止民事申诉审查程序的一种法律制度。

---

① 汤维建：《司法性质的特殊救济手段》，载《检察日报》2007 年 8 月 23 日，第 3 版。

② 王水明、郑文：《民事检察和解制度探析》，载《法治研究》2009 年第 5 期。

③ 郭振荣：《民行检察工作全程和解探索》，载《人民检察》2010 年第 10 期。

④ 王甲乙、杨建华、郑建才：《民事诉讼法新论》，台北市广益印书局 1981 年版，第 447 页。

二、民事检察和解在司法实践中的适用原则

民事诉讼法规定人民法院应当根据自愿和合法的原则进行调解，虽然法律法规未明文规定检察机关办理民事检察和解案件应遵循的原则，但因检察机关办理民事检察和解案件适用民事诉讼法，故也理应遵循民事讼诉法的此项规定，即适用合法原则与自愿原则。此外，民事检察和解还应遵循检察机关中立原则。

（一）合法原则

按照一般学理解释，是指程序与实体两方面合法，即检察和解活动及其协议内容都必须符合法律的规定。

程序合法是指检察机关作为国家的法律监督机关，其进行民事检察和解工作的程序必须严格依照相关法律、法规等规范性文件的规定。要求检察机关在主持双方当事人进行民事检察和解活动时，不仅应依照相关法律规定，而且应当从“政策、法律上教育当事人放弃不合理的要求，尊重对方的合法权益，当事人可以运用处分权在不违反禁止性规定的前提下达成双方所满意的或者所能接受的检察和解协议”。①

实体合法是指当事人自愿达成的和解协议必须是对自己权利的处分，不得违反国家法律禁止性规定，不得损害国家利益、社会公共利益或他人的合法利益。双方当事人进入民事检察和解程序后，可以本着互谅互让的原则，在其处分权内对自身的权益做出妥协或让步，以求达成双方当事人意见一致的和解协议。需注意的是，“尽管协议的内容与法律上严格认定的权利义务关系并不完全一致，妥协和让步在大多数情况下对达成检察和解协议是必不可少的……当事人总会在协议中做出或大或小的让步，因此，笔者认为合法性原则中的合法性应当定位于一种宽松的合法性。”② 即使是这样，检察机关负有维护国家、社会及公民合法权益的职责，作为民事检察和解程序的主持者与监督者，仍对和解协议负有不可推卸的审查和监督的附随义务。

（二）自愿原则

民事检察和解自愿原则，是指人民检察院启动民事检察和解程序以及当事人协商达成的和解协议，都必须以当事人自愿为前提，并且建立在当事人意思

① 郭宗才、赵建国：《民事检察和解的功能与模式建构》，载《法制与社会》2009 年第 18 期。

② 郭宗才、赵建国：《民事检察和解的功能与模式建构》，载《法制与社会》2009 年第 18 期。

自治的基础之上。意思是民事法律行为的基本构成要素。[①] 自愿原则是民事行为的基本原则，“民事主体进行民事活动时意志独立，自由和行为自主，即民事主体在从事民事活动时，以自己的真实意思表示来充分表达自己的意愿，根据自己的意愿来设立、变更和终止民事法律关系。”[②] 民事检察和解自然也应建立在当事人自愿的基础上。

由于民事检察和解程序并非是强制性的纠纷解决方式，它是当事人自愿选择，所以纠纷解决的实质就是当事人之间就争议的权利和义务通过相互让步、协商，而达成一致合意的民事检察和解协议。自愿原则作为民事检察和解程序的中心原则，理应贯穿办案始终，具体表现在以下三个方面：一是民事检察和解程序的启动必须是出于当事人的自愿，检察机关只有“建议当事人自行和解”的权力，当事人接受建议并自主选择和解程序后，检察机关才能介入并主持双方当事人进行和解，而不能自行启动和解程序。二是签订民事检察和解协议的内容出自当事人自愿，和解协议的每一个条款都应由当事人按自己的意愿提出并进行沟通，检察机关可以就此提供法律意见或者使用法言法语规范协议内容，而不宜直接制定和解协议要求当事人接受。三是双方当事人履行民事检察和解协议是出于自愿。民事检察和解协议是双方当事人自行协商达成的解决双方纠纷的协议，它的基础是当事人对自身权益的处分，因无公权力保障民事检察和解协议的实施，就必然要求当事人在履行和解协议时出于自愿，否则当事人一旦反悔，此协议因无国家强制力保障，之前为达成协议所做的努力都将付之东流。

（三）中立原则

检察机关在办理民事检察和解案件时保持中立，这是当事人在检察机关主持下进行民事检察和解的基础和前提。检察机关要保持中立，笔者认为需做到以下两点：一是以明辨是非、分清责任为前提。民事检察和解案件虽是以当事人自愿为原则，但检察机关由于所处地位的优势，其对案件的分析判断必然影响当事人在和解时的要求，所以检察机关一定要以案件事实与法律为依据主持和解，避免为了达到和解目的，而让本不需承担责任或承担较小责任的一方当事人在和解协议中承担责任或承担较大责任，以致将民事检察和解变为“和稀泥”。二是对待当事人应当公平。在与当事人接触时，对待双方当事人的态度要公平、一致，不偏不倚，耐心从法律规定和证据解释案件事实。双方当事人的意见无论是否合理，都要充分听取，做到不偏袒任何一方当事人，也不能

① 刘士国：《民法总论》，上海人民出版社2001年版，第127页。

② 马俊驹、余延满：《民法原论》，法律出版社2005年版。

以言语或动作让其中一方当事人感觉被不公平对待，要让当事人确信检察机关在审查案件时是公平、公正的。

三、民事检察和解案件的适用范围

民事案件是指涉及平等主体的自然人、法人和非法人组织之间因人身关系或财产关系发生纠纷的案件。它的范围相当广泛，理论上讲，除法院判决解除婚姻关系等少数案件不属于人民检察院受案范围外，绝大部分案件都可以进入民事申诉程序，理论上也就都有可能适用民事检察和解程序。但事实上，并非所有民事检察监督案件均适合适用民事检察和解程序。以下几种民事检察监督案件可以启动和解程序：

（一）原裁判文书确有错误或瑕疵，但诉讼标的额较小，且对当事人权利义务影响不大的案件

比如小额借贷纠纷案件，此类案件虽然可能具备抗诉或发再审检察建议的条件，但由于这两种程序均需先经过法院的再审程序，整个诉讼过程走完需要较长时间，出借人耗费了大量人力、物力、财力，胜诉并执行到的案件款可能都不足以支付其诉讼开支，借款人一方也可能感到疲惫、不愿再对簿公堂。对于这类案件，检察机关可以优先选择启动民事检察和解程序，通过提供平台促成双方当事人达成民事和解，既可以纠正裁判内容的错误，又能达到公平公正的价值追求，做到案结事了，取得法律效果、社会效果和政治效果的统一。

（二）原审法院审判程序不合法，但实体裁判结果正确的案件

申诉人不服法院生效裁判文书申请检察监督时，可能以法院审判程序不合法作为其申诉理由，但其最终目的却是希望检察机关支持其诉讼请求，此类案件如无新证据等，即使检察机关抗诉或发再审检察建议，法院进入再审程序后申诉人仍将面临败诉风险，其最终结果也无法达到申诉人申诉之目的。为了维护司法的公正与权威，减少当事人诉累，采用民事检察和解程序可以使纠纷解决，既合法又合理。

（三）当事人之间存在特殊关系的案件

所谓特殊关系的案件，是指亲属之间涉及的家庭财产纠纷、邻居之间涉及的宅基地和相邻关系纠纷等案件。此类案件往往发生于相互之间较为熟悉、有一定感情基础、来往密切的当事人之间，而且很多时候纠纷的发生并非与金钱等有较大关联，反而很多时候存在赌气成分，其根本诉讼目的是让对方赔礼道歉等。此类案件由于当事人身份关系的特殊性，往往存在和解的基础。反之，此类案件如果长时间得不到有效解决，当事人感情方面得不到理解与安慰，不

仅极易激化矛盾，更有可能使当事人形同陌路。而采用民事检察和解程序，从双方情感基础考虑出发，使当事人互谅互让，将会以最快的速度、最好的方式修复已然破裂的关系。

另外，对于法院裁判正确而申诉人无理缠访缠诉的案件，则无须开展民事检察和解工作，否则不仅对法院生效裁判文书的公信力造成不良影响，也难免有支持“谁闹谁有理”的嫌疑，不利于维护司法权威。

为了更好地履行法律监督职权，除采用抗诉、检察建议等刚性手段履行法律监督职能外，还可以采取民事检察和解这种柔性监督手段。“应当以纠纷的彻底解决为目标，赋予检察机关一定的选择权，从而尽可能减少当事人对抗的方式来化解矛盾。”① 民事检察构建多元化办案方式，大力开展检察和解工作，也是检察机关坚持和发展“枫桥经验”、化解社会不和谐因素的重要手段，是新时期检察权从被动监督转为主动监督，从单一手段转为全面监督方式的必然要求。

① 张晓林、李蕾：《民行检察和解问题研究》，载《中国检察官》2011年第1期。

知识产权刑事附带民事诉讼制度探讨

——基于知识产权特别保护背景下的分析

任静涛　倪　波*

知识产权案件经常涉及刑事处罚和民事赔偿交织的旋涡，随着近几年知识产权保护力度的加大，知识产权民刑交叉案件的处理更加成为困扰理论和实务的难题。究其原因，在于知识产权本身具有公私复合的权利属性，以及知识产权部门法和刑法的竞合规定，导致责任承担的不同标准和不同形式。而理论界和实务界均对侵权者责任追究的争议一直较大，一定程度上影响了权利人损失赔偿的全面获得和诉讼进行。最高人民检察院《2022年知识产权检察工作要点》明确提出，"积极探索知识产权刑事附带民事诉讼，一体解决刑事责任追究和民事责任承担问题，减少权利人诉累，节约司法资源"，为该项制度的建构指明了方向。

一、知识产权案件刑事附带民事诉讼的争议问题

（一）理论研究

有关知识产权刑事附带民事诉讼的研究，有的是从知识产权案件"先刑后民""先民后刑""刑民并举"裁判模式的框架下，探讨知识产权属于"物"，进而认为知识产权案件属于《刑事诉讼法》第101条，最高人民法院《关于适用〈中华人民共和国刑事诉讼法〉的解释》第175条、第176条规定的刑事附带民事范围。[①] 有的则持相反观点，依据知识产权案件刑民管辖、主体、证据标准、赔偿标准不一等理由，认为知识产权案件不应纳入刑事附带民

---

* 任静涛，西安市人民检察院第四检察部检察官助理；倪波，西安市人民检察院第六检察部检察官。

① 江苏省南京市中级人民法院课题组：《知识产权民刑交叉案件审理模式的理性分析与路径选择》，载《中国应用法学》2020年第6期。

事诉讼范围。[①] 还有观点从知识产权权利人、被害人权利维护的角度出发，认为应当在知识产权刑事案件中引入或完善知识产权刑事附带民事诉讼制度。[②]

（二）司法判例

除了理论的探讨外，法院对知识产权刑事附带民事诉讼也呈现出不同的观点和态度。笔者通过裁判文书网刑事案件为检索范围，分别以全文检索“刑事附带民事诉讼”，案由选择刑法第三章第七节“侵犯知识产权罪”，共检索出 28 篇法律文书；以全文检索“刑事附带民事”，案由选择刑法第三章第七节“侵犯知识产权罪”，共检索出 62 篇法律文书；以全文检索“刑事附带民事”，案由分别选择刑法第三章第七节侵犯知识产权罪“假冒注册商标罪”“销售假冒注册商标的商品罪”“非法制造、销售非法制造的注册商标标识罪”“假冒专利罪”“侵犯著作权罪”“销售侵权复制品罪”“侵犯商业秘密罪”，共检索出 66 篇法律文书。通过对检索出的法律文书进行甄选，共有 4 份法律文书涉及知识产权刑事附带民事诉讼，其中 3 起案件为公诉案件刑事附带民事诉讼，1 起为自诉案件刑事附带民事诉讼。此外，通过资料搜集发现，《最高人民法院公报》2006 年第 12 期及最高人民法院发布的 2011 年中国法院知识产权司法保护 50 件典型案例中也各有 1 起知识产权刑事附带民事诉讼案例。上述案例说明司法实践中对知识产权案件刑事附带民事诉讼的不同态度。具体来讲分为以下几种做法：

1. 不予受理

案例 1：安徽某股份有限公司诉刘某假冒注册商标刑事附带民事诉讼案，被安徽省霍邱县人民法院依据最高人民法院《关于适用〈中华人民共和国刑事诉讼法〉的解释》（2012 修正）第 138 条第 1 款、第 145 条第 4 项、第 149 条，[③] 以不属于人民法院受理刑事附带民事的范围，裁定不予受理。[④]

2. 驳回诉讼请求

案例 2：安徽某集团有限公司诉高某、王某销售假冒注册商标的商品刑事附带民事诉讼两案，均被安徽省来安县人民法院以“附带民事诉讼原告人未

---

① 杨秀清、乔莉娜、李嘉豪、刘雅萌：《论责任重合下知识产权民刑交叉案件的处理顺序》，载《中国应用法学》2020 年第 6 期。

② 蒯建欣、张敏、段里鹏：《知识产权刑事案件被害人权益保障研究》，载《中国检察官》2020 年第 13 期；张志婧：《刑事诉讼中知识产权权利人的权益保障》，载《中国检察官》2021 年第 5 期。

③ 该司法解释经 2021 年修正，相关条文调整为第 175 条第 1 款，第 182 条第 4 项，第 186 条。——编者注

④ 参见安徽省霍邱县人民法院（2019）皖 1522 刑初 457 号刑事附带民事裁定书。

能提供因被告人的犯罪行为造成实际损失的证据”驳回诉讼请求。①

案例3：灵川县甲工艺品厂对柳江县乙工艺品加工厂、柴某等侵犯商业秘密罪提起刑事附带民事诉讼，因不服一审法院以其自诉不属于自诉案件受理范围裁定不予受理上诉至桂林中院，桂林中院审理后认为该案属于自诉案件受理范围，但上诉人没有提供相应证据证明犯罪事实，据此裁定驳回上诉，维持原裁定。②

3. 支持诉讼请求

案例4：西安某研究所诉裴某、中冶某技术工程股份有限公司侵犯商业秘密刑事附带民事诉讼一案。西安市中院审理后认为，裴某盗窃商业秘密，并提供给他人使用，给西安某研究所造成1782万元经济损失，中冶某技术工程股份公司为谋取巨额利益，利用他人的商业秘密履行合同，既是侵权行为的直接受益人，也是给西安某研究所造成经济损失的直接责任人，应当承担赔偿损失的民事责任。遂判决裴某、中冶某技术工程股份公司承担民事责任。裴某上诉后二审法院作出驳回上诉，维持原判的裁定。③

案例5：宜昌璜时得黏合剂开发有限公司诉熊甲、熊乙假冒注册商标刑事附带民事诉讼一案。一审法院认为熊甲、熊乙共同实施假冒“璜时得”注册商标的黏合剂产品的违法犯罪行为，侵犯了璜时得公司的注册商标专用权，应当对璜时得公司的损失予以赔偿，酌情决定由熊甲、熊乙连带赔偿璜时得公司的经济损失30万元。二审法院也维持了上述刑事附带民事诉讼判决部分内容。④

（三）实务观点

北京市高级人民法院印发的《关于审理刑事附带民事诉讼案件若干问题的解答（试行）》⑤ 以及广东省高级人民法院印发的《广东省高级人民法院关

① 参见安徽省来安县人民法院（2020）皖1122刑初105号、（2019）皖1122刑初217号刑事附带民事判决书。

② 参见广西壮族自治区桂林市中级人民法院（2015）桂市立刑终字第17号刑事附带民事裁定书。

③ 参见西安重型机械研究所诉裴某、中冶某技术工程股份有限公司侵犯商业秘密案，载《中华人民共和国最高人民法院公报》2006年第12期。

④ 参见最高人民法院办公厅关于印发《2011年中国法院知识产权司法保护10大案件和50件典型案例的通知》，http：//zscq. court. gov. cn/bhcg/201304/t20130407_ 183078. html. 2012. 04. 17。

⑤ 北京市高级人民法院印发的《关于审理刑事附带民事诉讼案件若干问题的解答（试行）》规定，法院审理附带民事诉讼案件的受案范围，应只限于被害人因人身权利受到犯罪行为侵犯和财物被犯罪行为损毁而遭受的物质损失，不包括因犯罪分子非法占有、处置被害人财产而使其遭受的物质损失。附带民事诉讼赔偿只限于犯罪行为直接造成的物质损失，不包括精神损失和间接造成的物质损失。

于审理刑事附带民事诉讼案件若干问题的指导意见》[①] 均认为，刑事附带民事诉讼案件的受案范围，只限于被害人因人身权利受到犯罪行为侵犯和财物被犯罪行为损毁而遭受的物质损失，不包括因犯罪分子非法占有、处置被害人财产而使其遭受的物质损失。

通过上述研究、案例和观点可以看出，对现有法律规定下是否应当对知识产权案件适用刑事附带民事诉讼存在不同争论，法院也有不同裁判和观点。

二、建立知识产权刑事附带民事诉讼制度的必要性与可行性

基于知识产权司法特别保护这一背景，在现有法律框架下继续研究知识产权案件能否适用刑事附带民事诉讼，明显已经不能适应司法实践需求，而建立知识产权刑事附带民事诉讼制度则优势明显。

（一）知识产权案件权利人维权的抉择增量

有观点认为，将知识产权案件纳入刑事附带民事诉讼范围，存在案件管辖、审理标准等多种障碍，进而认为在知识产权案件中施行“刑民分立”的裁判模式更有优势，从而认为不宜将知识产权案件纳入刑事附带民事诉讼范围。[②] 笔者认为，将知识产权案件纳入刑事附带民事诉讼范围，与权利人在刑事案件之外另行提起民事诉讼并不冲突，两种模式各自具有其优越性，而将知识产权案件纳入刑事附带民事诉讼范围的重要意义之一便是，为权利人维权提供另一种选择和可能。

（二）有利于缩短权利人的维权周期

知识产权案件审理周期长一直是知识产权案件权利人维权的难点。虽然在知识产权案件裁判过程中存在“先刑后民”“先民后刑”的不同模式，但大量案件依然需要以刑事案件的审理结果为基础。在此情况下，权利人的维权周期无形中被拉长，维权周期的拉长对知识产权这类对维权时间要求极高的案件，无疑增加了维权成本，降低了维权效果。而刑事附带民事诉讼制度的设立，为权利人将维权时间前置、增强维权效果提供了路径。

---

① 《广东省高级人民法院关于审理刑事附带民事诉讼案件若干问题的指导意见》规定，提起附带民事诉讼案件的范围包括：人身权受到犯罪行为侵犯遭受的物质损失或者财物被犯罪行为毁坏遭受的物质损失。对犯罪分子非法占有、处置被害人财产造成的物质损失提起的附带民事诉讼，人民法院不予受理。

② 杨秀清、乔莉娜、李嘉豪、刘雅萌：《论责任重合下知识产权民刑交叉案件的处理顺序》，载《中国应用法学》2020 年第 6 期。

(三) 帮助权利人更好地获得经济赔偿

在刑事诉讼环境下，侵权人为了体现认罪态度，获得更轻的刑罚裁量，必然会选择适用认罪认罚从宽、刑事和解等一系列对其有利的刑事制度，而上述制度的适用，可以在一定程度上帮助权利人更加顺畅地获得经济赔偿。与之相对，如果在被告人被刑事处罚后，权利人单独就民事赔偿部分提起民事诉讼，此时因为被告人已经被刑事处罚，大多缺乏赔偿的动力和主动性，即使权利人获得了胜诉判决，也不一定能通过民事执行获得赔偿，最终论为一纸空判。

(四) 破解知识产权案件“举证难”问题

知识产权侵权案件大多具有隐蔽性、多发性、专业性的特点，权利人往往面临取证难、举证难的现实窘境。而在刑事附带民事案件中，权利人可以借助刑事手段，将刑事案件中的证据资料作为证明被告人民事侵权的证据使用，甚至大量侵权事实会被法庭当庭确认，从而极大地弥补被侵权人举证能力不足的问题。

(五) 知识产权刑事案件权利人诉讼权利义务告知制度的实质推进

2021 年 2 月 8 日，最高检下发《关于开展侵犯知识产权刑事案件权利人诉讼权利义务告知工作的通知》，明确在全国知识产权刑事检察工作中推广权利义务告知制度。[①] 但该项工作在实践中依然遇到了一些问题。例如，笔者所在办案组在办理孙某假冒注册商标一案中，向数家被侵权公司告知了权利义务后，被侵权公司提出进入刑事诉讼程序，开展维权工作的诉求，然而在现实条件下其诉求显然无法满足。据此，如果能够建立知识产权案件刑事附带民事诉讼制度，则侵犯知识产权刑事案件权利人诉讼权利义务告知工作便可与知识产权案件刑事附带民事诉讼制度顺利衔接，发挥其应有作用。

三、知识产权案件刑事附带民事诉讼的现实困境

虽然知识产权案件刑事附带民事诉讼为权利人提供了更多选择，在维护权利人权利方面也存在诸多优势，但在现有法律框架下仍然面临许多障碍。

---

① 2019 年最高检印发《开展侵犯知识产权刑事案件权利人诉讼权利义务告知工作试点方案》，自 2019 年 12 月起，在北京、上海、江苏、浙江、福建、广东等 6 个省市的三级检察院开展为期一年的侵犯知识产权刑事案件权利人诉讼权利义务告知试点工作。2020 年 7 月 1 日，最高检下发《关于进一步规范侵犯知识产权刑事案件权利人诉讼权利义务告知试点工作的几点意见》，解答疑难问题，扩大权利义务告知案件和对方范围。

（一）知识产权没有被明确纳入刑事附带民事诉讼范围

《刑事诉讼法》第101条第1款规定，被害人由于被告人的犯罪行为而遭受物质损失的，在刑事诉讼过程中，有权提起附带民事诉讼。被害人死亡或者丧失行为能力的，被害人的法定代理人、近亲属有权提起附带民事诉讼。最高人民法院《关于适用〈中华人民共和国刑事诉讼法〉的解释》第175条第1款规定，被害人因人身权利受到犯罪侵犯或者财物被犯罪分子毁坏而遭受物质损失的，有权在刑事诉讼过程中提起附带民事诉讼；第176条规定，被告人非法占有、处置被害人财产的，应当依法予以追缴或者责令退赔。被害人提起附带民事诉讼的，人民法院不予受理。

据此，现有法律规定的刑事附带民事诉讼范围并没有明确知识产权案件可以纳入刑事附带民事诉讼范围。虽然实践中理论界及实务界也存在知识产权案件刑事附带民事诉讼的探讨及判例，但依然存在争论。这一点本文前面已有详细论述，在此不再赘述。

（二）知识产权刑事案件与民事案件管辖不一致

根据刑事诉讼法的规定，一审知识产权刑事案件基层法院及中级人民法院均有管辖权。而知识产权民事案件的管辖权与刑事案件则不尽相同，根据2022年5月1日正式施行的最高人民法院《关于第一审知识产权民事、行政案件管辖的若干规定》，大量知识产权民事一审案件由知识产权法院，省、自治区、直辖市人民政府所在地的中级人民法院和最高人民法院确定的中级人民法院管辖。[①] 由此，知识产权刑事附带民事诉讼，存在部分案件无法在基层法院适用刑事附带民事诉讼制度的障碍。

① 2022年5月1日，经最高人民法院审判委员会审议通过的《最高人民法院关于第一审知识产权民事、行政案件管辖的若干规定》正式施行。其第1条规定："发明专利、实用新型专利、植物新品种、集成电路布图设计、技术秘密、计算机软件的权属、侵权纠纷以及垄断纠纷第一审民事、行政案件由知识产权法院，省、自治区、直辖市人民政府所在地的中级人民法院和最高人民法院确定的中级人民法院管辖。法律对知识产权法院的管辖有规定的，依照其规定。"第2条规定："外观设计专利的权属、侵权纠纷以及涉驰名商标认定第一审民事、行政案件由知识产权法院和中级人民法院管辖；经最高人民法院批准，也可以由基层人民法院管辖，但外观设计专利行政案件除外。本规定第一条及本条第一款规定之外的第一审知识产权案件诉讼标的额在最高人民法院确定的数额以上的，以及涉及国务院部门、县级以上地方人民政府或者海关行政行为的，由中级人民法院管辖。法律对知识产权法院的管辖有规定的，依照其规定。"第3条规定："本规定第一条、第二条规定之外的第一审知识产权民事、行政案件，由最高人民法院确定的基层人民法院管辖。"同日印发了与之相配套的《最高人民法院关于印发基层人民法院管辖第一审知识产权民事、行政案件标准的通知》，确定了全国管辖第一审知识产权民事、行政案件的基层法院。

（三）知识产权刑事案件与民事案件裁判标准不同

一是责任主体不同。与刑事案件不同，民事案件的责任主体除了直接侵权人以外，还有可能是直接侵权人以外的其他人员，比如在刑事案件中如果被告人死亡，那么案件便会终止审理，但在民事案件中如果被告死亡，其继承人仍然有可能被列为被告继续承担相应的民事责任。

二是证据标准不同。众所周知，刑事案件的证据标准要求“排除合理怀疑”，而民事案件根据“谁主张，谁举证”的举证分配原则，大部分案件只要证据标准达到“高度盖然性”，便可据此作出相应裁判。如果将同一事实引发的刑事案件与民事案件放在一起审理，势必引发不同证据标准冲突的问题。

三是涉案金额认定不同。从本质上讲，刑事案件与民事案件涉案金额的不同仍然源于证据标准不同。在刑事案件中依据“存疑有利于被告”的原则，在证据不能确实、充分证明犯罪数额的情况下，只能就已经查明的犯罪数额进行裁判。而在民事案件中则不然，只要有高度盖然性的证据，法官就可以据此作出裁判，而不局限于已经查明的涉案金额。

（四）司法队伍素质有待提升

将知识产权案件纳入附带民事诉讼范围，对检察官、法官专业化水平提出了更高要求。虽然也可以通过抽调刑事和民事办案人员组成办案组或合议庭的形式解决这一问题，但是在庭后的研判或合议过程中，刑民办案人员必然存在磨合过程，不利于提高办案质效。理想状态是，办案人员既能办理刑事案件，也可办理民事案件，由此对司法队伍素质提出了更高要求。

四、知识产权刑事附带民事诉讼程序构建之思考

基于上文分析，将知识产权案件纳入刑事附带民事诉讼中，是加强知识产权司法保护、维护知识产权权利人合法权益的重要路径。虽然在现有法律框架下存在诸多理论及立法上的障碍，但在知识产权司法特别保护的大背景下，突破现有理论和法律规定，重塑知识产权相关理论及立法，既是中央政策文件要求，也是司法实践的必然趋势。笔者认为，可以从以下几个方面入手。

（一）明确知识产权案件刑事附带民事诉讼相关规定

对现有刑事诉讼法及相关司法解释有关刑事附带民事诉讼的相关规定进行修改，明确规定知识产权案件可以适用刑事附带民事诉讼。同时，对知识产权刑事附带民事案件管辖权予以明确。从而打破现有法律规定对知识产权案件刑事附带民事诉讼准入及管辖的束缚。

（二）参照现有刑事附带民事诉讼规定，明确知识产权刑事附带民事案件审理内容

上文提到，知识产权刑事案件与民事案件在责任主体、证据标准、案件金额等方面存在不同，这些问题大部分也存在于因人身权利受到侵犯或财物被犯罪分子毁坏而遭受物质损失的刑事附带民事诉讼中。而最高人民法院《关于适用〈中华人民共和国刑事诉讼法〉的解释》第 175 条至第 201 条详细规定了刑事附带民事案件的责任主体、起诉条件、共犯责任、起诉时间、调解、赔偿标准等问题，知识产权刑事附带民事诉讼可参照上述规定作出类似规定。

（三）提高知识产权案件专业化办理水平

作为知识产权案件专业化办理水平一体两面中的其中一面，法院通过设立知识产权法院、知识产权法庭，建立了“三审合一”机制。检察机关也通过强化刑事、民事、行政、公益诉讼等多种检察职能综合履行，对建立符合检察工作规律的知识产权案件办理组织方面进行了探索，在知识产权案件专业化办案机构及组织方面取得了一些进展，但在知识产权案件专业化队伍建设方面仍存在一些短板，这就要求选用能力强、素质高的法官、检察官组建知识产权案件专业化办理队伍，同时通过加强学习和培训，不断提高知识产权案件专业化办理水平。

试探知识产权案件检察监督路径

——以S省法院近三年办理知识产权案件为样本

杨海涛　赵江腾　刘小妍*

在全面推进国家治理体系和治理能力现代化、全面依法治国的背景之下，知识产权保护是关乎国家治理全局的关键领域。党的二十大报告明确提出“加强知识产权保障”，同时提出“加强检察机关法律监督工作”。治理保护知识产权是司法的重要一环，检察机关作为国家法律监督机关，对知识产权保护有着不可推脱的责任，与其他案件相比，知识产权案件更为专业复杂，这给知识产权检察带来极大挑战。为此，从2020年底开始，最高检带头开展知识产权综合履职试点工作，并于2022年3月发布《关于全面加强新时代知识产权检察工作的意见》。为响应最高检意见，S省检察院开展了知识产权案件试点工作，本文对近三年S省法院受理知识产权案件的相关情况进行分析，以实证角度探寻检察机关在知识产权监督保护工作中存在的困境，并试图寻求解决路径，以此抛转引玉，希望为检察机关完善知识产权案件法律监督有所裨益。

一、S省法院办理的知识产权案件基本情况

自2019年以来，S省知识产权案件收案数持续递增，案件数量呈井喷式上升，新类型案件不断出现，故本文调取近三年S省受理知识产权相关数据进行分析。

（一）案件概况

2019年至2021年，S省法院共受理各类知识产权案件17060件①，其中受

---

* 杨海涛，西安市新城区人民检察院第四检察部副主任；赵江腾，西安市新城区人民检察院检察官助理；刘小妍，西安交通大学知识产权专业硕士研究生。

① S省2019年受理各类知识产权案件4257件，其中民事案件4190件，刑事案件67件；2020年受理各类知识产权案件5308件，其中民事案件4190件，刑事案件93件，行政案件5件；2021年受理各类知识产权案件7495件，其中民事案件7398件，刑事案件97件。相关数据来源于S省法院知识产权审判年度报告。

理民事案件 16798 件，占比 98.46%；受理刑事案件 257 件，占比 1.51%；仅在 2020 年受理行政案件 5 件，占比 0.03%。从中可以看出，知识产权案件绝大多数是民事案件，检察机关直接参与审理的刑事案件仅有不到 2%，行政案件更是少之又少，检察机关在知识产权民事案件监督方面仍有很大探索空间。

（二）案件类型

近三年数据显示，在知识产权民事案件中权属纠纷案件 14692 件，占比 87.46%，占有绝对比例；不正当竞争、垄断纠纷 659 件，占比 3.92%；知识产权合同纠纷 1423 件，占比 8.47%；其他案件 24 件，占比 0.15%（如图 1）。

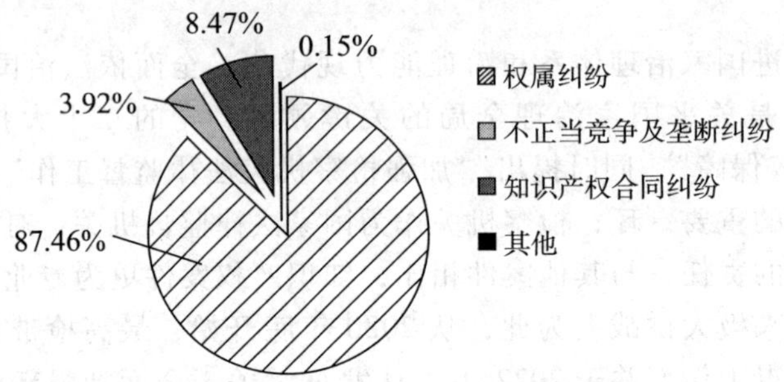

图 1 知识产权民事案件类型

刑事案件中假冒注册商标罪 68 件，占比 26.46%；销售假冒注册商标的商品罪 177 件，占比 68.87%；侵犯著作权罪 7 件，占比 2.72%；侵犯商业秘密罪 4 件，占比 1.56%；非法制造、销售非法制造的注册商标标识罪 1 件，占比 0.39%（如图 2）。可以看出，刑事案件集中于打击商标类和著作权类型犯罪，对于侵犯专利和商业秘密等技术类知识产权犯罪的打击几乎停留在空白阶段。

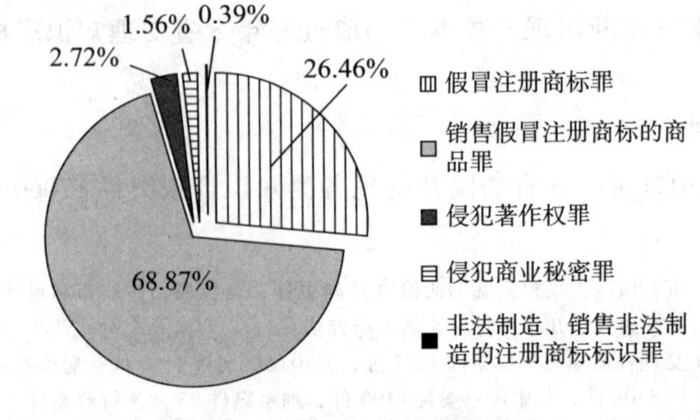

图 2 知识产权刑事案件类型

二、知识产权案件检察监督的困境

从知识产权案件的概况来看，绝大多数案件属于民事案件，刑事案件、行政案件相对较少，检察机关履行法律监督职能仍有较大空间。

（一）知识产权民事案件监督探索不够

受制于传统“重刑轻民”的思想，在知识产权民事监督方面未予足够重视，配置力量相对薄弱，这与知识产权民事案件在知识产权案件中的绝对主力地位极不相称。要发挥好知识产权案件检察监督作用，知识产权民事案件监督必不可少。虽然S省检察院已深入开展知识产权案件“一案三查”“一案三评估”，发挥知识产权刑事、民事、公益诉讼职能，同步审查是否涉及行政违法、刑事追诉、民事追诉等情形，一体解决刑事责任追究和民事责任承担问题，积极探索知识产权案件刑事附带民事公益诉讼，但在检察机关办理的知识产权案件中，绝大多数是刑事案件，对民事、行政监督案件存在受理少、案件来源渠道单一、监督手段贫乏等问题，检察机关发挥监督作用不充分。

（二）知识产权刑事案件办理类型单一

在检察机关惩治打击的知识产权案件中，特别是在刑事检察领域，办理的绝大多数是侵犯商标类犯罪案件。传统刑事检察更侧重于打击非技术类知识产权犯罪，缺乏对于技术类案件的研究。2021 年 S 省检察机关受理审查逮捕侵犯知识产权犯罪案件 84 件 145 人，其绝大多数属于侵犯著作权、商标权案件。但随着现代科技创新企业的增多，检察机关面对越来越多的侵犯商业秘密等涉及企业核心技术的知识产权案件，而这类案件往往涉及各专业领域，查办难度大，给检察监督带来困难。如何克服这些新难题，使刑事检察惩罚打击的力度与实际侵害相匹配，进而在知识产权技术类犯罪案件领域取得良好的整治效果，是检察机关要思考解决的新问题。

（三）检察机关配置监督力量不足

S 省检察院在 2020 年底、2021 年初分别设立了知识产权检察办公室与第十一检察部门，专门负责知识产权检察工作，但毕竟处于摸索试点的初级阶段，在配置力量、人才建设与专业能力等方面还不能满足知识产权案件的要求。新形势下更需要具备知识产权刑事、民事、行政与公益诉讼检察能力的复合型人才。知识产权案件犯罪嫌疑人大多是这方面的专业人才，采取的犯罪手段更是充分利用了互联网等新兴技术，含有较高的专业性与技术性，这就需要检察人员具备足够的专业知识与技能储备。目前 S 省检察院的配备力量尚显不足，对专业领域知识的理解运用不够透彻，精准判断能力有待提升，对技术类知识产权案件还难以达到有效惩治打击的目标，影响了知识产权检察履职及成效。

（四）知识产权检察监督机制不健全

S省检察院虽已率先开展知识产权检察职能集中统一履行试点工作，将知识产权案件集中到一个部门，但除省院之外的其他各地检察院，仍采取经济犯罪、民事、行政、公益诉讼检察部门分别独立承担相关职能的传统模式。如何在基层检察院落实知识产权检察职能集中统一，探索适合各级检察院的相应配套机制，是我们必须面对的难题。另外，对于知识产权行政案件，检察机关监督的线索大多依赖于“两法衔接”机制，但实践中刑事司法与行政执法之间信息共享不对称，存在行政执法信息未完全录入或录入不规范的情况，造成“有案不移”“以罚代刑”问题，大量本应进入刑事司法环节的案件无法得到刑事追究，检察机关也无法进行有效监督，大大降低了检察机关对知识产权的保护职能。

三、知识产权案件检察监督的路径探究

面对以上问题及困境，完善和推进知识产权检察监督机制的构建，检察机关需强业务、配力量，能动履职，做好知识产权保护创新工作。

（一）探索知识产权民事案件监督

对于案件基数大、涉案法律关系复杂的知识产权民事案件，要拓展加大监督力度，确保检察权在知识产权民事领域发挥应有的作用。

1. 关注疑难重大知识产权民事案件。保护知识产权民事案件中涉及侵害国家利益与公共利益的，仅依靠当事人申请才采取检察监督，则往往得不到有效保护，因此有必要加大对知识产权民事案件的监督关注度。尤其涉及国家利益、公共利益的案件，这类案件影响大，受到的关注多，既需要法院认真严格办理，也离不开检察机关的监督保障。

2. 把握社会影响较大案件。对社会舆论讨论较高的案件进行重点关注，加强对相关案件的监督，案件处理得好，对于所在地区与同类领域都能起到一个样板作用，尤其涉企案件，加强与省发改委、省工商联等部门沟通联系，充分发挥检察机关法律监督能动性，积极营造优化营商环境，进而提高检察机关在知识产权保护的社会影响力。

3. 做好检察宣传普法。除了国家机关之间的信息共享机制建设，检察机关也应建立健全与企业方面的对接平台，主动与知识产权、市场监督等部门合作，近距离接触企业，为其知识产权保护提供相关咨询答疑等服务，并充分利

用信息共享和大数据等功能，搭建线上线下便民服务载体，做好知识产权宣传工作，引导企业依法合规利用知识产权，提高群众对知识产权的重视程度。

（二）拓展知识产权刑事案件监督

强化“保护知识产权就是保护创新理念”，紧紧围绕服务保障高质量发展大局，突出加大依法惩治侵权犯罪力度，发挥检察机关在知识产权刑事领域监督保护作用。

1. 研究新型案件。知识产权刑事案件近年来复杂多变，出现了许多超前的法律事实，而且基于知识产权创新型强的特点，而法律存在滞后性。对于知识产权新型刑事案件，尤其技术类案件，综合各方力量进行研究，大胆探索，提前介入能动履职，通过检察监督确保案件办理公平公正。同时，还可吸收广东、上海等地知识产权检察监督有益经验，及时总结编发典型案例，提升队伍业务能力。

2. 吸纳专业人才。通过拓宽专业人才流通渠道的方式，招录一批具有知识产权专业背景、拥有丰富办案经验的人员进入检察院，如具有知识产权审判经验的法官或知识产权专业机构从业人员，为知识产权办案部门提供解决专业难题的有生力量，并与其他检察干警互相学习，壮大知识产权办案队伍。

3. 借用“外脑”。针对知识产权类案件专业性强、调查取证难的实际，坚持“智慧借助理念”，充分利用高校、知识产权机构专业人才的力量，成立专家咨询委员会，借用具有知识产权专业知识的检察辅助人员，增强技术认定的准确性，帮助检察机关解决案件中的一些复杂疑难问题，同时提升检察机关在知识产权保护领域的影响力。

（三）强化知识产权机构及监督力量建设

检察机关要提升办案质量，加强监督保护效果，面对技术性案件时不再感到棘手，就必须加快进行相应的专业性建设。

1. 加强机构建设。建立知识产权专门监督机构，有条件的地方，可在省、市院设立办理知识产权案件的专门部门，探寻知识产权检察“四合一”办案模式，使案件监督办理更集中，标准更统一，也能避免之前一些重复监督、线索信息不共通等问题，使知识产权检察监督更专业、更高效。

2. 探索集中管辖。对于区县级别的基层检察院，可以划定一定范围，在经济相对发达、知识产权案件较多的区域，在检察院设立规模小一点的知识产权办理机构，划定区域内的案件由此检察院统一集中办理，让知识产权案件在基层就避免出现分散处理的情况。S 省检察院已出台方案，确定 1 个市级检察院和 3 个基层检察院开展知识产权检察职能统一履行试点工作。

3. 强化监督力量。专门的知识产权案件办事机构需与具备知识产权专业知识的检察人员相结合，才能发挥出最大效能。有针对性地强化检察干警在知识产权领域的学习培训，了解知识产权案件专业的调查取证、证据分析等手段，并在精通刑法的同时提升民事、行政与公益诉讼方面的业务能力，培养多元化法律思维，形成复合型法律人才，有效提高办理知识产权案件的综合能力。

（四）完善知识产权检察监督相关机制

除了设立知识产权综合履职部门，还要制定相应的配套制度体系，才能确保知识产权检察职能集中履行、案件集中管辖。

1. 建立信息共享机制。积极推动建立知识产权执法、司法信息共享平台，实现涉及知识产权案件相关部门之间的信息跨部门共享与流转，建立衔接流畅、反馈及时的制度体系，明确案件审查和法律适用的统一标准，实现知识产权检察保护的综合协调工作，使检察机关在办好刑事案件的同时，也能处理好民事、行政、公益诉讼案件的监督保护工作。

2. 健全案件移送机制。进一步完善行政执法与刑事司法之间的衔接工作，充分利用“两法衔接”平台，实现检察机关与行政机关之间的信息共享，从而掌握行政执法的处理进程，对于行政机关故意不移送案件或案件信息录入有误等情况，可以及时采取检察监督，改变检察机关在知识产权行政执法案件中被动等待的地位，保证对“以罚代刑”“有案不移”等情况的及时发现、监督与追惩。

3. 建立自侦权运用机制。对知识产权检察监督中当事人举报案件承办人的要重点关注，当事人提供违纪违法线索的，检察机关应利用其对司法人员的职务犯罪自侦权，同时办理知识产权监督与案件承办人员违法违纪监督审查，保证司法程序的正当性，落实好检察机关的职责。

四、结语

在科技高速发展的背景下，知识产权保护工作已成为国家的重点任务，检察机关作为法律监督机关，应能动履职为其提供检察监督保护。实践中虽有困难，但必须抓紧时间吸取经验，建立健全机构与人才队伍，完善配套制度体系，强化自身综合履职能力，做好知识产权检察监督宣传工作，切实维护好广大群众知识产权权益，为国家知识产权保护与创新发展贡献检察力量。

浅析调查核实权在知识产权侵权案件中的运用

——以某洋百货店与某粮集团有限公司侵害商标权纠纷民事抗诉案为例

王 玲 黄 飞*

一、基本案情

某粮集团有限公司系“長城”系列商品的商标注册人，该商标尚在有效期内。2018 年 5 月 10 日，某粮集团有限公司委托代理人与西安市公证处的工作人员来到位于西安市莲湖区许士庙一家门头显示为“某洋百货便利店”，购买了“長城”葡萄酒一瓶，微信支付货款 170 元，取得票据一张，对微信支付页面进行截图留存，公证员对所购商品进行拍照、封存。经比对，该百货店销售的葡萄酒瓶体上产品名称为“经典長城榦红”，瓶体上使用了“長城”，与某粮集团有限公司“長城”商标构成相同，瓶体上的长城图案与其注册商标构成相似。某粮集团有限公司将某洋百货店起诉至西安市中级法院，某洋百货店未提交其销售葡萄酒的来源证据。西安市中级人民法院审查认为，被控侵权商品瓶体上的产品名称中有“長城”字样，与某粮集团有限公司核准的“長城”注册商标构成相同；瓶体上使用了与某粮集团有限公司注册商标相似的图形，足以导致消费者对商品的来源产生误认，某洋百货店销售被控侵权葡萄酒的行为构成商标侵权。西安市中级人民法院于 2018 年 12 月 10 日作出判决，某洋百货店立即停止侵权行为，赔偿某粮集团有限公司损失 21000 元。一审判决生效后，某洋百货店（个体经营者李某华）向陕西省高级人民法院申请再审，陕西省高级法院于 2019 年 9 月 25 日裁定驳回再审申请。某洋百货店向西安市检察院申请监督。

---

* 王玲，西安市人民检察院第六检察部四级高级检察官；黄飞，西安市人民检察院第六检察部检察官助理。

二、检察机关履职情况

（一）审查过程

西安市检察院受理后，依法调阅原审案卷，询问申请人。某洋百货店向检察机关提交了落款时间为2017年2月25日的“收条”书证复印件一份，其内容为“今收到姬某冬现金壹拾柒万元整（17万元）用途超市转让费（包括全部货物及房租）。下欠：壹万元整。”该收条结尾有“姬某冬”“转让人：韩某”等内容。针对某洋百货店提交的证据材料，检察机关迅速展开调查核实。一是向工商行政管理部门调取个体户登记信息。查明在西安市莲湖区许士庙街127号同一个经营场所内，自2009年至2020年7月22日，共有4个个体户的登记信息，分别是：李某华于2009年10月20日注册登记的“西安市莲湖区某洋百货便利店”，何某艳于2016年11月29日注册登记的“西安市莲湖区梦怡百货便利店”，姬某冬于2018年12月19日注册登记的“西安市莲湖区雅堂小超季洋百货便利店”，孙某于2019年9月27日注册登记的“西安市莲湖区雅堂小超洋洋百货便利店”。四个字号登记虽有前后顺序但在诉讼期间都未注销。二是实地走访，询问有关证人。经向韩某（其与何某艳为夫妻关系）调查核实，其对该“收条”的真实性无异议，并认可李某华于2016年11月将西安市莲湖区某洋百货便利店转让给了他，他又于2017年2月25日将该店转让给了姬某冬。经向杨某飞（原西安市莲湖区某洋百货便利店的店员）调查核实，其证实李某华于2016年11月将西安市莲湖区某洋百货便利店转让给了何某艳，由何某艳实际经营，其在西安市莲湖区某洋百货便利店工作期间未见过该店刻有公章。通过以上证据能够确定在侵害商标权案发生的时间节点，涉案商标侵权的责任主体为“西安市莲湖区雅堂小超季洋百货便利店”，且涉案便利店的实际经营者是姬某冬。

（二）监督意见

检察机关审查认为，李某华于2009年10月至2016年11月在西安市莲湖区许士庙街127号经营某洋便利店，2018年5月10日侵权行为发生时，涉案商标侵权的责任主体是“雅堂小超季洋百货便利店”，实际经营者是姬某冬，提请陕西省检察院抗诉。陕西省检察院审查认为，一审判决认定西安市莲湖区某洋百货店为涉案商标侵权主体缺乏证据证明，向陕西省高级人民法院提出抗诉，陕西省高级人民法院指令西安市中级人民法院再审本案。

（三）监督结果

再审期间，李某华、姬某冬、某粮集团有限公司三方当事人达成和解协议，某粮集团有限公司撤回了起诉。2022 年 2 月 8 日，西安市中级人民法院作出（2021）陕 01 民再 94 号民事裁定，准许撤诉，撤销一审判决。

三、典型意义

（一）依法行使调查核实权，查明案件事实

强化知识产权司法保护，既不能让假冒侵权者逃脱法律惩处，也不能让无过错者承担责任。知识产权民事案件具有侵权行为隐蔽性强、权利人举证难、事实认定专业化程度高等特点，检察机关在办案中应当重视调查核实权的运用。本案中，检察机关围绕申请人的请求和提交的证据材料，向工商管理行政部门调取了个体户登记信息，询问证人核实有关证据，从而查清了涉案商标真正的侵权责任主体，为依法保护权利人和无过错人的权益、促进三方和解创造了条件。

（二）主动延伸检察职能，推动市场主体合规经营

西安市检察院积极发挥职能，利用走访商家、询问当事人和证人的机会，向个体工商户宣传知识产权保护法律知识，现经营者孙某表示会通过正规渠道进货，规范经营，不销售假冒伪劣产品。周围商户也通过该案的办理了解到销售侵权商品的法律后果，增强了合法经营意识，真正实现了“办理一案、预警一片”的法律效果。

民事检察监督案件审查中关于刑民交叉问题的几点思考

王　辉*

司法实践中刑事案件涉及民事经济纠纷，或者民事纠纷案件审理过程中发现犯罪线索的情形时有出现，学界称之为刑民交叉，是指行为人的同一行为同时符合刑事犯罪的构成要件和民事行为的构成要件，或者不同行为同时或分别符合刑事犯罪的构成要件和民事行为的构成要件，且这些行为的主体或行为对象相同或者部分相同的客观现象。① 司法实践中，在审查民事案件中如何处理刑民交叉问题存在诸多难点，以下就笔者所在院办理的一起合同纠纷民事检察监督案件，谈几点处理刑民交叉问题的浅显思考，以期抛砖引玉。

案例一：中宇陕西分公司与高科公司于2016年签订《购销合同》一份，约定由高科公司向中宇陕西分公司提供钢材4万余吨，并就价款、交货方式等进行了约定。合同签订后高科公司向中宇陕西分公司如数提供了钢材，但中宇陕西分公司在支付部分货款后再未依约支付剩余货款。高科公司于2017年起诉中宇公司及其陕西分公司支付欠付的货款，法院一审支持了高科公司的诉求，判令被告中宇公司及其分公司向原告高科公司给付货款15088695.80元。2019年中宇公司工作人员楼某、高科公司工作人员曾某因涉嫌职务侵占罪被法院追究刑事责任，依据上述民事判决法院判决责令两被告人共同退赔实际受损单位15088696.8元。中宇公司向检察机关申请对原民事判决进行监督。

这是一起典型的刑民交叉案件，且民事判决生效在先，刑事判决生效在后，刑事责任与民事责任的认定在同一案件事实中产生了矛盾冲突，处理此类刑民交叉案件实践中存在法律法规不完善、不统一、处理规则较随意以及刑事责任与民事责任界分标准不明确等诸多问题。

---

* 王辉，西安市人民检察院第六检察部检察官。

① 严新龙：《"刑民协同"下合同纠纷的司法认定》，载《广西警察学院学报》2022年第3期。

一、刑民交叉案件处理原则

1998年最高人民法院《关于在审理经济纠纷案件中涉及经济犯罪嫌疑若干问题的规定》第10条规定："人民法院在审理经济纠纷案件中，发现与本案有牵连，但与本案不是同一法律关系的经济犯罪嫌疑线索、材料，应将犯罪嫌疑线索、材料移送有关公安机关或检察机关查处，经济纠纷继续审理。①"司法解释明确了在处理刑民交叉案件时，不能不加区分地一概"先刑后民"，而是要求区分争议事实是否系同一法律关系。如何定义同一法律关系成为实践中的难点。一般来讲，刑民难以两立，如果构成犯罪则否定民事法律关系，如果成立民事法律关系则否定犯罪，对于这类案件属于竞合型关系，对于此类案件应当采用"先刑后民"原则。比如实践中大量存在的"套路贷"案件，通过民事审判程序发现可能存在涉套路贷刑事犯罪，以民事案件中止审理，将涉案犯罪线索移送公安机关先行侦查为宜。不同法律关系是指牵连关系，在存在牵连关系的刑民交叉案件中，刑事犯罪与民事法律关系并行不悖，同时成立。对此如果再采取"先刑后民"原则，将导致当事人民事权益不能得到及时救济，此时应当将刑事法律关系与民事法律关系进行剥离，分别处理。2019年11月8日，最高人民法院印发《全国法院民商事审判工作会议纪要》第128条第1款第（2）、（3）项以及2021年1月1日起施行的《民法典》第187条进一步确立了"刑民并行"的原则。在"刑民并行"司法原则下，刑民交叉的合同纠纷可以经过民法与刑法的双重独立评价，刑事责任不能吸收民事责任，民事责任不能替代刑事责任。刑事责任、民事责任具有不同的司法功能，刑事责任更注重惩罚功能，而民事责任则立足于补偿功能。将刑民交叉案件分为竞合型与牵连型，符合具体实践需求。若不加区分，刑民交叉案件一概采取刑事审判与民事审判同时进行，可能引发不必要的司法冲突，损害司法审判的公信力与执行力，且若粗暴地将刑民交叉案件简单区分为刑事、民事部分，适用不同的司法程序，可能导致司法资源的浪费，且容易引起司法冲突。②

上述案例一系源于同一犯罪行为而引发的不同刑民法律关系。生效刑事判决显示曾某与楼某采取套取高科公司的钢材低价变卖折现后借给案外人陕西某公司，楼某使用伪造的中宇陕西分公司印章在曾某提供的购销合同及授权提货的委托书中盖章，曾某在该购销合同中签署中宇陕西分公司法定代表人叶某的

① 2020年该司法解释修改时延用了本条规定。——编者注

② 刘卉、陈兴良、卢宇蓉、赵宝琦：《刑民交叉案件争议难点与司法处理》，载《检察日报》2019年8月19日，第3版。

名字，并伪造物资供应单，虚构项目，将高科公司所有的24794.32吨钢材低价转卖给他人变现。生效民事判决认定涉案合同标的亦为24794.32吨钢材，双方当事人为中宇公司与高科公司，刑事责任与民事责任均针对同一法律关系、同一案件事实。本案属于竞合型刑民交叉案件。曾某与楼某的犯罪行为与合同纠纷侵权行为完全竞合，侵害了高科公司财产权益，致使高科公司损失15088696.8元钢材款无法追回。竞合型刑民交叉案件基于同一法律关系，而刑事司法机关在认定法律事实方面具有优势且证明标准高。本案因为民事判决在先导致刑事案件经公安机关侦查后查明责任与生效民事判决产生了矛盾，致使原本可以通过刑事司法机关退赔、追缴程序补偿受害人的财产损失却出现了两份判决通过刑民两种程序重复救济受害人的情形，产生司法认定的矛盾。

区分刑民交叉案件类型尤为重要，对于竞合型刑民交叉案件应坚持"先刑后民"，充分发挥刑事司法机关在查明案件事实方面的先天优势，避免出现刑民司法认定的矛盾情形。"先刑后民"的司法原则适用于竞合型刑民交叉案件，与之相对应，牵连型刑民交叉案件则适用"刑民并行"司法原则。源于不同法律关系的牵连型刑民交叉案件应当适用"刑民并行"司法原则，原因在于牵连型刑民交叉案件分别涉及刑事法律关系与民事法律关系，前者适用刑事审判程序，后者适用民事审判程序。笔者所在院办理的刘某与王某民间借贷纠纷申请监督案，刘某系某联智公司的业务员，该公司因涉嫌非法集资犯罪被追究刑事责任，刘某作为公司的业务员在刑事判决生效后提出其与王某的民间借贷纠纷案亦应属刑事案件的一部分，并非民事案件受案范围，但某联智公司生效刑事判决中认定的犯罪事实并未涉及王某该笔损失，两案仅存在牵连情形，但并非同一法律关系，刘某确实向王某出具了借条，且没有充足的证据证明案涉借款最终流向某联智公司。承办人通过甄别刑事案件与民事案件的合理界限，适用"刑民并行"原则审查，认定法院判决刘某承担还款民事责任并无不当。

二、合同纠纷案件中认定刑事犯罪后民事合同效力的认定

合同纠纷案件中，当事人订立履行民事合同的行为经司法认定存在犯罪行为时，民事合同的效力应当如何认定？有学者认为合同始终有效，秉持这种观点的学者认为刑法与民法属于两个不同的评价体系，刑法的否定性评价并不必然导致合同无效，同时主合同无效或可撤销，并不一定导致从合同无效。实践中，合同行为被认定为刑事犯罪后，从合同不必然导致无效的观点为实践所接受，如主合同因犯罪归于无效后作为从合同的保证合同仍认定为有效，保证人

并不因主合同无效而必然免于承担民事责任，但不可否认的是，不加区分一概认定民事合同有效的观点已经逐步被摒弃。实践中主流观点认为合同犯罪的本质在于以非法占有为目的，以民事合同的形式损害国家利益、公共利益，合同的效力归于无效。

目前司法实践中坚持"以合同无效为原则，以有效为例外"。在上述案例一中，已经出现了两刑事被告人曾某与楼某被依法追究刑事责任的法律事实，职务侵占犯罪侵犯的客体是公司、企业或者其他单位的财产利益，应当认定中宇陕西分公司与高科公司签订的钢材购销合同无效。对于刑民交叉案件中哪些情形可以认定为合同有效，除前述从合同独立于主合同有效的情形外，合同一方当事人虽参与合同欺诈行为但没有被刑事判决认定为构成合同类犯罪，即欺诈一方当事人免于追究刑事责任的情形下，其欺诈行为应当认定为民事欺诈，可以适用《民法典》第148条，在合同相对人放弃撤销权时，合同有效。

三、刑事判决在民事案件中作为证据使用的问题

刑民交叉案件中，对于刑事判决认定的事实能否直接作为证据在民事案件审理中使用可谓见仁见智。司法实践中，有观点认为应当尊重刑事判决的既判力，完全采信刑事判决作为民事案件证据使用，也有观点认为民事案件有其独立的诉讼价值，不能直接援引刑事判决认定的事实。刑事诉讼奉行"疑点利益归于被告""排除合理怀疑"等举证规则，而民事诉讼的证明标准达到高度盖然性即可，刑事诉讼证明标准高于民事诉讼证明标准，经常会导致民事诉讼与刑事诉讼在事实认定方面产生冲突。从法律规定来看，最高人民法院《关于民事诉讼证据的若干规定》第10条规定："下列事实，当事人无须举证证明：（一）自然规律以及定理、定律；（二）众所周知的事实；（三）根据法律规定推定的事实；（四）根据已知的事实和日常生活经验法则推定出的另一事实；（五）已为仲裁机构的生效裁决所确认的事实；（六）已为人民法院发生法律效力的裁判所确认的基本事实；（七）已为有效公证文书所证明的事实。"

原则上讲，生效刑事判决的既判力应当得到维护，认定的事实从证据形式上来讲是可以在民事诉讼中直接作为证据使用的，但在民事检察监督案件办理中生效刑事判决能否推翻原民事判决认定的事实，仍应以刑事判决认定的具体事实综合分析评判。一般来讲，无罪判决对民事裁判不具有当然的既判力，刑事案件、民事案件在诉讼审理规则上有所不同，刑事上的无罪绝不意味着民事上的无责任。在竞合性刑民交叉案件中，有罪刑事判决对同一法律事实的民事裁判具有法律既判力。由于刑事司法机关坚持全面审查，法律事实与客观事实

具有高度的契合性。民事审判在法律事实的认定方面应当建立在刑事判决的基础上，但是刑事判决是否足以推翻民事裁判认定的事实，是否全盘采信刑事判决认定的事实仍应区别对待。由于刑事诉讼与民事诉讼关于案件事实的认定所采信证据的证明标准及证明目的并不一致，刑事诉讼与民事诉讼所调整的并非同一法律关系，各自具有其独立的诉讼制度功能，因此在民事诉讼中采信刑事判决不可一概而论。最高人民法院发布的案例江西海熙置业有限公司与浙江东源建设有限公司建设工程施工合同纠纷案中，海熙公司提出生效刑事判决认定东源公司工作人员周某在案涉工程项目中伪造签证单、骗取工程款构成合同诈骗罪，周某的行为导致案涉工程款鉴定结论与事实不符，不能作为定案证据，最高人民法院在裁定中认为另案刑事判决认定的事实事关案涉工程一期项目，而民事判决所涉工程款系案涉工程三期项目，不是同一法律事实，且刑事诉讼与民事诉讼关于案件事实的认定所采信的证据的证明标准及证明目的并不一致，不能直接援引。在处理刑民交叉案件纠纷时，对于生效的刑事判决认定的事实，民事诉讼不宜原封不动地作出事实认定，而应当结合当事人之间诉争的法律关系、与诉争事实有关联性的案件事实以及当事人诉辩主张等综合作出判断，影响判断的核心仍应当坚持二者是否同一事实、同一法律关系。

案例一中，刑事判决对于曾某、楼某犯罪事实的认定能否作为证据在民事案件中采用，关键看刑事判决认定的事实与民事案件所涉法律事实是否同一法律事实，涉案民事合同纠纷与生效刑事判决查明的案件事实系同一合同所涉同一批钢材销售款，造成高科公司的实际损失金额亦完全相同，生效的刑事判决认定的事实足以推翻原民事判决认定的事实。

四、结语

实践中，刑民交叉的案件类型多样，涉及罪与非罪，以及刑事犯罪与民事责任之间的协同。刑民交叉案件的审理应当体现公权力与私权利的平衡。无论是“先刑后民”还是“刑民并行”的司法程序选择上，还是刑事判决在民事裁判的采信上都不可一概而论，实践中应当理顺刑民交叉案件在立案、执行程序等方面的沟通衔接机制，才能保证刑民交叉案件在程序正义与结果正义方面的司法合法性。

关于《民法典》实施情况的调研

——基于西安市检察机关民事监督案件办理情况的分析

王　玲*

一、贯彻实施《民法典》的基本情况

因检察机关民事生效裁判类的监督案件受理程序均为法院终审再审后才受理，而《民法典》于2021年1月1日起才正式实施，故全市检察机关民事检察工作中涉及适用《民法典》规定的监督案件数量并不多，本文数据收集时间为2021年1月1日至2022年6月30日，数据来源为检察机关统一业务应用系统。

（一）涉及《民法典》的案件办理情况

1. 生效裁判类监督案件。2021年1月1日至2022年6月30日，全市民事检察条线共受理生效裁判监督案件837件。其中，受理涉及《民法典》的生效裁判监督案件共11件，监督结果均为不支持申请监督。案件类型为借贷纠纷2件、租赁合同纠纷2件、离婚纠纷2件、合同纠纷1件、赡养纠纷1件、名誉权纠纷1件、追偿权纠纷1件、执行异议之诉1件。从受理层级来看，市级院受理8件、基层院受理3件。检察机关进行监督的案件中涉及争议焦点包括合同效力问题、合同解除条件是否成就、合同履行是否到位等。

2. 纠正违法类监督案件，共受理审判程序违法监督案件251件，民事执行活动监督案件494件，上述案件没有涉及民法典的适用。

3. 开展民事支持起诉专项工作中受理涉及民法典的支持起诉案件7件，支持起诉5件，案件类型为：继承纠纷3件、赡养纠纷2件、劳务纠纷1件、排除妨害纠纷1件，上述案件均由基层院受理。检察机关办理此类监督案件重点关注的是原告诉讼能力是否有欠缺，是否需要社会机构给予帮助维权，检察

---

* 王玲，西安市人民检察院第六检察部四级高级检察官。

机关发挥的主要作用是为当事人提供法律帮助、法律服务和法律监督触角延伸参与到社会维稳及社会和谐的综合治理当中。

（二）贯彻实施《民法典》的主要做法

1. 以民法典理念引领办案，提升办案质效。将民法典精神内涵、基本理念和相关规则融入民事检察工作中，提高运用民法典维护人民权益、化解社会矛盾、促进社会和谐的能力。坚持精准监督理念，着重提高办案质效。注重选择在办案理念、司法政策有创新引领价值的案件重点办理，妥善选择抗诉、检察建议等监督方式，提升办案质量，达到“抗诉一件、警示一片”的监督效果。其中西安市院办理的西安市某银行申请监督案被西安市委政法委评为全市优秀侦办案件。西安市院办理的某洋百货店与某粮集团有限公司侵害商标权纠纷申请监督案被省院评为知识产权保护典型案件。积极制定与民法典配套的规范性文件，细化措施，利于基层操作。新城区人民检察院制定了《关于开展民事检察类案监督的规定（试行）》；雁塔区人民检察院组织本院第一检察部及公安局雁塔分局经侦大队开展《虚假诉讼罪及司法解释的理解与适用》专题培训；蓝田县人民检察院将2010年制定的《关于在办理民事申诉案件中推行和解机制的规定》根据民法典、新修订的民事诉讼法相关内容，进行了修改和完善等，从制度上保障了民法典的全面实施。加强市级院对基层工作的指导，全面统筹协调各区县院开展民事检察工作，并实行员额检察官对区县院分片联系指导制度，两级院共同细化措施，强化责任，保持业务数据的高压态势，用数据说话。

2. 以专项活动为引领，提升民事检察能力建设。结合当前全市检察机关开展“我为群众办实事”专项活动、“办小案，暖民心”专项活动，民事支持起诉专项活动，加大对民法典的宣传及法律适用，努力提升民事检察监督能力水平，促进民事检察工作在维护社会和谐方面的作用发挥，为化解社会矛盾担负起法治保障作用。许多院积极探索构建工作机制，推动民法典实施适用。目前较有成效的工作机制有：灞桥区院与灞桥区法院和灞桥区司法局进行了座谈，就搭建跨单位沟通协作平台，探索建立健全民事案件线索移送机制、弱势群体维权信息共享机制、一体化办案工作机制达成初步共识。雁塔区院民事部门与院未检部门建立协作机制，线索双向移送渠道畅通，集中力量形成合力。临潼区院在支持起诉工作中参与案件庭审与法庭调查，及时与人民法院沟通，实现了民事支持起诉与审判程序监督相结合。蓝田县院起草完成《蓝田县人民检察院、蓝田县人民法院关于加强支持起诉工作保护弱势群体合法民事权益的实施意见》。全市在民事支持起诉活动中共建立机制制度11个，从制度上保障了支持起诉工作落地。另外，全市检察机关积极开展民事听证工作，加大听证制度的适用范围，充分发挥听证制度在查明案件事实和化解争议中的积极作用，共组织开展听证会10次，邀请专家进行民事案件论证会10余件。

3. 继续常态化开展虚假诉讼领域深层次违法行为监督专项活动，积极落实已制定的《关于防范和查办虚假诉讼的若干意见》《关于查办虚假诉讼案件内部协作配合的实施意见》相关内容，对内召开专题会，加强与刑检部门之间案件线索双向移送；对外加强与公安机关、审判机关的协调配合，拓宽案件线索。继续推动业务融合，积极与相关部门会签相关工作机制。市院六部与五部共同会签了《关于加强民事检察与司法工作人员相关职务犯罪侦查协作配合的工作机制》。

二、贯彻实施《民法典》中存在的问题和困难

（一）《民法典》学习深度不够，民事检察专业技能有待提升

虽然全市组织干警进行民法典专题学习，但民法典涉及内容广泛，现有的学习方式较为单一，力度不足，干警的民法知识储备还有待提升，民法典学习与实施的联系不够紧密，依法能动履职能力不足，检察专业技能有待提升。特别是对于民法典调整前后这一时间节点上对法院审理的案件适用法律是否正确监督力度不够。

（二）《民法典》的学习培训实效性有待进一步提高

学习培训大多还停留在组织听课、专题讲座等形式，没有方式新颖、喜闻乐见的学习活动，且培训内容的针对性不强，培训的深度和广度不够、精准度不足、实用性不强，致使一些同志学习兴趣不高、参与度不高。

（三）《民法典》的宣传力度不足，民事检察影响力不广

宣传工作资源不够均衡，市、区、县普及宣传程度高一些，农村地区民法典普及相对薄弱；机关干部、职工、学校对民法典知晓率高一些，社区居民、农民工和农民还比较薄弱。宣传普法方式较为单一，宣传内容的吸引力、感染力不强，法治宣传微视频、微动漫、微电影等精品较少，群众知晓率低。

（四）缺乏典型案例和精品案件

全市的典型精品案件数量在全省范围未有明显优势，与西安庞大的案件基数不相匹配。一是案件办理的质量仍有不足，缺乏具有创新、引领、示范意义的典型案件，精准监督质效不高。二是案例培育意识较为薄弱，精益求精的案件办理标准尚未树立。三是文书说理性不强，分析法律适用不足。

（五）监督和沟通协作能力不足

从法律监督专项检查工作来看，很多案件线索难以发现突破口，面对大量案卷难以及时准确发现案件线索、识别违法行为，在与法官的沟通协调中也一定程度暴露出民事检察队伍业务能力不足的问题。此时，检、法两院存在大量沟通不畅，工作协调效率偏低，案件办理中存在认识不一致、法律适用标准不统一等问题。西安市院一直将监督重点放在案件实体上，对法院审判程序违法监督以及执行程序违法监督等问题重视不足，监督质效不明显。

三、深入贯彻实施《民法典》的意见和建议

（一）更新检察理念，树立争先意识，推动品牌工作高质量创建

牢固树立"司法为民"的工作理念，聚焦高质量发展关键，找准自身优势和弱项定位，坚持各项品牌创建持续发力。切实加强民法典实施，对已发布民事典型案例进行分析研判，加强典型案例培塑意识，力争办理政治效果强、法律效果好、社会效果佳的典型案例，强化检察品牌建设。

（二）持续强化《民法典》学习，加强民事检察人才培养

继续深入领会中共中央《关于加强新时代检察机关法律监督工作的意见》相关精神，学习《民法典》《人民检察院民事诉讼监督规则》和相关典型案例，以案促学，在案件办理过程中加强研判，确保案件质量。加强民事检察队伍建设，积极参加各类民事培训和竞赛，组建民事检察专业化办案团队，培养民事检察业务骨干。

（三）加大培训力度，着力增强监督能力

采取交流挂职、学习考察、研讨交流、业务竞赛、办案实训、集中培训等多种形式加强业务培训和岗位练兵。一是通过邀请院校专家、法院办案专家进行现场授课的方式增强理论素养和实务办案能力，并形成常态化交流研讨机制。二是对高检院、省院组织的业务培训，重点向基层倾斜，有计划地在全市着力培养一批民事检察骨干力量，发挥其在办案、调研中的引领、示范、带动作用。三是开展专题教学，坚持线上线下融合，确保培训全覆盖和培训实效。

（四）丰富宣传方式，讲好检察故事

丰富民法典和民事检察工作的宣传方式和内容，融合检察业务，将好的案例、好的故事宣传出去，提升检察工作影响力。

识别以物抵债和让与担保的基本思路

——以某合同纠纷申请监督案为例

王金辉*

一、基本案情

2014年3月12日，出借人武某某、借款人伟邦集团法定代表人董甲、担保人董乙签订《借款保证合同》，约定：借款人向出借人借款200万元，借期6个月，月息2%，按月结息，到期后一次性还清本金。董乙自愿为该借款承担连带保证。2014年3月13日，该合同经公证处作出《具有强制执行效力的债权文书公证书》赋予了强制执行力。2016年9月7日，依据武某某申请作出执行证书，执行标的为借款本金200万元、利息68万元，共计268万元，实际利息支付至履行之日。2016年10月17日，武某某向原审法院申请强制执行，原审法院立案。2016年10月26日原审法院作出执行裁定，对伟邦集团、董乙名下财产采取强制执行措施，同时向车辆管理所、住房保障和房屋管理局发出协助执行通知，查封董乙名下所有车辆和一套公寓。2016年11月23日原审法院作出执行裁定，终结本案执行。2017年7月17日武某某申请恢复执行上述执行证书。恢复执行期间，原审法院扣押董乙名下奥迪牌汽车。

2017年7月23日，武某某和伟邦集团、董乙，三方签订《执行和解协议》，第1条约定：截至签订协议之日，三方确认伟邦集团累计拖欠武某某借款本息300万元，其中借款本金180万元，利息120万元。伟邦集团承诺分三次偿还上述款项，即2017年8月18日偿还借款本息50万元、2017年9月18日偿还借款本息100万元、2017年10月19日偿还剩余借款本息。董乙对以上借款本息承担连带清偿责任。如伟邦集团未能按照约定偿还借款本息，自愿将其有处置权的“伟邦新西城”住宅房屋抵偿债务。伟邦集团、董乙承诺协议

* 王金辉，西安市人民检察院第六检察部检察官助理。

签订时，无任何担保、抵押及司法纠纷。且伟邦集团将用于抵押的房屋及法律文件交付武某某。2017 年 10 月 19 日前，未经伟邦集团授权，武某某不得以任何形式处置抵债房屋。如伟邦集团未能按照协议约定履行义务，自 2017 年 10 月 20 日起，武某某有权处置抵债房屋。同时，伟邦集团将已经偿还所欠借款本息等值的用于抵债的房屋所有权收回，武某某放弃该部分房屋处置权，并将房屋及其法律文件交还。伟邦集团、董乙无条件、不收取费用地配合抵账房屋办理登记至武某某或其指定的人名下。如伟邦集团、董乙按约定偿还了全部借款本息，武某某应在 2017 年 10 月 19 日将担保房屋及其法律文件移交伟邦集团。

2017 年 7 月 24 日，武某某向原审法院书面申请，申请撤销强制执行。2017 年 7 月 28 日法院裁定终结执行。

2019 年，伟邦集团未依约履行《执行和解协议》，武某某向莲湖区人民法院起诉请求履行。

伟邦集团向一审法院反诉请求：（1）依法确认 2017 年 7 月 23 日双方签订的《执行和解协议》无效；（2）本案反诉费由武某某承担。

2019 年 12 月 18 日西安市莲湖区人民法院判决，认为案涉《执行和解协议》系双方在执行中达成以另一种方式变通履行执行标的的和解行为，是武某某、伟邦集团、董乙真实意思表示，故武某某对案涉 11 套房屋享有占有使用的权利。《执行和解协议》订立当日，伟邦集团向武某某交付了 11 套房屋钥匙，“3 号楼房源明细表”写入武某某名字，办理了房屋相关手续，现伟邦集团有义务按照协议履行。董乙作为伟邦集团股东及实际操控人，具有协助伟邦集团履行和解协议的义务。伟邦物业为“伟邦新西城”物业公司，亦有义务依据与伟邦集团之间物业服务的约定为武某某办理相关物业服务手续。伟邦集团、董乙在无货币偿还武某某借款的情况下自愿以房产交付予以救济，但在本案中却违背承诺、违反诚信，主张该行为无效，故对伟邦集团反诉依法不予支持。判决支持了武某某的诉讼请求。

伟邦集团不服，提起上诉。法院二审另查明，案涉房屋所占用的土地为集体土地。该院二审认为，伟邦集团的行为虽有违诚信，不应鼓励，但从案涉以物抵债协议签订的时间来看，虽然武某某所持有的债权公证文书载明的债权已到期，但在执行过程中，武某某又与伟邦集团重新约定了债务履行期。在新的债务履行期未届满的情况下，双方约定如伟邦集团未能还款则用案涉房屋抵偿债务，该约定因违反法律及司法解释的相关规定，属无效约定。且从《执行和解协议》涉及的标的物来看，根据本案查明事实，案涉房屋所占用的土地为莲湖区五一村集体土地，而集体土地属于本集体经济组织成员享有的特殊权利。因武某某并不具备该村集体组织成员身份，根据地随房走的一般原则，其不能通过以物抵债的方式受让该集体组织土地上的房屋。故案涉《执行和解协议》因违反相关法律规定而无效，武某某根据抵债协议主张交付抵债物而非根据原债权债务关系提起诉讼不予支持。判决：（1）撤销西安市莲湖区人民法院（2019）陕0104民初4250号民事判决；（2）确认武某某、陕西伟邦实业集团有限责任公司于2017年7月23日签订的《执行和解协议》无效；（3）驳回武某某的全部诉讼请求。

武某某不服二审判决，向陕西省高院申请再审，陕西省高级人民法院认为案涉《执行和解协议》系伟邦集团就案涉债务提供的担保，为双方真实意思表示，不违反法律规定，应为有效。但武某某不能根据担保条款要求伟邦集团直接交付房屋，故认为法院处理结果并无不当，驳回武某某的再审申请。

二、提请抗诉及理由

武某某不服，向检察机关申请监督。西安市人民检察院认为西安市中级人民法院（2020）陕01民终7297号判决认定案涉《执行和解协议》无效适用法律确有错误，向陕西省人民检察院提请抗诉。理由如下：

第一，案涉《执行和解协议》为本案当事人在原《借款保证合同》强制执行过程中形成，系当事人对原《借款保证合同》涉及债务进行的清偿安排。其中，第一条、第二条、第三条约定，原债务分期履行，如果伟邦集团能在2017年8月18日之前偿还，相应债务还可予以减免。故此，案涉《执行和解协议》前三条约定为当事人对原债务的一种变通清偿方式，系当事人真实意思表示，并不违反法律、行政法规强制性规定，合法有效。后续条款系当事人为履行前三条约定进行的其他保障性安排，该部分效力并不影响前三条约定的效力。法院是依据后续条款否定全部案涉《执行和解协议》效力适用法律明显错误，且将导致申请人通过前三条约定主张违约责任存在障碍，于当事人显著不公。

第二，案涉《执行和解协议》后续条款系当事人对前三条约定债务的担保，法院认定其是在债务履行期限届满前达成的以物抵债协议属适用法律确有错误。以物抵债是当事人双方通过他物履行代替原债务以达到消灭原债务的目的，而担保是通过担保物的交换价值保障主债务的实现，目的并非消灭主债务，两者具有本质区别。本案中，首先，从案涉《执行和解协议》第4条、第7条和第8条约定可以看出，当事人约定在签订案涉《执行和解协议》后，伟邦集团将案涉房屋交予武某某，若伟邦集团在约定期限内未依约履行债务，将等额案涉房屋向武某某抵债，若伟邦集团依约按期履行了债务，相应房屋将返还伟邦集团。显然，该一系列条款目的是当事人通过转移房屋“所有权”担保双方在案涉《执行和解协议》前三条约定的债务，并非消灭原债务，符合担保的一般特征，在不存在其他的无效情形下，双方关于使用案涉房屋进行担保的约定有效。其次，关于该担保的实现方式问题。双方约定在债务履行期限届满仍未清偿时由等值房屋抵债，实际系双方对实现该担保方式的约定，对于该约定是否有效？本院认为，上述约定若非法律禁止的流押或流质条款，应为有效。法律禁止流押或流质，即禁止当事人在债务履行期满前约定在债务履行期限届满时担保物直接归债权人，旨在防止债权人在债务履行期限届满前利用其优势地位不经清算直接将担保物抵债构成显失公平，损害债务人利益。但法律同时不禁止当事人在债务履行期限届满后通过拍卖、变卖以及对担保物协议作价抵偿债务等方式实现担保权。本案中，案涉房屋共 11 套，当事人约定在债务履行期限届满仍未清偿时由等值房屋抵债并非约定全部担保物直接归债权人所有，实际是双方约定在债务履行期限届满后进行结算由相应价值房屋进行抵债，在无明确证据证明该约定显失公平的情况下该约定有效。而且，即使法院认定双方当事人约定的抵债方式违反法律规定，也应向当事人释明，变更诉讼请求，告知其有权通过拍卖变卖折价等方式实现该权利，法院直接认定无效缺乏法律依据。

第三，法院认定因案涉房屋系占用集体土地，武某某不能通过抵债方式获取，案涉《执行和解协议》无效属适用法律确有错误。首先，案涉房屋占用土地虽还未按照相关规定办理转性手续，相应开发转让手续亦不健全，但法律并未明确禁止该类房屋进行转让交易。其次，根据《人民法院办理执行案件规范》第 572 条规定，相应手续不全的无证房屋亦可作为执行对象，不应因其手续不全便否认其合同效力。最后，案涉房屋为城中村改造房，所占用土地亦非传统意义上的宅基地，关于法律规定农村宅基地不能向集体经济组织成员外的人转让亦不适用本案。

第四，法院判决案涉《执行和解协议》无效显失公平。本案原案涉债务已经公证，并在强制执行程序中执行终结，法院认定《执行和解协议》无效将导致当事人通过另案主张权利产生障碍。

2022 年 5 月 25 日，陕西省人民检察院审查后向陕西省高级人民法院抗诉。陕西省高级人民法院指令西安市中级人民法院再审，再审采纳检察机关意见并改判。

三、本案的争议焦点辨析

本案中《执行和解协议》是当事人在执行过程中对原债权债务关系进行

的变通处理，旨在通过新的债务清偿方式代替原债务清偿方式。故《执行和解协议》的性质和效力便成为本案的争议焦点。

（一）从整体把握合同的性质和效力

合同是民事主体之间为创设、变更、终止民事法律关系的协议，涉及当事人意思表示的诸多条款，个别条款虽然无效但不影响其他部分效力的，其他部分仍然有效。本案《执行和解协议》中的内容虽形式上为一份合同，但实际上可分为两个部分或两份合同。第一部分是主合同，第二部分是保障主合同履行的从合同，从合同效力并不影响主合同效力。其中第一部分为第一条、第二条和第三条，系当事人对原债务进行的一种清偿安排，当事人约定将原本债务分三期履行，并承诺若债务人能按期履行第一期债务，相应总债务还可减免30万元。该部分约定系主合同，是当事人真实意思表示，不违反法律、行政法规的强制性规定，合法有效。第二部分即第4条至第8条均为当事人为保障债务人按期履行前三条约定进行的其他约定，系从合同，该部分是否无效应不影响第一部分效力。二审法院认为案涉《执行和解协议》系债务履行期限届满前达成的以物抵债协议并无效实际仅指第二部分，与第一部分无关，再审法院认为该约定系当事人为履行前三条约定以案涉房屋进行的担保，合法有效。但第二部分的“以物抵债”仅是当事人为消灭债务的一种清偿方式，其效力如何都不影响第一部分的效力，二审法院以第二部分约定直接认定《执行和解协议》全部无效，实际上是排除了当事人在对方违反第一部分约定时主张违约损害赔偿的权利，明显不当。

（二）正确对待以物抵债和让与担保

案涉《执行和解协议》系在债务履行期限届满前签订，债权人没有放弃期限利益的意思表示，法院认为其是当事人在债务履行期限届满前达成的以物抵债协议。而再审法院提到的担保实际是指让与担保或“后让与担保”。所谓的“后让与担保”，是当事人以签订买卖合同的形式并在债务人未履行到期债务时再行办理交付或过户来担保主债务的实现。本案因未办理过户，属于“后让与担保”。案涉《执行和解协议》究竟是以物抵债还是担保，应从当事人真实意思表示进行判断和认定，以物抵债和担保虽相似，但也有一定不同。一般情况下，以物抵债具有以新债代替旧债的意思表示，而担保债务与原债务具有从属性，仅在原债务不能依约履行的前提下通过担保物的交换价值保障主债权实现，目的并非代替主债务，故可通过判断当事人是否具有代替原债务的意思表示来认定案涉约定是以物抵债还是担保。具体到本案而言，当事人并未有消灭原债务的意思表示，其中明确约定“如乙方未按照本协议第二条约定履行义务，则自2017年10月20日起，甲方有权处置与乙方所欠借款本息等值的用于抵偿债务的房屋。同时，乙方将已偿还所欠借款本息等值的用于抵偿债务的房屋所有权收回，甲方承诺放弃该部分房屋的处置权，并将该部分房屋及其法律文件移交给乙方”，可见，当事人关于案涉房屋的买卖仅是在债务人不按期履行合同约定的情况下才进行的一种担保方式，并非直接通过他种方式履行代替原债务履行，具有明显的主从关系。由此，法院认定案涉《执行和解协议》系债务履行期限届满前达成的以物抵债协议，并因此认定案涉协议无效属适用法律确有错误。

随着司法实践和理论的发展，债务履行期限届满前的以物抵债和让与担保的司法处理方式已趋于一致。2019年《全国法院民商事审判工作会议纪要》持此观点，即若以物抵债已经完成标的物的物权变动公示，可参照让与担保进行处理并享有物权优先效力，债权人在债务到期后可就标的物优先受偿，若未完成公示，就与学理上的“后让与担保”相似，便不能就标的物优先受偿，但可就标的物价款享有普通债权人一般受偿的权利，即债权人仅有债权效力不享有物权的优先效力。事实上，二者在意思表示上也没有明显的差异，债务履行期限届满前的以物抵债实际上也是以标的物的所有权担保自身债权的实现，实践中的统一处理可以简化程序，方便诉讼。但其中症结在于，债务履行期限届满前的以物抵债可能违反流质、流押的禁止性规定。流质、流押是指当事人在债务到期前便提前约定债务人不履行到期债务时不经清算标的物直接归债权人所有，此种约定容易造成债权人利用优势地位获取暴利，故为法律所禁止。相反，若将此种情形解释为担保，则这一障碍便不存在。担保物权有其法定的实现方式即拍卖、变卖和折价等，故当事人即使约定了以物抵债并可能构成流质、流押，也可通过要求其在债务到期时进行强制清算以法定的担保方式实现其债权而消除这种不当后果。《民法典》第401条规定，抵押权人在债务履行期限届满前，与抵押人约定债务人不履行到期债务时抵押财产归债权人所有的，只能依法就抵押财产优先受偿。该规定便对流押条款进行了柔化处理，其并未直接否定流押条款效力，而是强调在实现担保物权时对当事人要课以清算义务，进一步明确了担保的实现方式。这也是最大程度尊重当事人意思自治、促进公平稳定交易的重要体现。因此，就本案而言，法院以约定系债务履行期限届满前达成的以物抵债协议而认定其无效，并未从化解矛盾定分止争的出发点上寻求解决思路，有违诚实信用原则。

事实上，无论是债务履行期限届满前的以物抵债还是债务履行期限届满后的以物抵债抑或是担保，判断其中约定是否有效的核心在于双方当事人是否排除了在债务到期时进行清算的义务，因此，在认定相关协议效力时应着重审查当事人间是否有进行清算的意思表示，如果有便为有效。本案中，综合考察案涉《执行和解协议》第 7 条，“如乙方未按照本协议第二条约定履行义务，则自 2017 年 10 月 20 日起，甲方有权处置与乙方所欠借款本息等值的用于抵偿债务的房屋。同时，乙方将已偿还所欠借款本息等值的用于抵偿债务的房屋所有权收回，甲方承诺放弃该部分房屋的处置权，并将该部分房屋及其法律文件移交给乙方”和第 8 条约定“如乙方或丙方按照本协议第二条约定偿还了甲方全部借款本息，则甲方应当在 2017 年 10 月 19 日将担保房屋及其法律文件移交给乙方”可知，双方当事人对债务人在债务到期时是否依照约定履行债务均进行了约定和安排，这就是非常清楚的清算安排，在债务人不能履行到期债务时系用等值房屋进行清偿，实质是一种折价，并非流质、流押条款，合法有效。

（三）集体用地上房屋的买卖问题

2016 年《第八次全国法院民事商事审判工作会议（民事部分）纪要》规定，农民出售其宅基地上的房屋给城市居民或者出售给不同村集体经济组织成员，该房屋买卖合同一般应认定无效。本案中，案涉房屋所占用土地已经统一征收，并不是严格意义上的宅基地，且亦非宅基地使用权人出售其宅基地，故该规定并不能适用本案，实践中，该种类型的买卖合同已较为普遍，并不能因此否定合同效力。

检察工作中“调卷难”问题的现状、困惑与解决思路

——基于民事监督调卷情况的分析

黄　飞*

为进一步贯彻落实《中共中央关于加强新时代检察机关法律监督工作的意见》和政法领域全面深化改革推进会部署要求，西安市人民检察院第六检察部梳理民事检察监督工作中遇到的紧迫问题，有办案人员反映在办理当事人不服人民法院生效判决的民事、执行申诉案件的过程中，“调卷难”问题比较突出，成为制约民事检察监督工作的瓶颈。

一、检察工作中的调卷现状

调阅民事审判卷宗、执行卷宗是检察机关履行监督职责的必要条件，但是，“调卷难”的问题一直伴随着民事检察监督工作。2010 年“两高”共同印发《关于调阅诉讼卷宗有关问题的通知》，明确了调阅卷宗的程序和条件，成为检察机关和审判机关的共同遵循，看起来似乎解决了“调卷难”的问题。但是，由于该《通知》只是一个宣示性的规定，没有刚性约束，实际执行效果并不理想。2012 年修改民事诉讼法时没有确定检察机关的调卷权，使过去长期存在的“调卷难”问题仍然存在。可以说，“调卷难”是困扰民事检察监督工作的“拦路虎”之一。

（一）调卷审批程序繁简不一

实践中，对于调卷程序各院规定不一。有的规定阅卷需经档案室负责人签字，可复印卷宗、拷贝电子卷；有的规定让办案人留下调卷函回去等通知，其档案室工作人员负责找案件承办人、庭长、办公室主任、分管副院长签字后，

* 黄飞，西安市人民检察院第六检察部检察官助理。

再通知办案人前往阅卷，基本需要两个星期以上；有的规定阅卷、复印需经办公室主任签字，自带纸张，自行复印；有的规定阅卷需经办公室主任签字；有的规定简单案件无须审批，重大、复杂、敏感案件视情况由不同层级领导审批；还有的规定人民检察院案件调卷单、工作证可直接查阅、复制、摘录正卷，无须审批。

（二）无法调取案卷正副卷

两级法院只允许在档案室现场查阅或复制，不允许调取卷宗，导致的直接问题就是复印的效果差，尤其是卷宗比较厚的案件，许多内容难以辨识，影响案件办理，且所有法院均不允许查阅副卷，关于案件合议情况、是否上过审委会、发回重审案件发回理由等情况无从得知。

（三）履行程序具体人员不一

只有个别院无须审批或由其档案室人员找领导审批外，其余均需检察机关办案人自行找法院相关领导审批签字，个别如长安法院还需自带纸张、自行复印。

（四）复印费由谁支付不明

许多案件当事人认为检察院可直接调取卷宗或免费复印相关卷宗材料，从而导致不去法院复印卷宗，检察机关办案人为不拖延案件办理不得不自行垫付。

（五）案卷归档不及时

对于检察机关调阅的案卷，已结案未归档、归档慢、已归档但被法院内部人员借阅或其他情况等案卷“未在档”的情况，造成民事监督案件长期中止的问题，归档不及时导致工作受阻。

（六）依职权监督案件因无案号而无法调卷

民事检察官办理民事诉讼监督案件进行调卷，首先是要获取案号，然后办理调卷审批手续，再将调卷函交给法院相关部门。而一些根据专项活动或依职权监督案件，由于无法提供案号而无法调卷，制约了检察机关的监督工作。

二、“调卷难”的困惑和影响

（一）监督地位的困惑

在当前司法公开的背景下，案件当事人持本人身份证就可以到法院档案室查阅、复印卷宗，而当事人到人民检察院申请对生效民事及执行案件进行监督时，大多情况下检察办案人员除持《人民检察院案件调阅单》及工作证外，还需经法院不同层级领导审批签字，有的基层法院甚至还需承办人、庭长、办公室主任和分管院长“四重审批”，导致检察机关在履行法律赋予的监督职责受限。

（二）监督效率的困惑

在实际调卷过程中，往往因相关领导出差、开会、外出等原因难以及时审批，检察人员时有扑空，尤其是赴路途较远的区县法院，导致额外增加了协调、等待、多次前往等毫无必要的工作量，浪费人力、物力、财力，耗费宝贵的办案时间，致使案件办案周期较长、效率下降，不能在法律规定的三个月审结期限内结案，引起当事人的极大不满，从而不利于有效化解社会矛盾。

（三）监督效果的困惑

检察机关的检察监督效果，在本质上是对人民法院生效裁判文书的维护。解决“调卷难”是检法两院共同维护社会稳定，也是有效维护法院生效裁判权威的需要。法律赋予当事人四次诉讼权利救济机会，即一审、二审、再审和检察机关的监督。如此设置，很多当事人到检察机关申请监督就像“握住了最后一根稻草”，检察机关面临的往往是情绪激动、猜疑心重、非常纠结的申请人，面临巨大的信访压力。从近三年数据看，受理申请监督案件经过审查后做出不予支持监督申请决定书及终结审查决定书的案件是绝大多数。一定程度上反映出在共同化解社会矛盾、维护社会稳定和有效维护人民法院生效裁判权威方面是一致的，但在调卷问题上，二者之间还存在沟通不畅等问题，不利于有效化解社会矛盾。

三、解决“调卷难”问题的建议

（一）顶层立法

民事审判卷宗、执行卷宗全面记载了审判机关主导的诉讼活动，不仅反映当事人的意志，也反映审判人员、执行人员履行职务的情况，是民事检察监督的重要依据。离开卷宗谈监督无异于缘木求鱼，其结果等于没有监督。正是由于调卷权有如此重要的意义，而“两高”没有从根本上解决问题，迫切需要立法机关在今后民事诉讼法修改时解决，应当具体明确检察机关的调卷权和审判机关的配合义务，彻底解决“调卷难”问题。

（二）“两高”层面

为进一步贯彻落实《中共中央关于加强新时代检察机关法律监督工作的意见》和政法领域全面深化改革推进会部署要求，加强检法两院之间的密切配合，保证法院、检察院依法履行审判、检察职责，最高人民检察院应继续加大与最高人民法院的沟通协调，出台更有效力的解决“调卷难”问题的办法规定。

（三）基层先试

根据最高人民法院办公厅、最高人民检察院办公厅《关于调阅诉讼卷宗有关问题的通知》的要求，建议市检察院通过各种途径积极与市中级法院协商解决“调卷难”问题，共同出台《西安市中级人民法院、西安市人民检察院关于调阅诉讼卷宗有关问题的规定》，具体建议如下：

1. 人民检察院在办理民事、执行检察监督案件过程中，可根据办理案件的实际需要，查阅、复制、摘录、刻盘、调取包括正、副卷在内的人民法院民事、执行案件卷宗。

2. 人民检察院办案人员凭《人民检察院案件调阅单》及工作证，并将《人民检察院案件调阅单》及工作证复印件留存法院档案室，即可查阅、拷贝电子卷、复制、摘录卷宗。

3. 人民检察院调阅人民法院诉讼卷宗应严格手续，经人民检察院民事检察部负责人、人民法院办公室负责人于《人民检察院案件调阅单》上签字，检察机关可调取案件卷宗正、副卷，自调取之日起三个月内归还法院档案室。特殊情况应重新办理调取手续，连续调取期限不得超过六个月。

4. 卷宗已经归档的，法院接到调卷手续后最迟不超过 3 个工作日办结；卷宗尚未归档但符合归档条件的，由法院档案部门督促归档责任人于 15 个工作日内归档，归档后 3 个工作日内办结。

5. 人民检察院在调阅诉讼卷宗期间，有关单位、当事人和诉讼代理人等需要查阅诉讼卷宗的，应按照《档案法》和人民法院、人民检察院关于利用诉讼卷宗的规定，严格手续，提供查阅，但不得向外转借。

6. 人民检察院在办理民事、执行检察监督案件过程中，复印相关卷宗材料，人民法院不得收取费用。

7. 人民检察院在使用人民法院卷宗过程中，严格执行谁批准谁负责、谁使用谁负责的制度，做好保密工作，确保诉讼卷宗安全。对于违反保密规定，泄露审判、检察秘密的，或者篡改、损毁、丢失卷宗的，应依法依纪追究相关人员的责任。

总之，解决调卷难问题，出台有关正、副卷一并调阅的制度，可以为突破民事检察监督瓶颈提供制度保障，切实提升检察监督质效，目前全国已有多地检察机关就此先行作出了努力和突破。

关于农村集体经济组织成员权益保护检察监督的思考

——以阎良区集体土地征收工作实际为样本

李 静*

一、农村集体经济组织成员身份资格认定的实际情况及存在的问题

为了解阎良区农村集体经济组织成员身份资格认定的实际情况，笔者选取了该区涉及土地征收拆迁安置补偿的部分街道办事处作为调研对象，进行了实地走访了解。

街道办事处1辖区内不同村组关于农村集体经济组织成员身份资格认定的标准不一。笔者前往某村进行实地调研，该村在进行农村集体经济组织成员身份资格认定中情况较为复杂，特殊情况较多，认定难度较大，基本是以户籍为原则，综合考量其他情况，具体问题具体分析。对政策明确规定的必须认定和不予认定的情况依规定认定，但对于政策没有明确规定的，如该村实践中存在的特殊情况：户籍政策开放后，直接通过公安机关户政系统落户到本村的，实际并未在本村生产生活的；出嫁女户籍未迁出，所生子女又落户本村的等，大家对是否应认定为集体经济组织成员存在争议，但认定与否又涉及全体成员利益的情形，村上通常通过召开村民大会的形式进行讨论，并将讨论形成的书面决议作为认定依据。

街道办事处2和街道办事处3这两个街道办辖区内农村集体经济组织成员身份资格认定标准基本一致。在制定辖区内征地拆迁补偿安置工作方案时均以区上的指导意见为蓝本，结合本辖区的具体情况做相应补充。符合下列条件之一的，被征收人应认定为集体经济组织成员：（1）出生户口登记在本集体经

---

* 李静，西安市阎良区人民检察院检察官。

济组织所在地且从未迁出的，并在征收补偿安置方案公布前参加村组分配且尽村民义务的；(2) 征收补偿方案公布前，因婚姻户口迁入，并在原籍参与村集体经济分配且从未享受过补偿安置政策的人员（由户籍原籍提供未享受过补偿安置政策证明）；(3) 征收补偿安置方案公布前，集体经济组织成员的新生儿（仅限出生落户）；(4) 征收补偿安置方案公布后，10 个月内出生的集体经济组织成员的新生儿；(5) 原户籍在本村，已迁出的在校大中专学生、服义务兵兵役和现役不满 12 年的士官（不含军官）、服刑人员。下列人员不得认定为集体经济组织成员：(1) 通告发布时已亡故的；(2) 自户口迁入时起，未在户口所在地生产、生活，未与农村集体经济组织形成权利义务关系；(3) 法律法规规定的其他不具备集体经济组织成员资格的人员。

走访中，笔者还随机询问了部分普通村民，村民对这一问题的意见看法不一。有的认为本村村委会组织的集体经济组织成员身份资格认定工作基本合理，符合大部分成员的利益；有的认为本村的认定工作不合理，侵害了其个人或家庭成员的利益；有的认为由村委会组织或者以召开村民大会的形式进行认定不合理，应由政府统一组织认定。

笔者通过实地调研发现，阎良区土地征收工作中关于农村集体经济组织成员身份资格认定标准经过了不断变化、调整和规范的过程。在 2022 年区上制定指导意见之前，各街道办是结合辖区的实际情况自行制定，没有统一的可以参考或参照执行的标准。有的街道办所辖村组是依据 2017 年阎良区农村集体产权制度改革领导小组办公室制发的指导意见作为实践认定的参考。总体来讲，实践中标准不统一、操作较混乱、出现问题多、纠纷解决难。

二、农村集体经济组织成员身份资格认定的法律依据和司法实践

（一）法律依据

2020 年 9 月 11 日，为统一全省法院审理农村集体经济组织成员土地补偿费用分配纠纷案件的裁判标准，陕西省高级人民法院印发《关于农村集体经济组织成员土地补偿费用分配纠纷案件审判工作指引》（以下简称《工作指引》），其中明确规定了农村集体经济组织成员的资格审查、土地补偿费用分配的处理、几种主体的土地补偿费用分配等内容。

《工作指引》第 9 条规定了农村集体经济组织成员资格的一般认定标准：人民法院审查当事人是否具有农村集体经济组织成员资格，应综合考虑当事人户籍登记状况、户籍变动原因、当事人是否与集体经济组织签订家庭承包合同

取得土地承包经营权、当事人是否在农村集体经济组织居住生活以及农村土地对当事人的基本生活保障功能等因素综合认定。同时，对可以认定和依法不认定的各种情形的裁判标准也进行了具体规定，实践可操作性较强。

（二）司法实践

经调取阎良区人民法院近三年办理的侵害集体经济组织成员权益纠纷案件的相关数据和办理结果，笔者发现阎良区司法实践中侵害集体经济组织成员权益纠纷案件整体呈阶段性增加趋势，且以判决结案方式为主，撤诉率和调解率较低。一方面说明该区城市建设的步伐加快，征地拆迁工作越来越多；另一方面说明征地拆迁安置补偿工作中争议多发，纠纷处理较难，亟须予以重视和解决。笔者对随机调取的3件案件进行了具体研究，阎良区人民法院在审判实践中所秉持的裁判标准清晰统一。

案例1：2019年原告杨某、杨某宇诉被告阎良区某街道办某村村委会、某村民小组侵害集体经济组织权益纠纷案，原告杨某宇为该组村民，属独生子女，但该村民小组在汇总该组大多数群众意见后，制定的征地补偿款分配方案中未按照法律和政策给独生子女分配双份征地补偿款。故原告将被告诉至法庭，诉求为判令被告按照法律和政策为原告支付征地补偿款38000元。法院经审理，判决支持了原告的诉讼请求。

案例2：2021年原告赵某诉被告阎良区某街道办某村某组侵害集体经济组织权益纠纷案，原告于2006年出生于该组，成为该组村民且一直生活居住于该组，按照该组1996年土地延包合同实施办法，原告应分得土地1.3亩，但是该组以承包地30年不变为由未给予原告土地。2018年9月被告组土地被征收，2021年1月该组制定征地补偿款分配方案，方案中载明“根据入户走访结果，经村三委干部、该组组长及组代表、村民代表研究后，按照少数服从多数的原则最终决定按照谁种地谁得土地款，按延包合同为准的分配方案执行。”被告按照分配方案向符合条件的村民以每人1.3亩承包地计算给付征地补偿款44200元，因原告名下没有土地，故未分得该征地补偿款。后因协商未果，原告将被告诉至法庭，诉求为判令被告支付原告征地补偿款44200元。法院经审理，判决支持了原告的诉讼请求。

法院裁判要点：农村集体经济组织的土地归村民集体所有，因土地被征用取得的土地补偿费应由该集体经济组织成员共同享有。农村集体经济组织或者村民委员会、村民小组可以依照法律规定的民主议定程序，决定在本集体经济组织内部分配已经收到的集体土地补偿款。但村民自治章程、村规民约以及村民会议或者村民代表讨论决定的事项不得与宪法、法律、法规和国家的政策相抵触，不得有侵犯村民的人身权利、民主权利和合法财产权利的内容。

三、准确认定农村集体经济组织成员身份资格的思考

（一）处理好两个关系

1. 法律和政策文件的关系。法律和政策具有功能的共同性、内容的一致性和使用的互补性，但是使用范围并不完全相同。政策具有较强的针对性和灵活性，而法律是在社会发展过程中，建立在一定的物质和生活条件基础上的，由国家制定并强制保证实施的规范体系。政策是制定法律的依据，在没有法律明文规定的情况下可以按政策办事。但纳入法律范畴的行为规范，必须按法律规定办事，政策对法律具有补充作用。

2. 村民自主与司法规范的关系。农村集体经济组织系基层群众性自治组织，对其成员资格认定应该属于村民自治范围的事项，由基层自治组织以民主形式决定。但是自治的基础是遵守法律规定，在不违反法律法规的前提下，由自治组织所属的全体成员根据民主程序讨论、表决确定。

（二）解决好认定问题

1. 明确认定标准。农村集体经济组织成员身份资格认定应当按照尊重历史、兼顾现实、程序规范、资格唯一、群众认可的原则，按照程序规定，综合考虑户籍归属、生产生活情况等因素，由民主讨论决定。

2022 年阎良区制定了关于农村集体经济组织成员身份资格认定的指导意见后，上述实践中存在的问题得到较大程度的改善和解决。笔者走访中了解到，各街道办对指导意见都给予了较高的肯定和认可，认为指导意见所制定的认定标准与法院的审判实践标准相符，并且符合客观实际、内容详细具体、程序规定严谨、实践可操作性强，极大地解决了以往工作中存在的标准不明确、操作不统一问题，具有较强的指导性、规范性和可操作性。但对于指导意见的学习和落实，各街道办还存在差异，需要在以后工作中加强指导和学习。

2. 规范认定程序。集体经济组织成员身份资格认定系关乎村民权益的重大事项，应由村民委员会召开村民会议或村民代表会议集体讨论，并设定通过比例。区政府可根据区域具体情况制定本辖区的指导性意见，明确集体经济组织成员资格认定的条件和流程，并全程指导和监督各基层组织的身份确认工作。在尊重村民自治的前提下，为规范认定程序，保证公平公正，可以由当地政府组织相关行政机关组成资格认定小组进行认定，比如笔者走访了解到，有的征收实施单位明确在方案中规定，组织区农业农村局、公安分局、被征收村两委等相关单位，依据相关规定进行认定，并在征收范围内公布。这样既可以

保证政府机关在集体经济组织成员资格认定工作中充分发挥指导作用，也可以更好地进行监督管理。

四、以检察能动履职保护农村集体经济组织成员的合法权益

检察机关“四大检察”工作格局建立以来，民事、行政检察作为两项重要职能从社会生活的方方面面保护着群众的合法权益。就更好地保护农村集体经济组织成员资格来说，为切实有效地保护其合法权益不受侵害，法定的救济权就显得尤为重要。就检察监督而言，实践中可以从以下几个方面加强能动履职。

（一）加大对相关政策和法律的解读、宣传

司法救济的前提是被侵害人有主动通过司法途径维权的意识，这就需要使被征收人清楚了解政策和法律规定。政府和法院、检察院等各司法机关可以结合各自职能从政策规定和法律法规与司法实践相结合的角度进行普法宣传，一方面对政策规定和法律法规关于农村集体经济组织成员认定和土地补偿费用纠纷的具体规定进行详细解读；另一方面以实际的案例来释法说理，使群众更清晰直观地了解政策和法律，从而依法依规行使权利或寻求救济。

（二）加强对资格认定工作的指导和监督

以2022年阎良区制定的关于农村集体经济组织成员身份资格认定指导意见为蓝本，各街道在本辖区范围内加强宣传，使各村两委首先对认定标准和程序清楚了解，并在实际认定中准确把握、严格执行。各街道要派专人对各村的认定过程进行全程跟进，出现实践认定困难的情形随时进行指导，发现未严格按指导意见执行、标准不统一、程序不严谨等，造成认定工作不规范的，可以由各街道办加强监督管理，保障认定工作依法依规、顺利有序开展。检察机关可以从行政检察监督职能入手，加强与相关行政机关和部门的沟通交流，寻找工作配合着力点，以检察监督促进行政机关依法行政。

（三）提升案件办理质效保护群众合法权益

在2022年阎良区关于农村集体经济组织成员身份资格认定指导意见制定之前，因全区、各街道没有统一明确的认定标准，相关村组和集体经济组织成员对法律规定不了解等因素，实践中依据惯例或者村民小组决议进行认定的情形普遍存在，导致认定标准不一、群众反响较大的情况时有发生。各街道办可全面摸底掌握辖区内的此类情况，依据政策和规定妥善予以解决，化解社会矛盾；如果超出政策规定调整的范围，可引导相关被侵害人依法向人民法院提起

诉讼，寻求司法救济。检察机关要加大民事检察职能宣传力度，对群众不服人民法院一审生效裁判的申请监督案件要及时办理，对涉及农村集体经济组织成员身份资格认定的民事审判程序中审判人员违法行为和执行活动监督案件要仔细梳理、认真审查，通过依法履行民事监督职能、提升办案质效，解决事关群众切身利益的急难愁盼问题，最终以检察监督守护群众合法权益。

公告送达程序存在的问题及完善思考

寻宝俭*

一、送达制度的意义

送达，是指司法机关按照法定程序和方法将诉讼文书或法律文书送交收件人的诉讼行为。首先，送达是一种诉讼行为，且是按照法定程序和方法实施的将相关文书送交收件人的行为。送交相关文书的目的是让收件人知晓其涉及诉讼和涉及诉讼的内容，以便收件人收到相关文书后及时参加诉讼，表达自己的意见，从而使司法人员准确判断双方的是非曲直，对案件依法作出裁判和处理。收件人收到了相关的文书是前提，让收件人知晓其涉及诉讼是目的，收件人及时参加诉讼是权利也是义务。为了保障收件人的权利，实现让其知晓其涉及诉讼的目的，法律规定了多种送达方式：（1）直接送达；（2）留置送达；（3）委托送达；（4）邮寄送达；（5）转交送达；（6）电子送达；（7）公告送达。从法律规定的送达方式顺序看，前六种是以确定或法官通过一定程序确信受送达人在明确的某个工作场所或住所，向其送达的相关诉讼文书能够送达到当事人手中为前提的，而公告送达则是法律推定可以送达到当事人的一种方式。这种推定既是现实的无奈和保护另一方当事人利益的需要，也是立法者基于假设相关当事人仍存活在未知的某处且能够接收到公告内容，因明知相关诉讼可能会败诉而故意不响应公告送达文书，为逃避相关的法律责任而不参加诉讼而设定的一种兜底送达措施。

民事送达制度对于确保实体和程序公正的实现具有重要意义。一般认为其程序意义有二：一是形成两造的诉讼结构，通过争执达成矫正正义在司法领域的实现；二是从当事人角度督促立案、审理、执行的及时进行。送达制度的实体意义在于，让诉讼各方知晓权益主张和理由，为裁判者后续的判断提供条件。尊严理论认为不听取诉讼参与人的建议，他们因败诉与受到不公正的对待

* 寻宝俭，西安市灞桥区人民检察院三级高级检察官。

感到自己尊严的丧失或被冒犯，败诉方甚至胜诉方认为独立的人没有得到应有的重视，放在中国当前，这种冒犯会导致“不和谐”，与和谐社会的司法政策相违背。

司法改革之后，尤其是法院实行立案登记制以来，案件数量逐年增加，各级法院的案件数量急剧攀升。党的十八大报告中提出“五位一体”总体布局，进一步阐明“团结一切可以团结的力量，最大限度增加和谐因素，增强社会创造活力，确保人民安居乐业、社会安定有序、国家长治久安”。党的二十大报告中指出：“坚持和发展马克思主义，必须同中国具体实际相结合”“弘扬社会主义法治精神，传承中华优秀传统法律文化，引导全体人民做社会主义法治的忠实崇尚者、自觉遵守者、坚定捍卫者”。以上都显示送达制度必须与中国现实相结合，与人民群众生活相结合。

二、公告送达的理解及适用现状

《民事诉讼法》第 95 条规定：“受送达人下落不明，或者用本节规定的其他方式无法送达的，公告送达。自发出公告之日起，经过三十日，即视为送达。公告送达，应当在案卷中记明原因和经过。”由该条规定可知，适用公告送达主要有两种情形，一种是受送的人下落不明，另一种是根据法律规定的其他送达方式无法送达。该条规定有一个基本的假设，即被送达人健康地生存且未脱离当前社会环境，换句话说，就是被送达人生存且处于当前信息发达的社会中。在这种基本假设前提下，规定适用公告送达，即被推定为当事人可以收到公告送达的信息或应当收到公告，而故意拒不到庭应诉，从而默认承担相应的诉讼结果或应当承担败诉后果。

实践中公告送达主要存在以下问题：有的仅因邮政机构送达不能或多次电话联系无人接听就直接推定受送达人为下落不明；有的仅简单询问受送达人的近亲属或户籍所在地、经常居所地邻居后即认定下落不明；还有个别审判人员与当事人或其诉讼代理人串通，故意根据伪造的下落不明证明材料，适用公告送达方式送达应诉文书，致使当事人诉讼权利和实体权益严重受损。还有一种情况需注意，原告为减轻举证责任和法庭的对抗难度而故意向人民法院提供虚假或已失效的被告地址和联系方式，人为制造送达不能。

还有一种情况需要注意，原告为减轻举证责任和法庭的对抗难度而故意向人民法院提供虚假的或已失效的被告地址和联系方式，人为制造送达不能的情形。如金某诉李某、沈某民间借贷纠纷案，金某故意不提供被告联系方式、隐瞒还款事实，企图通过缺席审理获取非法利益。立法者只考虑了被告藐视法律经传唤拒不到庭的人性恶的因素，而未虑及原告利用法律运用非正常手段谋求胜诉企图，更未虑及原告利用法律借助法律强制性谋求不法利益的可能。

笔者认为，适用公告送达中“受送达人下落不明”应当与民法中失踪人的认定标准是一致的，而“其他送达方式无法送达”则是要求审判人员穷尽法定送达方式和技术手段后仍无法送达时才可适用。适用公告送达的条件应当是相当严格的，不仅要有“送”的行为而且要有“达”的结果，而公告送达即是在法定送达方式无法“达”时，设定的“达”，不是实际的“达”，是一种无奈的选择，因此应当严格适用。

三、优化公告送达的途径

（一）严格公告送达的适用程序

公告送达是程序性完善的无奈选择，有必要“苛求”这种适用程序的完美性。这就要求必须在穷尽其他送达方式后才可适用公告送达。在具体操作上，建议提高公告送达的审批权限以及将未穷尽其他送达方式而公告送达作为被告以程序不合法为由提起上诉的条件。

（二）提高诉讼主张的证据标准

原告不仅要证明其主张的真实性，而且要有证明其所主张的事实发生经过及向被告明示过其主张而未实现的过程证据。同时还要证明其提起诉讼未超过诉讼时效，把这种规定作为民事诉讼的特别规定，以限制恶意利用诉讼追求不法利益、侵害他人利益的情况。

（三）加大原告的送达责任、举证责任和举证不实担责力度

在经公告送达后，对被告仍未到庭而缺席审判的案件，应明确原告提起诉讼举证不足驳回起诉的适用条件，对于原告故意提供虚假证据骗取人民法院判决的，应给予司法惩戒，情节严重的将其纳入失信人员名单并在其提起的其他民事诉讼中不得适用缺席审判；虚构事实，隐瞒真相，伪造证据提起诉讼情节特别严重的，以虚假诉讼罪追究其刑事责任。这样不仅可以防止恶意诉讼损害他人利益的情形发生，同时避免了这种恶意诉讼行为损害人民法院的司法公信力。

探索基层民事检察监督拓宽案源的途径

——立足西部某县的民事检察监督案源现状分析

陈　阳*

一、民事检察监督案源现状

笔者所在的检察院地处西部某县，辖区内坐拥大量的秦岭山脉，风景秀美，正因此，本县的发展基调被定为建设生态县城，故而辖区内存在大片的农村山村地区，经济发展速度缓慢。虽然在乡村振兴的大背景下，政府和司法机关做了大量的法治宣传，但是民事检察监督的案件来源并不理想。以笔者所在院近两年的民事检察监督案件来源来看，案件来源主要为检察院定期依职权到法院调卷阅卷，发现问题后主动立案监督，但是当事人申请民事检察监督的案件寥寥无几。《人民检察院民事诉讼监督规则》第 18 条规定："民事诉讼监督案件的来源包括：（一）当事人向人民检察院申请监督；（二）当事人以外的自然人、法人和非法人组织向人民检察院控告；（三）人民检察院在履行职责中发现。"从该条对于案件来源途径规定的篇幅和顺序来看，笔者认为监督规则的初衷应当是将民事检察监督权在大部分情况下视为一种被动监督的权力，是希望和鼓励当事人依法主动申请，来启动民事检察监督程序。但是根据当前的案件来源发展现状看，民事检察监督不仅案件来源少，且依职权启动的案件明显多于依申请启动的条件，存在发展不平衡的问题。

二、民事检察监督案源少的原因分析

（一）从依职权发现案源方面，法院的办案水平不断提高

近年来，随着我国全面依法治国的要求，以及司法体制改革、员额制的建立，对于法官的办案水平有了更高的要求，法官的办案水平更高，办案更加严

* 陈阳，西安市周至县人民检察院检察官助理。

谨，意味着案件在实体上出错的概率变低。在程序方面，法院也能够基本做到符合诉讼法规定的法定程序。这一点，从检察机关到法院查卷调卷的过程中可见一斑，案卷中齐全的程序材料，真切地体现了法官的办案水平，办案越来越规范，无形中也增加了检察院主动寻找案源的难度。

（二）从依申请获得案源方面，民事检察监督救济途径知晓率低

近年来，法院通过内部改革，宣传立案登记制，给人民群众树立了“有诉必理，有案必立”的观念，解决矛盾纠纷的主要途径是通过人民法院的观念已经深入人心。与法院相比，检察机关的民事检察监督职能像是被蒙上了一层面纱，很大一部分群众还不了解检察院的具体职能，甚至不知道民事诉讼案件还可通过检察监督予以救济；部分了解检察院职能的人，对检察院的认识也仅来源于检察院作为公诉人参与的一些有影响力的大案，简单认为检察院就是公诉部门，对民事检察监督诉讼职能知之甚少，这是由于检察院一直以来重刑事轻民事的思想所导致的，这一点从检察院的内部机构设置以及刑事检察、民事检察人员配置上也能看出来。此外，民事检察监督的受案程序要比在法院立案程序复杂得多。单从案件的受理条件来看，《民事诉讼法》第122条规定了起诉的条件，具体包括：原告是与本案有直接利害关系的公民、法人和其他组织；有明确的被告；有具体的诉讼请求和事实、理由；属于人民法院受理民事诉讼的范围和受诉人民法院管辖。而从《人民检察院民事诉讼监督规则》规定的受案条件，需要是已经生效的法律文书，这就意味着，提起民事检察监督申请需在法院的全部审理程序、自纠程序完毕之后，当事人几乎穷尽在法院寻求救济的途径，案件仍然没有得到纠正之后，才能向检察院寻求帮助，这导致检察机关对民事案件的监督具有一定的滞后性。

三、拓宽民事检察监督案源的探索

民事检察监督要发展，要打造精品案例，案源是基础。大量的、多样的案源，能够倒逼检察人员业务水平提升，才能打造更多精品案例，民事检察监督才能更好地守护司法公正。因此，案源对于提升民事检察监督质效极为重要。

（一）从依职权发现方面，提高检察人员办案水平，打开发现线索和案源的视野

法官办案水平的提高，与办理了大量多样的民事诉讼案件、不断积累实务经验息息相关。检察人员想要提高监督水平，就要多元化发挥检察监督职能，除抗诉、再审之外，还要充分发挥其他类型的民事检察监督职能，在办理多种类型案件过程中，不断积累民事检察监督经验。如民事支持起诉工作就是可以

全程跟进案件办理的途径之一。检察院对民事诉讼案件从受理到审判再到执行的全过程都可以进行监督。不能局限于对已经审判完毕的案件进行监督，对于准备提起诉讼的弱势群体的案件当事人，检察机关可以依职权支持起诉，对办案的全过程进行监督，这类案件将是检察机关拓宽案源的一个重要途径，也是提高检察人员业务水平的方法。支持起诉职能让检察人员可以跟进案件的全过程，甚至出庭支持起诉。通过参加庭审了解审理案件的全过程，更能发现法院在审理过程中存在的问题，从而提高检察人员精准监督的水平。但需注意的是，检察机关对案件全过程的介入，以及在支持起诉过程中对弱势方当事人的帮扶，需要把握检察权和审判权的边界，始终坚持审判权和检察监督权彼此独立，行使检察权的同时切忌打破法院居中裁判、双方当事人进行平等辩论的“等边三角形”模式，以免影响司法公正。

（二）从依申请启动方面，提高民事检察监督知晓率、简化程序，加强顶层设计

1. 提升民事检察监督大众知晓率，让当事人愿意来

一方面要做好宣传工作，提升人民大众对民事检察监督这一救济方式的知晓率。除发宣传册、发公众号文章、宣传视频等传统宣传方式外，还要思考怎样真正宣传到群众心里，就是要走好群众路线，检察工作要“接地气”，深入群众中去。对照法院有“坐在炕头上”的法庭，检察院也可以有“站在田间地头”的检察官。特别是在拥有大片农村地区的县级检察院，想要拓展案源，真正把民事检察监督职能送到广大人民群众中，尤其是农村山村地区群众的身边，还是要立足本地域的实际情况。要“走出去”，主动关注弱势群体的司法诉求，可以加强与同级法院、民政部门、劳动监察部门以及律所的合作，在这些部门和单位寻求民事检察监督线索，探索与这些单位建立发现线索向检察院移交机制。更进一步，可以逐步探索驻各单位的检察室，初步与法院试点合作，建立驻法院立案大厅的民事检察支持起诉办公室，对于符合条件的支持起诉案件，检察院可以依当事人申请直接办理，免去由其他部门移交线索的中间环节，提高受理案件的效率。另一方面检察机关要树立矛盾纠纷实质性化解理念，检察机关既是“监督者”也是“普法者”。对于不符合检察监督的案件，检察人员在告知当事人不能受理案件的同时，可以简单了解案情，从专业的角度给当事人提供一些可以解决问题的方法，或者指明可以找哪些机关和单位解决问题，对于当事人存疑的法律问题，也可以进行释法答疑，以增强人民群众对检察机关的信任感。

2. 简化民事检察监督程序，让当事人容易来

一方面，实行立案登记制，不断简化受理案件的程序和条件，以增加案

源。检察院作为监督机关其受理案件的条件当然不能过分简化，但可以从简化程序上下功夫，例如可以打造专人管理的“智慧检务”网上平台，清楚明了载明受案条件，使当事人在案件满足检察机关受理条件且材料充足的情况下，足不出户就能提起民事诉讼监督申请，使得当事人从主观上愿意来申请监督，客观上容易来。另一方面，要善用调查核实权。《民事诉讼法》第 217 条规定：“人民检察院因履行法律监督职责提出检察建议或者抗诉的需要，可以向当事人或者案外人调查核实有关情况。”对于当事人主动提起申请，但因为证据不足且证据仅依靠当事人难以调取的情况下，检察机关无法受理。检察机关在初步审查之后，认为该案确有监督必要，可以利用调查核实权，帮助当事人调取证据，从而达到受理条件，当然调查核实权仍然要把握限度，以免侵犯其他当事人的正当权益。

3. 加强顶层设计，打破制度壁垒，让当事人有机会来

民事检察监督的滞后性源自于民事检察监督原则上是法院已经生效的法律文书。制度的设计初衷是给人民法院自我纠错的机会，人民法院对案件经过两次审理之后，当事人仍然对审判结果不服的，检察院才能够介入监督。是否可以探索赋予当事人在一审判决之后，既可以向法院上诉，也可以向检察院提出民事检察监督的权利，在案件经过法院一审判决之后，如果当事人多一条向检察机关申请监督的选择，一方面可以倒逼法院更加严谨仔细，另一方面也可以让检察机关最大限度地发挥检察和解的作用，使一些可以和解的案件在检察监督这一步和解，促进案件矛盾纠纷的实质性化解。检察机关在一审判决之后介入监督，能够很大限度拓宽民事检察监督案源，解决检察院对案件监督的滞后性问题，也能够减少法院对部分原本一审就可以结案的案件，二次重复审理，浪费审判资源。检察监督权在一审之后的提前介入，绝不是检察权对审判权的侵占，而是在民事诉讼案件大量增加这一时代背景下的，法检合作，达到真正维护公平正义的时代的选择。

民事检察监督工作发展至今，虽然发展速度缓慢，但是从最高人民检察院发布的各项民事检察监督典型案例能够看出民事检察在对民事诉讼案件的监督方面作出的贡献，我们相信也盼望着民事检察监督制度在改革中顺应时代不断发展完善，民事检察监督工作会按照“加强检察机关法律监督工作”的要求，充分发挥检察职能，为社会公平正义服务，而这一目标的实现，就要从不断拓宽民事检察监督案源开始。

劳动争议仲裁与诉讼衔接问题初探

——以李某案为视角

马心心*

李某因与某公司劳动争议纠纷提请仲裁，仲裁委作出四项仲裁裁决，某公司不服，就其中三项裁决内容向人民法院起诉。人民法院在依法审理后，在判决书说理部分逐一认可了三项仲裁裁决结果，但在判决书主文部分判决：驳回某公司诉讼请求。判决生效后，李某向人民法院申请强制执行，人民法院以“仲裁裁决未生效、判决无可执行内容”为由驳回执行申请。本案中，出现了李某胜诉却无法实现权利的司法实践困境，其本质上是劳动争议纠纷中仲裁与诉讼在衔接上出现了司法漏洞。

一、劳动争议仲裁与诉讼衔接存在的问题

（一）终局裁决与诉讼衔接漏洞之弥补

我国《劳动争议调解仲裁法》第47条规定：“下列劳动争议，除本法另有规定的外，仲裁裁决为终局裁决，裁决书自作出之日起发生法律效力……”该条即对终局裁决规则的适用进行了规定。终局裁决也称一裁终局，是指仲裁裁决为终局裁决，裁决书自作出之日起发生法律效力。法律设立终局裁决制度，目的是让更多涉及劳动者基本权益的简单、小额案件以及涉及劳动标准的案件终结在仲裁阶段，既减少劳动者诉累，又节约司法资源，但法律施行后，各地对终局裁决范围理解不一致，一些地区的仲裁委未严格适用该规则，导致这项制度未能发挥应有作用。2022年2月，人力资源社会保障部、最高人民法院联合发布《关于劳动人事争议仲裁与诉讼衔接有关问题的意见（一）》，进一步规范了终局裁决的适用范围，明确了劳动报酬的内涵，统一了“经济补偿”“赔偿金”等裁审口径，从法律规范层面加强了一裁终局与诉讼的程序

* 马心心，西安市蓝田县人民检察院检察官。

衔接，在一定程度上弥补了两者衔接上的漏洞，当然制度的可操作性及作用发挥的效果，还有待此后的司法实践进一步检验。

（二）当事人不服仲裁裁决而提起诉讼衔接漏洞之分析

《劳动争议调解仲裁法》第 50 条规定："当事人对本法第四十七条规定以外的其他劳动争议案件的仲裁裁决不服的，可以自收到仲裁裁决书之日起十五日内向人民法院提起诉讼；期满不起诉的，裁决书发生法律效力。"本条含义释明，当事人中任何一方在收到仲裁裁决书后 15 日内提起诉讼的，仲裁裁决自始不生效；反之，15 日内双方均未起诉的，仲裁裁决发生效力。基于上述规定，当事人中任何一方不服仲裁裁决而提起诉讼后，仲裁与诉讼衔接可能出现以下两种情形：

1. 当事人就仲裁裁决事项全部内容提起诉讼

《民事诉讼法》第 122 条规定："起诉必须符合下列条件……（四）属于人民法院受理民事诉讼的范围和受诉人民法院管辖。"2020 年最高人民法院《关于审理劳动争议案件适用法律问题的解释（一）》（以下简称《劳动争议解释（一）》）第 1 条、第 2 条对"劳动争议"的内涵外延从正反两方面作了罗列式规定；第 9 条规定："劳动争议仲裁机构仲裁的事项不属于人民法院受理的案件范围，当事人不服依法提起诉讼的，人民法院不予受理；已经受理的，裁定驳回起诉"。依据上述规定，当事人就全部仲裁裁决事项向人民法院提起诉讼，又可能出现三种走向：一是人民法院对全部仲裁裁决事项进行审理裁判。二是人民法院裁定不予受理或驳回起诉。因为《劳动争议解释（一）》是最高法的司法解释，而仲裁委与人民法院对于劳动争议案件受理范围的依据、认识不同，仍存在受理范围不一致的现象。从司法实践来看，主要集中在社保争议和人事争议范围上，两方的受案范围差异明显。三是人民法院认定部分仲裁裁决事项不属于人民法院受理案件的范围，仅就属于人民法院受案范围的仲裁裁决事项部分进行裁判，另外部分驳回诉请。笔者也曾办理过此类案件，人民法院认为劳动者要求用人单位为其补缴社会保险之诉请不属于人民法院受案范围，判决驳回该项诉请。①

第一种情况，裁决事项与诉讼事项完全重合，从而达到仲裁与诉讼无缝衔接，不存在需要过多探讨的空间。

第二种情况，要视人民法院裁定不予受理或驳回起诉的理由而定。如果是因为仲裁裁决中主体资格错误或仲裁裁决事项不属于劳动争议而驳回起诉，则

---

① 参见（2016）陕 0122 民初 1730 号判决书。

仲裁裁决自始无效。因为人民法院的裁判具有既判力，被生效裁判认定的事实具有确定性，与该生效裁判相反的事实认定不能作为任何具有可强制执行效力的法律文书进行裁决的前提和基础。因此，在人民法院认定仲裁裁决事项不属于劳动争议后，建立在与人民法院生效裁判相反的事实认定基础上的仲裁裁决当然不具有法律效力。如果是因为人民法院认定的承担责任主体与仲裁裁决确定的责任承担主体不一致而驳回起诉，此时仲裁裁决效力又当如何？若仲裁裁决不生效，原告对自己的权利应该如何救济？

第三种情况，部分仲裁裁决事项属于人民法院受理案件范围，部分仲裁裁决事项不属于人民法院受理案件范围，该种情况下，由于人民法院对属于其受案范围内的仲裁裁决事项部分还需依法审理，所以整个案件还是进入审理程序。最高法民一庭编著的《最高人民法院新劳动争议司法解释（一）理解与适用》也明确：对于部分仲裁事项不属于人民法院受案范围的仲裁裁决，在判决书中最初说明，对该事项不予处理，不单独作出驳回起诉的裁定。由此引发的问题是，人民法院以“驳回诉请”处理的仲裁裁决事项部分的效力如何？

2. 当事人就仲裁裁决事项部分内容提起诉讼

《劳动争议解释（一）》第16条规定：“劳动争议仲裁委员会作出仲裁裁决后，当事人对裁决中的部分事项不服，依法向人民法院起诉的，劳动争议仲裁裁决不发生法律效力。”依该条规定，无论当事人是对全部仲裁裁决事项不服还是对部分仲裁裁决事项不服，只要当事人提起诉讼，整个仲裁裁决不发生效力。当人民法院依照“不告不理”的民事诉讼原则，仅对当事人提起诉讼的仲裁裁决事项部分作出生效裁判，随之而来的问题是：当事人未提起诉讼的仲裁裁决事项部分效力又当如何？

（三）当事人起诉又撤诉的衔接问题

最高人民法院《关于人民法院对劳动争议仲裁裁决的纠纷准予撤诉或驳回起诉后劳动争议仲裁裁决从何时生效的解释》第1条规定：“当事人不服劳动争议仲裁裁决向人民法院起诉后又申请撤诉，经人民法院审查准予撤诉的，原仲裁裁决自人民法院裁定送达当事人之日起发生法律效力。”

特殊情况是，双方当事人均不服仲裁裁决而起诉，一方当事人起诉后又撤诉，另一方当事人未撤诉，此种情况下仲裁裁决效力应如何认定？

二、造成司法实践困境的原因分析

笔者从分析不同漏洞出现的路径，得出产生种种问题的源头所在，即《劳动争议解释（一）》第16条。最高人民法院以司法解释的形式，单方面界定了当事人起诉后劳动争议仲裁裁决的效力，即或不发生法律效力，或失去法律效力。此规定的理论基础是人民法院应当对争议事项按照全面、独立的原则进行审查。然而实践操作中，各地法院又会按照“不告不理”的原则只对当事人提起诉讼的仲裁裁决事项部分进行审理和裁判，大量案件中，有的对当事人未提起诉讼的仲裁裁决事项直接忽略不提，有的虽在生效裁判文书的“本院查明”部分作出表述，将当事人未起诉部分仲裁内容作为法院查明的案件事实的组成部分，但未列入裁判文书主文（李某案即为典型例证），各种情况，不一而同，但结果都是致使当事人未提起诉讼部分仲裁裁决事项出现“仲裁裁决未生效、法院未处理”的结果，客观上导致该部分事项效力悬空，纠纷没有得到解决。《劳动争议解释（一）》第16条这种粗线条、“一刀切”式的规定决定了仲裁裁决与诉讼之间必然出现衔接上的漏洞。该条文仅明确了起诉后仲裁裁决不生效，未进一步明确当事人未起诉的仲裁裁决事项以及人民法院未作处理的仲裁裁决事项的法律效力当如何，或者人民法院在审判或执行活动中如何操作，导致司法实践中类似李某案的情形频发。

众所周知，司法裁判最重要的功能即是定分止争，从仲裁到诉讼，经过一系列司法程序却没能解决当事人之间的劳动争议纠纷，应当引起我们的反思。

三、现行法律框架下弥补漏洞的司法路径

李某案的解决路径为：李某向检察机关申请监督，检察机关经审查向法院发出再审检察建议，法院采纳后改判。然而并不是所有案件都有必要走到检察监督程序。针对仲裁与诉讼衔接中出现的不同问题，参照各地在司法实践中的做法，综合笔者的思考，或许以下做法值得借鉴。

（一）人民法院纠错审理

当人民法院认定的责任承担主体与仲裁裁决确定的责任承担主体不一致时，人民法院以驳回起诉了之，结果只能造成当事人的无所适从。笔者认为，双方争议事实本身已经经过仲裁程序，仲裁裁决认定责任承担主体有误，人民法院有权纠正，可以向原告释明后依原告申请变更当事人，也可以直接依职权追加当事人，从而使诉讼推进下去。

（二）人民法院可以采取“裁判+罗列”的裁判模式

当事人对劳动仲裁裁决中的部分事项提起诉讼，正常来说，应当是认可仲裁裁决对其他事项的裁决结果，这种情况下，按照“不告不理”的原则，人民法院不可能也不需要对未提起诉讼事项进行裁判，但鉴于《劳动争议解释（一）》第16条的规定，为了赋予经仲裁而未经诉讼的事项具有确定的效力，

进而能够作为执行依据，从而达到定分止争的目的，人民法院可以在裁判文书中说明当事人未提起诉讼的事项并依照原仲裁裁决内容进行罗列复述。例如《陕西省高级人民法院关于审理劳动争议案件若干问题的解答》中明确："仲裁裁决作出后当事人在法定期间内仅就部分内容起诉，人民法院只需审理当事人在法定期限内提出的诉讼请求，保持当事人的诉讼请求与审理内容的一致性。根据《最高人民法院关于审理劳动争议案件适用法律若干问题的解释》第十七条第一款的规定，对于当事人均未起诉的仲裁结果部分，属于人民法院受理案件范围的，可在'本院认为中'予以确认，并直接写入判决主文。"

（三）劳动仲裁委员会可以分别作出仲裁裁决

这种解决思路主要针对当事人就全部仲裁事项提起诉讼中，部分事项不属于人民法院受案范围而设计。仲裁委可以根据最高人民法院《关于审理劳动争议案件适用法律若干问题的解释》第1条、第2条中人民法院对劳动争议纠纷受案范围入手，对于当事人申请劳动仲裁的争议事项，分为属于人民法院受案范围争议事项和不属于人民法院受案范围争议事项两类，在同一大案号下并分别作出仲裁裁决，例如X劳仲案字（2022）第XX-1号仲裁裁决书、X劳仲案字（2022）第XX-2号仲裁裁决书。如此一来，当事人若仅对属于人民法院受案范围的争议事项提起诉讼，人民法院则依法审理作出裁判，并不影响不属于人民法院受案范围争议事项的裁决书的效力，依照《劳动争议调解仲裁法》第50条的规定，该裁决书在起诉期限届满后即发生法律效力，从而使得未起诉事项裁决具有既判力，能够作为执行依据；反之，若当事人对不属于人民法院受案范围争议事项提起诉讼，人民法院作出驳回起诉或驳回诉请的处理，也不影响属于人民法院受案范围争议事项的仲裁裁决效力，同样期满发生效力，能够作为执行依据。当然，从节约司法成本、减少当事人诉累的角度，仲裁委员会可以向当事人释明对不属于人民法院受案范围争议事项的仲裁裁决提起诉讼可能面临的结果。

（四）完善工作方法，健全工作机制

劳动争议仲裁与诉讼的有效衔接不仅是司法技术操作方面要研究的问题，还应当从工作方法、机制上下功夫，比如通过联合发布典型案例、建立审裁信息比对制度等，推动各地仲裁委与人民法院高效、有序衔接，为统筹促进企业发展与维护劳动者合法权益、构建和谐劳动人事关系提供强有力的司法保障。

西安
檢察

行政检察

浅谈行政违法行为监督在基层实践中的几个问题

孙　华　温媛媛[*]

《中共中央关于加强新时代检察机关法律监督工作的意见》第10条指出，检察机关要全面深化行政检察监督，依法履行对行政诉讼活动的法律监督职能，在履行法律监督职责中发现行政机关违法行使职权或者不行使职权的，可以依照法律规定制发检察建议等督促其纠正。这是对2014年10月中国共产党第十八届中央委员会全会审议通过的《中共中央关于全面推进依法治国若干重大问题的决定》提出的"检察机关在履行职责中发现行政机关违法行使职权或者不行使职权的行为，应该督促其纠正"的再次强调和明确，也为检察机关开展行政违法行为监督提供了依据。但由于缺少法律规范支撑，如何开展行政违法行为监督在实践中仍存在不同认识，本文拟结合基层检察实务对行政违法行为监督开展的必要性、存在的问题和实践探索进行简要分析。

一、从个案办理到问题的提出

案例一：刑事检察部门在办理一起涉嫌危险驾驶案中，犯罪嫌疑人周某称对侦查机关随卷移送的治安行政处罚记录不知情，刑事检察部门遂将该线索移送行政检察部门。经调查发现，公安机关在对周某进行行政处罚时存在未罚先收、处罚决定作出前及作出后均未告知当事人等严重程序违法情形，且该处罚决定经复议被撤销后，公安机关并未对周某再次作出新的处罚决定，但原处罚仍可在公安机关内部系统上查询，罚款亦未依法退回。

案例二：刑事执行检察部门在办理一起举报民警滥用职权案中，举报人张某称两年前公安机关办理其涉嫌卖淫的行政处罚案件中民警刑讯逼供，在查明举报事由不存在后，刑事执行检察部门将该行政处罚案件线索移送至行政检察

---

* 孙华，西安市人民检察院第七检察部主任；温媛媛，西安市雁塔区人民检察院第四检察部副主任。

部门。行政检察部门经调查核实发现，公安机关在仅有张某陈述的情况下对其作出行政处罚决定，在执行拘留时亦未告知其家属，但张某未对公安机关的行政处罚提起复议或行政诉讼。

案例三：行政检察部门在履职中发现某行政机关在对一面馆因未按要求设置门头牌匾的行为进行罚款时，未按规定给予当事人改正的合理期限，而是在现场检查中径行作出罚款2000元的行政处罚，当事人缴纳罚款后未提起复议或行政诉讼。

上述案例一，周某的原行政处罚决定已被撤销，公安机关对其违法信息也仅是在刑事案件内部卷宗中提供，周某该如何维护其权益？案例二中，张某虽然放弃了复议及诉讼的权利却对行政处罚明显不服，且公安机关执法程序和实体认定确有违反法律规定之处，应如何处理？案件三中当事人虽未提出异议、罚款已缴纳，行政执法案件已办结归档，但对行政机关执法过程中的明显违法之处是否应予指出？以此为基点，本文拟对检察机关能否监督行政违法行为、如何监督以及实践中存在的问题进行探讨。

二、检察机关开展行政违法行为监督的合理性基础

我国《宪法》第134条规定，中华人民共和国人民检察院是国家的法律监督机关。从国家监督体系来看，法律监督是在全国人大及其常委会监督体系下检察机关的特有职能。

从检察制度历史嬗变而言，普遍认为检察制度经历了从“一般监督”到“法律监督”的认识和定位，自1982年《宪法》开始，确立了检察机关法律监督职能定位，但该法律监督职责却长期被限定于“诉讼监督”范围内。回顾检察制度发展史，在特定历史条件下把检察监督作为诉讼监督来看有一定的合理性，但随着中国特色社会主义法治理论的丰富完善以及检察实践和社会发展的实际需要，应当对检察机关的法律监督定位有新的认识，特别是在新时期提出“四大检察”后，首先应当明确的就是“法律监督”不等于“诉讼监督”。

首先，从文义和内涵来看，广义的法律监督是指一切国家机关、社会组织和公民对各种法律活动的合法性进行的监督。狭义的法律监督是指国家权力机关对立法和执法活动进行的监督，并对违法行为进行检查、纠正的行为总称。检察机关由全国人民代表大会产生，受人民代表大会监督，对人民代表大会负责，依照宪法授权依法开展法律监督，属于一项国家制度，而诉讼监督则是检察权行使的一项基本权能之一，并非检察权的全部，“对诉讼活动的法律监督”也只是“法律监督”的一部分内容，这二者并非同一等级相互兼容的

概念。

其次，从国家制度层面来看，检察机关进行法律监督是国家赋予监督者的一项权力，担负着保障宪法和法律完整统一实施的职责。如果将法律监督归结于诉讼监督，不仅缩小了法律监督的范围，还会使得一项国家政治制度变成诉讼监督的制度，不符合我国政体安排。① 因此，我国著名检察理论专家王桂五先生曾经有言——“我国的人民检察制度，是由人民代表大会制度决定和产生的一项法律监督制度。在人民代表大会制度下，法律监督职能从其他国家职能中彻底分离与专门化，是历史的进步。不能仅仅把检察制度看作是一项诉讼制度，主要执行诉讼职能，应从国家政治制度的更高层次上加以研究，充分肯定其法律监督职能，才能看清楚检察制度的本质，从而完善人民代表大会制度下的法律监督机制。”

再次，从国家权力配置而言，我国不同于西方国家的“三权分立”，而是在作为国家权力机关的人民代表大会下设“一府一委两院”的机构设置，并由此形成完整统一的国家权力之下的行政权、审判权、检察权、监察权的权力格局。在该设置下，行政权不仅受人大的监督和制约，亦受同层级的其他公权力的监督与制约，而检察权对行政权在法律实施框架下具有有限的监督权是符合法律监督制度设置要求的，这也是法律监督的题中应有之义。

最后，从现实发展来看，开展行政违法行为监督是建设法治政府、法治社会，推进国家治理体系和能力现代化的客观需要。我国的法律、行政法规和地方性法规大部分由行政机关来执行，行政执法是行政机关履行政府职能、管理经济社会事务的最主要的方式，也是与人民群众联系最密切的活动，客观上需要对其进行监督以防止滥用。从当前我国已有的对行政权运行的监督体系中，行政监察、行政复议、行政问责是一种内部监督机制，受到内部人事关系等因素影响较大；法院审判属于事后的救济手段，且本身具有消极性；公众舆论监督没有强制约束力；而检察机关对行政权进行监督，一方面是落实将法律实施的各阶段纳入监督范围的要求，另一方面是因为检察权与生俱来就拥有规制国家公权力的功能，依法独立行使，不受行政机关、社会组织和个人的任何干涉，因此建设法治政府、法治社会，推进国家治理体系和能力现代化离不开检察监督的作用。

三、开展行政违法行为监督的实践问题和探索

本文一开始提及的几个案例，涉及检察机关如何开展行政违法行为监督，

① 蒋德海：《法律监督还是诉讼监督》，载《华东政法大学学报》2009 年第 3 期。

它的监督原则、监督方式、权力边界为何，以及如何保证监督效果等问题。

（一）行政违法行为监督面临的现实困境

1. 缺少必要的法律依据支持，监督面临质疑

以上述三个案例为例，前两个案例涉及公安机关的行政执法，最后一个案例涉及一般行政机关的行政违法行为。虽然从法理上我们认为检察机关开展行政违法行为监督具有合法性和必要性，但是在具体法律层面，对前两个案件进行监督尚可从《治安管理处罚法》和《人民警察法》中找到概括性依据外，其他如对城市管理部门等机关的行政违法行为进行监督并无明确法律授权，使得检察机关在具体实践中存在监督难、质疑多、行政机关接受度不高等情形，影响了监督实效的发挥。

2. 检察建议刚性不足，缺乏保障监督实效的机制

行政违法行为监督检察建议缺乏刚性，部分行政机关对检察机关的检察建议消极应对，对严重违法的行政行为不予纠正。而对行政机关不予采纳检察建议，或未实际纠正违法行政行为的，检察机关无后续相应的监督措施，检察监督与行政复议、行政诉讼、行政问责等救济途径之间缺乏相应衔接机制，影响了检察监督权威。

3. 案源不足，缺乏实践样本累积

虽然基层检察机关为落实《中共中央关于加强新时代检察机关法律监督工作的意见》精神及最高检工作要求进行了积极探索，但受种种因素影响，行政违法行为监督案件数量少，案源不足、线索来源单一等是当前开展监督工作不可回避的困境，以目前的办案数量和办案效果来看，无法支撑该项制度的长远深入发展。

4. 办案力量较为薄弱，影响监督质量

司法体制改革以后，基层民事检察、行政检察、公益诉讼检察职能由一个部门统一行使，部门人员少又同时承担三大检察业务，而行政行为涉及面广、程序复杂、法律法规纷繁复杂，加之队伍素能的影响，这些情形都制约了对该项工作的深入探索和长远发展。

（二）开展行政违法行为监督应注意的几个问题

根据《中共中央关于加强新时代检察机关法律监督工作的意见》规定，检察机关在履行法律监督职责中发现行政机关违法行使职权或者不行使职权的，可以依照法律规定制发检察建议等督促其纠正。由此可以看出开展行政违法行为监督涉及几个要点，一是案件来源为履行法律监督职责中发现，二是监督内容为行政机关违法行使职权或者不行使职权，三是监督方式为制发检察建

议等，下面就一些具体问题在实践中的操作进行简要分析。

1.“在履行法律监督职责中发现”的理解

履行法律监督职责，是指履行检察机关的全部法律监督职责，不仅包括履行行政检察监督职责中发现，也包括在履行刑事检察、民事检察、公益诉讼检察等职责中发现。[①] 除了检察业务融合发展监督途径外，基层检察院根据工作实际，还可以探索从以下渠道发现监督案源：一是受理当事人申请或控告；二是在参与社会治理中通过专项活动、走访调研等过程中发现；三是通过与行政机关建立的协作机制发现；四是国家机关、社会团体和人大代表、政协委员转交反映的线索等。在办理个案的同时，检察机关应突出监督重点，围绕服务大局寻找监督的切入点，加强对关切民生民利、容易发生行政违法行为领域的监督，确保办案三个效果有机统一，不断提高行政违法行为监督的社会影响力。

2. 开展行政违法行为监督应处理好的几个关系

一是坚持检察监督有限性和谦抑性原则。检察权与行政权、审判权不同，它没有实体上的处分权，所作决定并无终局性，检察机关发现行政违法行为只能对行政机关提出检察建议，而不能取代其作出决定，也不能强制行政机关执行。因此，检察机关开展行政违法行为监督，一方面要尊重行政机关的职权，立足于法律监督定位，对行政违法行为进行监督纠正，而不能干涉行政机关依法履行法定职责；另一方面不代替当事人寻求权利救济，对当事人已经启动行政复议或行政诉讼程序的，检察机关不宜开展监督，不能代替审判权直接处理行政纠纷。另外，从目前检察机关开展的行政违法行为监督来看，检察机关介入的时间点是行政违法行为或行政不作为已经发生的情况，只有行政行为既已违法，检察机关才有可能发现并开展监督。因此，行政检察必须以不损及行政过程的完整性为前提，这就为具体的监督手段及其“法定效果”确定了一条总体界限。[②]

二是准确把握行政违法行为监督的内容。在监督对象上，行政权力内容丰富、涉及面广，行政行为种类繁多，但并非所有行政行为都是行政违法行为监督的对象。对于具体行政行为而言，检察机关监督的重点应当集中在行政执法权这个对公民权利有直接影响、监督必要性最突出的点上，而诸如内部管理、审计等不属于法院行政诉讼受案范围、与人民群众利益亦无直接关联的行为，

① 杨春雷：《深入贯彻党中央全面深化行政检察监督新要求探索推进行政违法行为监督》，载《人民检察》2021 年第 21—22 期。

② 黄明涛：《法律监督机关——宪法上人民检察院性质条款的规范意义》，载《清华法学》2020 年第4 期。

检察机关不应进行监督。同时，对于抽象行政行为，笔者认为检察机关如在办案中发现规范性文件不合法的，可以通过一定方式向有权机关提出审查建议，但该行为不能作为行政违法行为监督内容由行政检察部门开展。在监督内容上，根据《行政诉讼法》第70条规定，行政行为违法情形主要集中在主要证据不足、适用法律错误、违反法定程序、超越权限、滥用职权、明显不当等，对具体行政行为中的违法情形监督主要应聚焦在合法性方面，这是因为合理性问题主要取决于行政机关在作出具体行政行为时所具有的自由裁量权，行政裁量不受拘束原则是行政法上一个重要原则。如姜明安教授指出“行政自由裁量是法律、法规赋予行政机关在行政管理中依据立法目的和公正合理的原则自行判断行为的条件、自行选择行为的方式和自由做出行政决定的权力”①，对行政机关根据个案实际情况，根据积累的长期工作经验，根据所追求的政策目标等各种因素做出的具体行政行为，检察机关难以对其自由裁量的过程及结果是否合理进行有效监督，且因为检察监督的程序性性质，不能像《行政诉讼法》第77条规定的人民法院对行政处罚明显不当，或者其他行政行为涉及对款额的确定、认定确有错误的，可以判决变更，故检察监督的重点应放在合法性监督上。

三是处理好行政违法行为监督的对内对外关系。其一，厘清与行政公益诉讼的关系。虽然行政公益诉讼和行政违法行为监督均指向行政机关违法行使职权或者不作为，但行政公益诉讼主要是在行政违法行为涉及侵害国家或社会公共利益时进行的监督，其目的侧重于通过对特定领域的行政权力的监督，进而保护国家、社会公共利益。而行政违法行为监督针对行政权运行开展，在理论上可以对行政执法的所有领域进行监督，不以是否侵害行政相对人利益或公共利益为要件，其目的在于保障国家有关行政法律统一正确实施。因此，凡不属于行政公益诉讼领域或虽属其领域但不具备“侵害国家利益和社会公共利益”要件的，均可由行政检察部门监督。② 其二，加强检察监督与监察权的衔接。行政违法行为监督主要针对的是行使行政权的主体实施的违反行政法律规范的行政行为，包括不作为、乱作为等，是对“事”的监督。监察监督针对的是“行使公权力的公职人员”及其个人的违纪、职务违法行为和职务犯罪行为，侧重对“人”的监督。虽然二者在主体、性质、监督方式和监督结果等方面有着根本区别，但二者也存在一定交叉和联系，即“行政违法行为构成刑事

① 姜明安：《论行政自由裁量权及其法律控制》，载《法学研究》1993年第1期。

② 最高人民检察院第七检察厅：《关于人民检察院开展行政违法行为监督工作的指导意见（征求意见稿）》。

犯罪的毕竟是少数，更多的是乱作为、不作为。如果对这类违法行为置之不理、任其发展，一方面不可能根本扭转一些地方和部门的行政乱象，另一方面可能使一些苗头性问题演变为刑事犯罪”。[①] 因此，检察机关在开展行政违法行为监督工作中，应加强与监察机关的协作配合，建立线索双向移送机制，使检察监督和监察监督形成监督合力，形成纠正行政行为违法与查办职务违法的同步协调，以此提升行政违法行为监督工作的刚性，提升查办公职人员违纪、职务违法、职务犯罪的效果。

行政违法行为监督是一项全新的业务，要开展好此项工作，必须更新监督理念、转变工作思维，找准行政违法行为监督的切入点，坚持“刚性”监督与“柔性”监督的统一，增强行政违法行为监督的实效性和针对性，与行政机关共同促进法治政府建设，实现双赢多赢共赢，推动行政违法行为监督工作的持续健康发展。

① 习近平：《关于〈中共中央关于全面推进依法治国若干重大问题的决定〉的说明》，载《人民日报》2014 年 10 月 29 日，第 2 版。

规范治理冒名工商登记的思考

——以行政检察监督为视阈

史夏杰　相星驰　柴玉莹*

所谓冒名工商登记，是指冒名人未经被冒名人许可，通过擅自使用被冒名人身份信息、伪造其签字印章以及虚构注册地址及其他登记资料等形式骗取工商行政机关的登记。需要说明的是，广义上的冒名工商登记包括设立、变更、注销等多个阶段的登记，但实践中较为普遍且危害性较大的冒名工商登记是指市场主体设立阶段的工商登记，本文也仅围绕设立阶段的冒名工商登记展开论述。自2013年国家推行商事制度改革以来，我国市场主体准入门槛逐步降低，此举充分释放了市场经济活力，鼓励民众创新创业，改善了营商环境。但市场准入门槛的降低同时也滋生出一些问题，冒名工商登记现象频发便是其中之一。

一、冒名工商登记现象频发的背景：商事登记制度改革

党的十八届二中全会提出“改革工商登记制度”，开启了商事制度改革的序幕，十二届全国人大常委会第六次会议审议修改了《公司法》，明确将公司注册资本实缴登记制修改为认缴登记制。之后，国务院修订《公司登记管理条例》（已失效）、《企业法人登记管理条例》（已失效）等多部行政法规，①直至2021年国务院出台《市场主体登记管理条例》，我国商事登记制度改革取得了显著成果。在此过程中，国家先后推出公司注册资本完全认缴制、“多证合一”与“一证一码”、实施“先照后证”行政审批、放宽住所登记限制、建立企业信息公示制度等各项措施，极大地提高了登记的便利性，减少了登记

---

* 史夏杰，西安市新城区人民检察院一级检察官；相星驰，西安市新城区人民检察院检察官助理；柴玉莹，西安市新城区人民检察院书记员。

① 国家市场监督管理总局登记注册局：《商事制度改革大事记》，https：//www. samr. gov. cn/djzcj/gzdt/201709/t20170911_ 282385. html，访问日期：2022年10月10日。

障碍。[①]

（一）商事登记制度改革的积极影响

商事登记制度的改革体现了我国政府不断完善市场经济体制、不断深化改革的决心，是我国经济行稳致远、长期向好的重要保障。

1. 放宽市场准入，鼓舞创业热情，激发市场活力

2014 年出台的《注册资本登记制度改革方案》提出，工商行政管理机关对工商登记环节中的申请材料实行形式审查，此外注册资本认缴、先照后证等措施极大地缩短了工商登记的办理周期。截至 2020 年底，我国企业开办时间已经由平均 22.9 天压缩至 4 个工作日内。工商登记便利化大幅度提高，直接带动了公众开办市场主体的热情。据统计，2021 年我国新设市场主体 2887.2 万户，较上年增长 15.4%。全国日均新设企业由 2013 年商事制度改革前的 0.69 万户持续增长至 2021 年的 2.48 万户。[②] 市场主体的持续增加体现了我国经济的稳定增长和高质量发展，也让市场经济中的各类要素充分发挥其作用。

2. 服务商事主体，提高登记效率，优化营商环境

党的十八大以来，党中央持续实施各类措施，努力打造市场化、法治化、国际化营商环境，商事制度的改革在其中发挥了不可忽视的作用。开办企业是世界银行评估营商环境的重要指标，其考核因素为“官方的正式要求或按照实践要求所要办理的程序、完成这类程序所需要的时间和资金、最低的实缴资本”。[③] 而企业的设立登记是开办企业的关键环节，我国通过商事登记制度改革，减少登记费用，压缩审批环节，提高登记效率，不断提高优化营商环境指标。截至 2021 年，我国营商环境排名在全球 190 个经济体中跃升至第 31 位。

（二）商事登记制度改革的消极影响

商事登记制度改革虽在释放市场活力、优化营商环境方面发挥了重要作用，但自商事登记制度改革以来，我国冒名工商登记案件激增，一些不法分子借机进行冒名工商登记，牟取非法利益，一方面使得被冒名人承担着诸如连带债务、列入失信、行政处罚等各类风险；另一方面也扰乱了正常的工商登记和交易秩序，甚至引发电信诈骗等次生犯罪，具体体现在以下几个方面：

---

① 黄晓林：《我国商事登记制度改革中私法与公法秩序的博弈》，载《理论月刊》2022 年第 6 期。

② 国家市场监督管理总局：《突破 1.5 亿户！市场主体稳定发展夯实经济行稳致远的基石——从市场主体变化看中国经济发展潜力之二》，https://www.samr.gov.cn/xw/mtjj/202201/t20220130_339523.html，访问日期：2022 年 10 月 10 日。

③ 罗培新：《世界银行营商环境评估：方法、规则、案例》，译林出版社 2020 年版，第 2 页。

1. 公司注册资本认缴制为冒名登记人降低了违法成本

在2014年《公司法》修订之前，我国实行注册资本实缴制，公民或者企业设立新企业需具备一定的经济实力，工商登记机关在批准设立阶段也会着重审核注册资本是否出资到位。实行认缴制后，企业投资人只需在公司章程规定的认缴期限内缴纳注册资本即可。冒名登记人注册企业后，多将营业执照用于转让买卖以谋取短期利益，难以追究其相应责任，因此注册资本认缴制对于冒名登记人并无规制作用。

2. 商事登记代理制度为冒名登记行为提供了便利条件

《市场主体登记管理条例》规定，注册登记申请人可以委托其他主体或中介机构代为办理注册登记。同时按照《优化营商环境条例》相关精神，行政机关不断优化工商登记的线上电子化办理流程。在申请设立工商登记时，申请人本人无须到场，导致实践中出现不法分子设立专门的中介机构，非法收集大量个人信息，用于代办工商登记并以此牟利。

3. 注册登记形式审查为行政机关增加了监督管理难度

《市场主体登记管理条例》第19条规定，登记机关对申请材料进行形式审查。为推进市场主体登记便利化，不少地区推行住所申报制，申报住所信息的合法性、真实性由申请人负责，无须提供住所使用证明材料。[①] 这一举措进一步减少了冒名登记人冒名登记时所投入的成本，不少冒名不法分子在注册企业时采用相同地址或虚构注册地址，而工商行政机关在事后监管时往往无法根据注册地址联系到相关企业，增加了监管难度。

二、治理冒名工商登记的困境：法律救济现状解析

通常情况下，被冒名人在发现冒名登记行为时采取两种途径予以救济，即行政举报和提起诉讼，另外行政机关也可以依职权撤销登记。2019年6月28日，为整治冒名工商登记现象、规范工商登记秩序，国家市场监督管理总局发布并实施《关于撤销冒用他人身份信息取得公司登记的指导意见》（以下简称《撤销指导意见》），着力解决实践中频发的冒名工商登记乱象，该《撤销指导意见》目前虽已被废止，但其核心内容被2022年3月1日发布的《市场主体登记管理条例实施细则》（以下简称《登记管理条例实施细则》）所沿用，然而实践中各地仍存在被冒名人无法撤销冒名工商登记的困境。

① 董永忠：《关于企业住所（经营场所）登记制度改革的思考》，载《中国市场监管研究》2018年第5期。

（一）行政机关存在监督履职困境

《登记管理条例实施细则》第50条规定，登记机关可以依据当事人申请或依职权主动调查。但实践中，工商行政机关很少依职权主动进行冒名工商登记的调查撤销工作，即使在当事人申请的情况下，也存在许多案件因各方面的阻力难以调查落实。

1. 行政机关存在客观上的履职阻碍。在冒名登记人实施违法行为时，其往往采取批量注册登记贩卖的形式来谋取经济利益，这就造成冒名登记行为一经发现，就面临成百上千的市场主体需要被调查撤销。而《登记管理条例实施细则》规定工商行政机关需要通过调查公示程序、搜集充分翔实的证据才可予以撤销。但由于基层工商行政机关业务的繁杂性、人力物力保障不足以及调查核实的非专业性，造成了工商行政机关客观上的履职不能。

2. 行政机关缺乏主观上的履职动力。如前文所述，市场主体的新设数量是评价我国经济是否持续向上发展的重要指标，也是优化营商环境的重要体现。各地工商行政机关往往把工作重点放在保证每年新增市场主体数量稳步增长，一定程度上降低了行政机关撤销冒名工商登记的工作动力。

（二）被冒名主体存在现实维权困难

除向工商行政机关举报外，被冒名人采取的较为常见的维权方式便是提起诉讼，其中既包括因冒名登记不成立而提起的行政诉讼，也包括确认之讼和侵权之诉等民事诉讼。

1. 行政起诉期限限制。根据《行政诉讼法》第46条规定，被冒名人的起诉期限为六个月，最长不超过五年，否则人民法院不予受理。但实践中法院通常以设立工商登记的日期起算来计算起诉期限，而被冒名人往往是在多年后面临被执行或纳入失信等情况下才得知被冒名工商登记，此时行政诉讼的起诉期限早已届满。①

2. 民事诉求认定困难。被冒名人提起民事诉讼通常分为股东资格确认诉讼和姓名权侵权之诉。在股东资格确认诉讼中，被冒名人的诉求是请求法院确认其不具备股东资格，进而撤销工商登记。有些法院以此种消极确认之诉不属于人民法院的受案范围为由而驳回起诉。② 在姓名权侵权之诉中，被冒名人需以冒名登记人为被告，而实践中冒名登记人经常以不真实的身份办理工商登记，这导致被冒名人起诉时难以确定侵权主体，毋宁说经过法律程序撤销工商

① 参见中航建工集团有限公司与湖南省工商行政管理局工商登记行政许可纠纷案（2017）湘01行终240号。

② 参见郭某某、天津天雅商贸有限公司股东资格确认纠纷案（2020）津民再3号。

登记。①

3. 诉讼维权成本较高。由于诉讼周期通常较长，被冒名人采取诉讼途径往往要耗费巨大的时间和金钱成本，进一步增加了被冒名人维权的困难。

三、破解冒名工商登记困境的思路：发挥检察监督职能

在诉请行政撤销和民事行政诉讼无法获得有效救济的情况下，被冒名人的正当权益无法得到有效保护，冒名登记乱象也无法得到规制，甚至由此引发次生违法犯罪行为。在此困境下，检察机关应当能动发挥检察监督职能，通过开展行政争议实质性化解工作，切实解决被冒名人的现实窘境。

（一）行政检察监督疏解冒名工商登记的价值意义

检察机关的法律监督权是一种独立的国家权力，其目的和功能是监督、保障和促进宪法和法律的统一正确实施。② 法律监督不等同于诉讼监督，并未将行政违法行为监督排除在外。党的十八届四中全会提出，检察机关在履行职责中发现行政机关违法行使职权或者不行使职权的，督促其纠正。

2021 年《中共中央关于加强新时代检察机关法律监督工作的意见》对此也作了进一步明确，为检察机关在行政检察中对行政行为进行监督提供了依据。《人民检察院检察建议工作规定》第 11 条规定，检察机关可以向有关单位和部门提出改进工作、完善治理的检察建议。据此，检察机关可以能动履职，监督行政机关依法行使职权，及时撤销冒名工商登记的行为。检察机关主动把行政检察监督工作融入经济社会高质量发展大局，通过解决人民群众急难愁盼的问题，促进一个地区一个行业一个领域突出问题的系统治理，为大局服务，为人民司法。

（二）行政检察监督疏解冒名工商登记的路径选择

由于国家机关的职能和分工不同，检察机关开展行政违法行为监督应当坚持审慎原则，注重监督与支持并重，应当结合案件实际，充分利用公开听证、座谈交流、行政争议实质性化解等多种方式方法，以解决冒名工商登记问题为导向开展工作。在具体司法实践中，检察机关一般以个案为切入点开展相关工作。而个案的发现包括依被冒名人申请或依职权发现冒名工商登记行为。依被冒名人申请指当事人对于不予撤销决定或行政裁判不服而向检察机关提起控告

① 李胜卡：《冒名登记股东资格确认裁判规则探析——基于 63 个司法案例的展开》，上海社会科学院 2020 年硕士学位论文。

② 江国华、王磊：《行政违法行为的检察监督》，载《财经法学》2022 年第 2 期。

申诉时，检察机关即可介入。而依职权发现的方式多种多样，检察机关可以在对行政诉讼监督过程中，核查相关的行政登记行为是否规范、审判程序中是否存在事实认定不清或适用法律错误等情况；行政检察部门也可以与刑事检察部门建立互通机制，及时获取刑事案件中的有关冒名工商登记的线索。实践中，也存在有的检察机关在法院、行政机关等部门邀请的情况下，介入争议化解，最终促成问题有效解决。

（三）行政检察监督疏解冒名工商登记的司法实践

冒名工商登记问题在全国范围均有发生，浙江、天津等地检察机关通过行政检察监督解决冒名工商登记问题进行了积极探索，并取得一定成效，从中梳理出司法实践经验供参考。

1. 做好调查核实，厘清案件事实。检察机关可以通过调取法院案卷材料，向市场监督管理局、社保、公安、税务等部门查询调取与案件相关的材料，走访相关行政机关及案件当事人了解情况等多种调查手段，全面掌握了解被冒名情况。

2. 丰富监督方式，促进争议化解。针对调查核实的冒名工商登记事实，检察机关可以采取召开公开听证会、座谈会等方式，邀请人大代表、人民监督员、律师、专家以及与案件相关的政府单位人员，共同对案件的事实认定、法律适用、案件处理等问题进行评议，厘清案件事实及法律依据。若发现行政机关存在怠于履职或者不依法履职情形，检察机关应当及时向行政机关制发检察建议，督促其主动履职、依法行政；若行政机关存在客观障碍无法履职，检察机关应当详细了解其原因，协调诸如公安、税务、社保等单位，探索通过行政争议实质性化解的方式低成本高效率共同解决行政争议，并在必要时开展司法救助工作；若发现违法违纪情况的，及时移交有关部门处理。

3. 探索类案监督，实现综合治理。冒名工商登记问题属于行政执法领域中的共性突出问题，检察机关可以以个案办理为契机，开展类案监督，促进综合治理。灵活运用检察建议、专题报告、白皮书等方式督促行政机关持续规范登记审查行为，落实后续监管，积极促进冒名工商登记案件诉源治理，达到“办理一案、治理一片、惠及一方”的良好效果。

四、行政检察监督职能延伸：促进商事登记制度规范化

结合司法实践，建议行政机关从以下三个方面规范对市场主体登记的监管，促进商事登记制度规范化。

（一）完善事前审查流程

工商行政机关在进行登记审查时，可采取诸如人脸识别、线上身份认证、远程视频认证以及电子签名比对等技术手段进行高效便捷的形式审查，确保设立登记为申请人的真实意思表示。同时，在坚持形式审查原则的基础上，也应保留必要的实质审查，可以通过细化相关行政法规，对特定情形进行实质审查，例如申请材料签字前后不统一、签字为复印件、材料前后逻辑矛盾等，①以确保事前审查真正发挥作用。

（二）加强事后监管力度

在“宽进”形式审查体制下，“严管”这一后续监管措施就显得尤为重要。

1. 落实网上信息公示制度。工商行政机关应要求辖区市场主体以国家企业信用信息公示系统为载体，准确全面公示企业相关信息，尤其对于企业经营地址的公示要尽可能详细。与此同时，应当要求市场主体按照企业年报的相关规定按时报送年报，对于未按时报送年报的主体，及时开展实地调查，核实其是否为冒名登记主体。

2. 建立定期实地巡察制度。定期对辖区范围内的市场主体进行实地巡察，冒名登记人通常采取虚构注册地址或者使用相同地址注册多家企业的方式，工商行政机关前往企业注册地址进行实地巡察能够有效核实市场主体的真实运营状态，为冒名工商登记的调查核实工作提供支撑。

3. 及时依法纠正冒名行为。一经发现冒名登记行为，行政机关应严格按照《市场主体登记管理条例实施细则》的规定，积极开展冒名登记的调查公示及撤销工作，保障被冒名人的合法权益。

（三）加大违法行为惩处

工商行政机关经调查核实确认冒名登记事实的，应将冒名登记人纳入失信名单，禁止其在一定期限内办理工商登记，发现存在犯罪线索的，应及时移交公安机关依法办理。同时，工商行政机关应加强与公安、税务、司法机关等部门的联系，掌握有关冒名登记人的线索，及时纳入失信名单并给予相应的行政处罚。对从事代理工商登记的个人与中介机构应加强监管，一经发现中介机构或个人从事冒名登记行为，应采取限制其经营、禁止委托代理等措施实施惩戒。

---

① 屠珊珊：《公司冒名登记的法律救济失灵及补正》，载《经济法论坛》2019 年第 1 期。

五、结语

商事登记制度改革所引发的冒名工商登记乱象在我国长期存在而迟迟无法得到解决，此现象的持续必将影响人民群众获得感、幸福感的提升，从长远来看也不利于我国经济的稳定发展。对此检察机关应当积极主动作为，全面深化行政检察监督，通过对冒名工商登记个案实质性化解，解决社会治理中的共性问题，促进市场主体登记规范化，助力国家治理体系和治理能力现代化，主动将检察工作融入经济社会高质量发展大局，真正做到为人民服务。

行政违法行为检察监督的几点思考

曾 雁*

一、行政违法行为的表现及其危害性

行政违法行为是指行政机关及其工作人员没有法律依据，或者违反法律规定实施的行政行为。国务院 2004 年 3 月 22 日《全面推进依法行政实施纲要》对依法行政提出六点基本要求，即合法行政、合理行政、程序正当、高效便民、诚实守信、权责统一。行政行为出现主体不合法、超越法定权限、违反法定程序、违反诚信要求、内容不符合法律规定等情形的，即可能构成行政违法行为。严格意义上讲，违法行政行为也是行政行为，在依法撤销前，也会产生一定的法律效果，对行政管理相对人的权利和义务产生影响，或限制权利，或设定义务。

当前，对行政行为的监督制约机制不够健全，导致有法不依、执法不严、违法不究现象时有发生，人民群众反映比较强烈；一些违法或者不当的行政行为得不到及时、有效的制止或者纠正，行政管理相对人的合法权益受到损害；一些侵权行为呈现出损害扩散、受害范围广泛、受害持续时间较长和受害者众多等特点，涉及公共利益保护的案件时有发生；一些行政机关工作人员依法行政的观念还比较淡薄，依法行政的能力和水平有待进一步提高。这些问题在一定程度上损害了群众利益和政府形象，妨碍经济社会的全面发展。因此，从理论和实践需要出发，行政机关及其工作人员都应受到必要的监督。

二、检察机关对行政违法行为监督的必要性和可行性分析

法治是人类文明进步的重要标志，是治国理政的基本方式。依法行政事关中国特色社会主义事业的兴衰成败。要从建设法治中国、法治政府，维护司法

* 曾雁，西安市莲湖区人民检察院第四检察部主任。

公正和深化中国特色检察事业的角度，全面、深刻地认识行政违法行为检察监督工作的精神实质，充分认识其重要意义。

（一）政治逻辑

1. 加强法治中国建设的需要。2020 年 3 月 5 日，中共中央印发《法治中国建设规划（2020—2025 年）》，要求坚定不移走中国特色社会主义法治道路，奋力建设良法善治的法治中国。该《规划》中指出必须抓紧完善权力运行制约和监督机制，规范立法、执法、司法机关权力行使，构建党统一领导、全面覆盖、权威高效的法治监督体系，推进对法治工作的全面监督；强调加强对司法活动监督，完善民事、行政检察监督和检察公益诉讼案件办理机制。①

2. 党加强新时代检察机关法律监督工作的需要。2021 年 6 月 15 日，中共中央印发《关于加强新时代检察机关法律监督工作的意见》指出，要全面深化行政检察监督。这是党的历史上第一次对检察机关法律监督工作作出的重大决策，意义深远。检察机关要从党和国家事业发展全局高度把握，全面深入学习贯彻。②

3. 全面建设法治政府的需要。中共中央、国务院印发的《法治政府建设实施纲要（2015—2020 年）》强调，强化对行政权力的制约和监督，各级政府自觉接受党内监督、人大监督、民主监督、司法监督。检察机关对在履行职责中发现的行政违法行为进行监督，行政机关应当积极配合。

4. 加强社会和谐的需要。2019 年 10 月 27 日，中共中央、国务院印发《新时代公民道德建设实施纲要》强调，诚信是社会和谐的基石和重要特征，要推动各行业各领域制定诚信公约，加快个人诚信、政务诚信、商务诚信、社会诚信和司法公信建设，提高全社会诚信水平。政府机关及其工作人员在践行社会主义核心价值观，提高社会诚信水平上起着示范引领作用，其缺德失信会破坏政府的诚信，冲击着社会和谐的基石。③

（二）法理逻辑

18 世纪以来，各国的政治实践对权力监督制约不断形成共识，推动人类政治文明的不断发展。法国思想家孟德斯鸠在《论法的精神》中所述：“一切权力的人，都容易滥用权力，这是万古不易的一条经验。”2013 年 1 月习近平总书记在第十八届中央纪律检查委员会第二次全体会议上强调：要加强对权力运行的制约和监督，把权力关进制度的笼子里，形成不敢腐的惩戒机制、不能

① 参见中共中央印发的《法治中国建设规划（2020—2025 年）》。

② 参见中共中央印发的《关于加强新时代检察机关法律监督工作的意见》。

③ 参见中共中央、国务院印发的《新时代公民道德建设实施纲要》。

腐的防范机制、不易腐的保障机制。检察机关要深入贯彻习近平法治思想，不断推进法律监督理论和实践创新发展。

（三）实践逻辑

2015年7月2日，最高检就检察机关提起公益诉讼改革制定的试点方案中明确，检察机关在履行职责中发现生态环境和资源保护、国有资产保护、国有土地使用权出让等领域负有监督管理职责的行政机关违法行使职权或者不作为，造成国家和社会公共利益受到侵害的，可以向人民法院提起行政公益诉讼。2018年2月，“两高”发布《关于检察公益诉讼案件适用法律若干问题的解释》，又对如何办理行政机关违法行使职权或者不作为监督工作进行细化，后2020年该司法解释进行了修正完善。

三、行政违法行为检察监督的难点及不足

目前，对行政违法行为的监督还存在一定的薄弱环节和不足之处，监督工作尚需改进和加强。

（一）监督的实践和理论储备有限

对行政违法行为的监督是新兴事物，还处于探索阶段。由于检察机关对行政违法行为的监督起步晚、实践少，导致监督理论尚在创新阶段，理论尚需深化丰富，行政检察工作中的诸多重大理论与实践问题还需厘清，包括检察权与行政权、审判权的关系，行政检察调处化解的范围与边界，如何做好与其他争议解决机制的对接协调等，这些理论及问题解决对谋划新时代行政检察诸项工作具有重要意义。行政违法行为检察监督亦是如此。检察监督理论储备不足反作用于监督实践，困惑和困难难以避免，影响具体监督实践的决心和积极性。

（二）监督的社会氛围不足

对行政违法行为的监督是一把“双刃剑”。一方面，检察机关通过监督纠正了违法行为，保障了当事人的合法权益，维护了公平正义和社会秩序，提升了检察机关的公信力，彰显了正能量和积极面。另一方面，检察机关通过监督纠正了违法行为，反映出行政机关及其工作人员存在的问题，这些行为削弱了行政机关的公信力，表现出的是负能量和消极方面。因行政机关和检察机关都是国家机关，其工作都与党和政府形象相关联，媒体对检察机关监督行政违法行为的宣传力度不够，还没有使检察监督的理念深入人心。

（三）监督的能力不足

检察机关工作人员行政管理知识储备不足，限制了监督能力。行政管理范

围广，涉及事务多，有着特殊程序要求和发展规律，行政管理在社会生产生活中起着主导作用，新知识、新技术、新问题等不断涌现，对检察机关从事行政检察监督的工作人员提出较高的专业要求。从目前基层的状况来看，检察干警专业素养与实际需要尚有很大差距，更新监督观念、充实知识储备、改善知识结构均尚需时日。

（四）监督的信心不足

行政权是立法权、司法权之外的一种重要的国家权力，具有优先性、不可处分性和主导性等特性。如果对行政权的监督不当，极可能影响行政机关工作的积极性、主动性，影响行政机关履职尽责，影响行政效率和紧急事态的处理，不利于社会生产生活的正常运行。其特性可能成为一些行政人员规避监督的借口，也容易使得检察机关办案人员监督时信心不足、瞻前顾后、优柔寡断。另外，在某些行政管理关系中，检察机关及其工作人员也有可能成为管理对象，受其制约，引发个别人员在监督时有所顾忌、缺乏锐气。

（五）监督线索少，影响监督工作深入开展

对检察机关内部从事行政违法行为监督的具体部门而言，如何落实监督需要不断完善相关机制，如向群众广泛收集线索机制、检察机关内设业务机构发现线索及移交机制、有关监督机关之间线索的发现及移送衔接机制等。目前，这些机制尚不完善，导致监督线索少，监督质量不高，影响监督工作的深化。

四、改进行政违法行为检察监督的几点建议

（一）加强检察机关队伍建设，解决内生动力问题

1. 增强监督责任感，提高履职积极性。积极贯彻落实《中共中央关于加强新时代检察机关法律监督工作的意见》精神，不断强化“四个意识”“两个看齐”，增强检察机关法律监督的责任感和紧迫感，勇于担当，扛起监督责任；以贯彻落实《中共中央关于加强新时代检察机关法律监督工作的意见》为契机，紧密结合检察工作实践，全面深化行政检察监督理论研究，积极回应行政检察实践需求；结合党史学习教育，不断改进作风，持续推进检察为民办实事活动走深走实。

2. 拓宽知识视野，提升监督素养。加强市场经济、行政管理、行政法律法规以及现代科学技术应用的学习，培养既精通检察业务，又懂行政管理并掌握现代科学技术的复合型人才，实现精准监督、靶向监督，提高监督的针对性、有效性。

3. 科学利用外脑，提升监督水平。聘请行政管理方面的专家、学者组成

检察顾问团，提供行政管理咨询服务解决个案疑难，开展监督业务专题研究解决方法途径问题，深化理论研究推进监督工作不断深化。开展校检合作，利用高校培训资源，定期培训检察人员，系统提升监督工作水平。活跃检察机关之间的内部交流学习，积极举办研讨座谈会议，相互借鉴，共同提高。

4. 加强人才保障，优化队伍结构。完善法律职业准入，在人员招录方面，对行政管理和行政法专业毕业的报考人员适度倾斜，从符合条件的律师、法学专家中优先招录检察官充实到行政检察监督队伍中来。建立健全行政执法部门干部、检察干警等人才常态化交流机制，开展干部和人才交流，充实改善行政法律监督工作力量。

（二）加强宣传，营造良好氛围

大力开展检察监督宣传活动，动员全社会支持、关注检察监督工作。

1. 推进《中共中央关于加强新时代检察机关法律监督工作的意见》学习宣传教育。在全社会深入开展学习宣传教育活动，形成行政检察监督共识。突出对党政机关工作人员的宣传教育，把行政检察监督纳入党政机关工作人员培训教育内容，增强接受监督的自觉性。抓住领导干部这个“关键少数”，把《意见》学习列为党委（党组）理论学习中心组学习的重要内容，提高党政机关领导干部主动接受监督的政治站位。

2. 加强行政检察监督理论研究和宣传。凝练行政检察监督的时代特色和实践特色，形成中国特色社会主义行政检察监督理论和监督话语体系。

3. 建立健全行政检察相关工作宣传报道常态化机制。对监督热点问题主动发声、答疑解惑。深入开展检察官以案释法活动，以监督实绩取信于民。

（三）完善工作机制，形成监督合力

围绕监督目标，立足于国家监督体系，找准检察机关定位，密切与相关监督力量的协作配合，不断完善检察监督机制，增强监督合力。

1. 坚持党的领导。坚持党的集中统一领导，牢牢把握党的领导是社会主义法治最根本的保证。要定期主动向党委报告监督工作开展情况，主动让党委政治把脉指导，回应党委的要求。要善于分析行政违法案件暴露出的深层次问题和苗头倾向，积极向党委建言献策，为党委工作大局服务。工作中遇到困难和阻力，要积极争取党委的支持，善于通过党委的领导，督促行政机关及时纠正违法行为，善于通过党委的统揽协调，形成各方支持检察监督的良好局面。

2. 主动接受人大的监督。检察机关应主动向人大汇报行政检察监督工作情况，自觉接受人大监督；通过人大监督促进行政机关接受检察监督。同时，通过研究人大及其常委会对政府工作提出的有关审议意见，进一步明晰监督重

点；及时研究办理人大代表提出的与检察监督相关的意见和建议，切实改进监督工作质效。

3. 加强与相关监督力量的协作。《法治政府建设实施纲要（2021—2025年）》强调，推动党内监督与人大监督、民主监督、行政监督、司法监督、群众监督、舆论监督等各类监督有机贯通、相互协调。检察机关要建立健全联系协作机制，主动与各种监督力量沟通，共享监督信息，获取案件线索，完善工作方法，巩固监督效果。

4. 加大检察业务融合力度。建立完善案件线索移送制度，检察机关各内设机构在履职过程中发现行政违法线索，应及时移交行政检察部门，对瞒案不交的要追究相应的责任。

（四）找准检察权和审判权、行政权的平衡点与契合点，合力共建法治中国

检察监督应提高站位，着眼于找准定位，选好切入点，实现检察、审判、行政良性制约互动，形成法治中国建设合力。

1. 以人民为中心，坚持问题导向和目标导向。聚焦党中央关注、人民群众反映强烈的突出问题和法治建设薄弱环节，着眼推进国家治理体系和治理能力现代化，固根基、扬优势、补短板、强弱项，切实增强法治中国建设的时代性、针对性、实效性。

2. 坚持双赢多赢共赢，找准检察机关司法服务定位。建立健全与行政机关沟通协商机制和多元化调处工作机制，统筹运用公开听证、调查核实、检察建议、释法说理、居中促和、司法救助等措施，为矛盾化解工作提供支持，化解“潜在之诉”。

3. 完善检察调解与人民调解、行政调解联动机制。贯彻落实人民调解法，发挥检察调解作用，重点协调解决消费者权益、劳动关系、医患关系、物业管理等方面的矛盾纠纷，促进当事人平等协商、公平公正解决矛盾纠纷。

（五）坚持改革创新，拓宽线索发现渠道

进一步解放思想，创新工作方法，搭建新平台，打造新渠道，密切联系群众，广泛动员各方力量，及时充分获取案件线索。

1. 完善行政机关违法行政行为投诉举报机制，畅通举报箱、电子信箱、热线电话等监督渠道，方便群众投诉举报、反映问题。发挥报刊、广播、电视等传统媒体监督作用，加强与互联网等新兴媒体的互动，建立健全网络舆情监测、收集、研判、处置机制。

2. 加快检察机关公共法律服务实体平台、热线平台、网络平台有机融合，

建设覆盖全业务、全时空的公共法律服务网络，寓监督于服务中，在服务中发现违法线索。

3. 提高线索获取敏锐性。及时收集分析热点、敏感、复杂矛盾纠纷信息，加强对影响或危害食品药品安全、安全生产、生态环境、网络安全、社会安全等方面重点问题的跟踪研判。运用好政府政务公开平台，持续获取执法信息，善于发现问题、解决问题。

（六）突出成效，树立检察监督新形象

1. 敢于挑战难点问题。盯紧重点领域行政执法不严格、不规范、不文明、不透明等突出问题，围绕中心工作部署开展行政违法行为监督专项行动。

2. 突出监督事关群众利益问题。加大食品药品、公共卫生、生态环境、安全生产、劳动保障等关系群众切身利益的重点领域监督力度，深挖问题背后的行政不作为、慢作为、乱作为问题。

3. 充分运用监督成果。帮助行政机关建章立制，完善执法流程，规范行政行为。多部门联动，加大对执法不作为、乱作为、选择性执法、逐利执法等相关责任人的追责力度。建议把监督成果运用到干部考核工作中，把法治观念强不强、是否支持检察监督工作、是否依法行政作为考察干部的重要内容。

论对行政权的检察监督

程少喆*

国家监察体制改革后，最高检提出“四大检察”布局，现在检察机关的法律监督职能逐步加强，检察机关的行政监督在检察职能构建中的地位越来越高。我国的行政公益诉讼制度不断健全，相应的行政诉讼监督制度不断完善，检察机关对行政权的运用进行法律监督，有利于推动行政机关依法行使人民赋予的行政权力，做到合法行政、合理行政，推动法治政府建设，保护行政相对人的利益。

目前理论界从两个方面对行政检察监督进行研究。一是行政公益诉讼检察方面。在这方面，行政诉讼学理论在之前的研究中已经趋于成熟，具有较为深厚的理论积累，而学术界在这方面的研究也比较深入，形成了体系化、系统化的理论架构体系，包括诉前审查、诉中机制和证据制度等多个方面，为行政检察监督工作研究提供了大量实证素材和案例参考。二是行政检察方面。之前的理论研究主要存在于行政诉讼监督方面，且大多与民事诉讼监督研究相结合，学术界对于这方面的研究也较少。

随着近年来检察制度机制改革的不断深化，行政检察研究领域内有了很多进步，主要在于理念分析与政策解读，行政诉讼监督框架探索边界逐渐被打破。

一、检察监督的现实需求

检察权是依法治国和国家治理的重要力量。党的十九届四中全会强调了对法律实施的监督，以推进国家治理体系和治理能力现代化、推进全面依法治国。法律监督的产生基于法制统一性的需要，加强对法律实施的监督有助于把法律制度优势转化为国家治理效能。从权力控制论的理论观察，在法律实施的各个环节上对国家机构具体执行和适用法律的情况进行有组织的、制度化的监

* 程少喆，西安市碑林区人民检察院第四检察部检察官助理。

察和矫正，是在现实中维护法制统一所不可或缺的保障。① 法律作为一种规则性的设计，其功能是为人们的行为提供统一的活动准则，要求在一定的范围内被统一适用，任何人不能超越。中国特色社会主义法律体系形成后，更加重要的是，确保法律统一正确实施。而加强法律实施的监督，就是要建立严密的法治监督体系，保证法律统一正确实施，解决法治中国建设矛盾。检察机关作为我国宪法规定的法律监督机关，是权力监督体系中重要和中心环节。在中国特色社会主义法治体系中，检察机关的法律监督是法律明确规定的监督机制，是司法监督的重要组成部分。

检察机关的法律监督，既是中国特色社会主义法治“高效的法治实施体系”的重要组成部分，又是“严密的法治监督”的重要组成部分。我国已有的对行政权运行的监督体系中，行政监察、复议均是内部监督机制，受人事关系、利益驱动等因素影响较大，舆论、网络、群众监督没有强制约束力，法院通过司法审查对行政权进行监督也只限于进入诉讼程序的行政行为。而检察权作为主动积极的公权力，发挥监督作用的空间比较大，又是程序性的权力，不直接配置、处分权利义务，易于保持对行政权监督的超然地位。由此，在国家治理体系现代化改革的背景下，行政检察与法治政府不再是两个相互分立平行的系统，而是两个互相依赖的复杂系统。

二、行政权检察监督面临的主要问题

（一）检察监督过分依赖诉讼制度

《行政诉讼法》第 11 条规定，人民检察院有权对行政诉讼实行法律监督。该条明确了行政检察主要是对行政诉讼的监督，对行政行为监督并无过多表述，虽诉讼监督不可避免地要涉及对行政行为的审查，但这实际是因监督诉讼而间接产生的效果，是一种间接监督，其必须依附于诉讼，检察机关难以自主为之，若不存在诉讼，行政行为监督便无从谈起，检察机关很难在诉讼案件范围外有更多的作为。

（二）检察监督强制力不足

强制力不足，导致检察机关的监督工作很难开展。一方面检察机关不易取得被监督者的充分配合。在公益诉讼检察中，部分行政主体对检察监督和制发的检察建议不够重视。行政主体对监督工作的配合度不高；另一方面部分行政

① 参见中国法学会检察学研究会检察理论委员会编：《诉讼规律和诉讼监督规律与检察职能的优化配置》，湖北长江出版集团、湖北人民出版社 2011 年版，第 182 页。

机关的不配合导致检察工作开展困难，检察建议不能很好的落实，检察建议回复往往需要检察机关和行政机关“协商”取得。

（三）检察监督缺少立法支持

《行政诉讼法》第93条规定，最高人民检察院对各级人民法院已经发生法律效力的判决、裁定，上级人民检察院对下级人民法院已经发生法律效力的判决、裁定，发现有本法第91条规定情形之一，或者发现调解书损害国家利益、社会公共利益的，应当提出抗诉。法律规定了应当抗诉的情形，但对检察机关监督行政行为、公益诉讼监督等并无明确法律规定，虽然检察机关内部制定了部分监督规则，但对其他机关难以形成强制力，导致检察监督“底气不足”，个别行政机关对于检察机关发出的检察建议不重视，又因检察机关缺少相应的调查核实权和强制性权力，导致检察建议并不能很好地落实，且检察机关也缺少补救措施和相应职权。

三、行政违法检察监督的谦抑性

检察机关应当在宪法法律的框架内行使行政检察监督权，遵守宪法关于国家权力分工的规定，对行政审判权、行政执法权保持一定的尊让和克制，保持谦抑性、有限性。

（一）不能替代行政权

行政违法检察监督针对行政行为的违法性开展，不介入行政权运行过程、不取代行政权行使。无论是监督对象的限定，还是监督权力的局限，都是为了明确检察权与行政权的界限。检察监督不是行政权运行的必经程序，其监督不伴随行政权运作的过程，不介入行政机关执法活动的进程之中；检察监督职能的发挥和权力行使以程序控制为限，只具有提请行政机关重新审视行为并作出调整纠正的请求权，并不影响行政行为的程序和实体；检察监督具有补充性，对于行政机关能够主动纠正的，不必开展监督。由此，才能保证行政违法检察监督不构成对行政权的干预。

（二）不替代当事人救济权

行政相对人认为行政行为违法、侵犯其自身合法权益的，其救济方式包括行政复议、行政诉讼以及一定条件下的调解、和解等。行政违法检察监督与行政相对人的救济权是否会产生冲突？从指向来看，行政违法检察监督指向的是公权力，体现的是公权力对公权力的监督，只要行政违法存在，对其监督的必要性就存在。但在实践中需区分情况处理。如果当事人丧失了救济权，检察机关可以进行监督纠正行政机关的违法行为，弥补当事人权益是其附带后果。如果当事人正在行使救济权，启动了行政复议或行政诉讼来寻求救济，此时应由行政权或审判权先行确认。如果检察机关认为法院审判有误，则可通过行政诉讼监督职能继续监督。如果当事人有救济权而不行使，产生这种情况的原因较为复杂，有当事人因行政违法而不当获利的，如应处罚不处罚、不应许可而许可，也有行政程序违法而对当事人实体权益未发生损害的，还有当事人放弃救济的，此时检察机关可以进行监督。

（三）不替代对“人”的监督

行政违法检察监督的对象是“机关”或“行为”，而不是“人员”。行政违法行为监督中发现的“个人”违法在实际中有可能涉及政纪、党纪和监察三方面，由于三种情形分别规定有不同的处理和追责机关，应当根据不同情况分别处理。发现行政机关工作人员违法需予以行政处理的，向行政机关提出检察建议。发现党员涉嫌违反党纪或者公职人员涉嫌职务违法、职务犯罪线索的，按照规定移送纪检监察机关或者有关党组织、任免机关和单位依规依纪依法处理。行政违法检察监督中发现的人员违法，检察机关并不自行处理，而是采取移送方式，这既不会替代和干扰有权机关的处置，而且能够弥补不足、形成合力。

检察机关行政争议实质性化解工作的职能发挥与路径探索

——以西安市检察机关近三年案件办理情况为样本

丁雨薇　刘　凯*

一、检察机关开展行政争议实质性化解工作的制度起源

（一）行政争议存在处理困境

我国目前的行政争议救济途径包括调解、申诉、信访、行政复议及行政诉讼。据统计，全国一审行政案件裁定驳回起诉率接近25%，行政抗诉案件经人民法院再审后的平均改变率不足30%。以最高人民法院2021年7月发布的首批十五起行政应诉典型案例中沈某某诉浙江省宁波市奉化区某局政府信息公开案为例，原告沈某某因房屋征收补偿问题一直无法解决而对行政机关产生不满情绪，先后针对多家行政机关提起政府信息公开之诉，其目的是通过信息公开获取有利于解决其房屋征收补偿问题的证据。行政审判实践表明，一些行政争议案件即便当事人走完全部的救济程序，实质问题仍无法解决，“程序空转”频发，以致行政诉讼案件独立办案难、协调关系难、服判息诉难问题突出。究其原因，一方面是受制于行政诉讼受案范围、审理模式与审判力量，另一方面是源于行政诉讼“合法性审查”的局限性。回归问题本源，部分学者认为，中国传统文化中的“厌诉”观念一定程度上导致我国法治化进展相对缓慢。在行政争议处理过程中，要注意将法律效果、社会效果和政治效果三者统一，实质性解决行政争议。

（二）检察机关开展行政争议实质性化解工作的职能优势

行政争议化解难已经成为人民群众的急难愁盼，而相较于从人民法院和行

* 丁雨薇，西安市临潼区人民检察院四级检察官助理；刘凯，西安市人民检察院第七检察部检察官助理。

政机关内部开展矛盾化解，检察机关在此项工作中具有天然的独特的优势。2021 年 8 月，中共中央印发《关于加强新时代检察机关法律监督工作的意见》，明确要求检察机关“在履行法律监督职责中开展行政争议实质性化解工作，促进案结事了”[①]，指明了检察机关在开展行政争议实质性化解工作时的目标定位为“促进案结事了”，此项要求背后源于行政检察本身的职能定位。一方面，检察机关是宪法赋予的法律监督机关，具备独特的公益性、威慑性、主动性；另一方面，依托行政检察的职能范围可以通过审判活动监督实现对人民法院的监督，通过行政行为合法性监督实现对行政机关的监督。因此，检察机关可以综合运用再审检察建议、提请抗诉、司法救助、公开听证、释法说理等方式，通过监督实现化解、通过化解反向促进监督。

二、检察机关开展行政争议实质性化解工作的现实路径

（一）检察机关开展行政争议实质性化解工作的职能定位

行政检察部门探索开展行政争议实质性化解，是检察机关践行行政检察监督格局，参与构建科学高效、规范透明的中国特色社会主义法治监督体系的伟大实践。根据《人民检察院开展行政争议实质性化解工作指引（试行）》第 2 条的规定，检察机关在办理行政检察监督案件时，既监督人民法院公正司法、促进行政机关依法行政，又针对行政争议产生的基础事实和申请人在诉讼中的实质诉求，综合运用抗诉、检察建议等手段，促进行政争议得到依法、公平、有效解决。因此，检察机关开展此项工作的前提是履行法律监督职责，即在行政检察监督过程中能动履职，从参与社会治理、调处矛盾纠纷的角度出发，实现监督性、实质性的统一，实现与审判机关、行政机关的协调配合、良性互动。

（二）检察机关开展行政争议实质性化解工作的案件范围

《人民检察院开展行政争议实质性化解工作指引（试行）》第 6 条对检察机关开展行政争议实质性化解工作的范围进行了明确列举，根据该条规定可将案件分为以下三类：一是案件属于始终未能进入实体审查，处于“程序空转”状态。各方就争议行政行为的合理性、合法性存在分歧，公权行使与私权保障之间互相冲突、无法调和。二是人民法院已经对行政争议进行实体审查，但针对行政行为中“不合理”的部分并未予处理，此类问题通常不宜通过提请抗

① 《中共中央关于加强新时代检察机关法律监督工作的意见》，载《人民日报》2021 年 8 月 3 日，第 1 版。

诉或发出再审检察建议的方式监督，应当通过行政争议实质性化解达成行政相对人与行政机关之间的和解。三是针对“潜在之诉”“过期之诉”“遗落之诉”开展的化解工作。具体而言，针对“潜在之诉”，检察机关可以提前介入行政复议阶段，但是在开展配合工作时需恪守用权边界，积极运用调查核实权确保行政复议程序的合法性，谨防突破协同合作演变为越俎代庖。针对“过期之诉”，检察机关在介入时需要更加谨慎，应将尊重违法的行政行为的不可争力和确认行政行为的违法性区别开来①，通过沟通协调以期达到行政机关撤销、更正原行政行为，或促使各方对原具体行政行为尚未执行的部分达成和解协议，或促使行政机关针对当事人合法权益受损的部分给予一定赔偿。针对“遗落之诉”，检察机关可以视为申诉案件来调处，发挥司法救助的职能作用以化解纠纷。

（三）检察机关开展行政争议实质性化解工作的实践

以西安市检察机关2020年以来的办案实践为例，三年来西安市两级检察机关共办理行政争议实质性化解案件141件，其中行政相对人为个人的47件，企业的94件，行政机关为市级部门的13件，行政处罚类93件，行政征收类8件，行政公开类1件，涉及人力资源和社会保障领域47件，城市综合管理领域19件，自然资源与规划领域14件，交通运输管理领域13件，环境与生态领域12件，副检察长及以上领导带头包案80件。西安市两级检察机关开展行政争议实质性化解工作具有以下特点：一是聚焦人民群众关心领域的“小案”，办案规模最大的为人力资源和社会保障领域案件，多为农民工讨薪案件。二是广泛运用公开听证的形式，在办案过程中严格落实最高人民检察院“一案三查”的工作要求，确保符合条件的案件均能进入化解程序，同时做到“应听尽听”，公开听证适用率达到94%。三是充分发挥协作机制的作用，开展行政争议实质性化解工作离不开与人民法院和行政机关的沟通协调，2020年以来西安市两级检察机关就行政争议实质性化解工作签订协作机制12份。四是化解结果多样，行政争议实质性化解的本质目的在于争议的核心问题得到解决，而非形式上达到结案标准。因西安市行政案件集中管辖，两级基层院并无提请抗诉或再审检察建议案件，在结案方式上多为释法说理认同裁判结果、免去或减少加处罚金额等实质性达到案结事了、定分止争的状态。

---

① 杨建顺：《“过期之诉”与行政检察监督的价值追求》，载《检察日报》2020年12月30日，第7版。

三、检察机关开展行政争议实质性化解工作的现实困境

（一）缺乏规范依据，监督效能发挥乏力

“行政争议实质性解决”的概念最早始于2009年最高人民法院印发的《关于当前形势下做好行政审判工作的若干意见》，经过司法实践探索，2014年《行政诉讼法》修订时将“解决行政争议”新增为一项立法目的，在此之后的十年间“促进行政争议实质性化解”频繁出现在“两高”工作报告、专项工作报告中。2019年至2020年，全国四级检察机关在最高人民检察院的部署下开展“加强行政检察监督促进行政争议实质性化解”专项活动，并于2021年2月23日通过新闻发布会向全社会发布专项活动的12件典型案例。截至目前，检察机关开展行政争议实质性化解工作的主要规范依据来自2021年6月《中共中央关于加强新时代检察机关法律监督工作的意见》、2021年9月施行的《人民检察院行政诉讼监督规则》以及2021年8月23日最高人民检察院第七检察厅印发的《人民检察院开展行政争议实质性化解工作指引（试行）》，实践中截至2021年全国四级检察机关已累计化解行政争议1.5万件，司法实践已走在法律规范之前。因为法律依据的缺乏，理论界、审判机关及行政机关对开展行政争议实质性化解的主体、标准、程序存在不同的理解与认识。总体上来看，检察机关开展行政争议实质性化解工作起步晚、经验较少，规范化程度和监督质效的发挥有待进一步提高。

（二）行政法专业背景人才缺乏，监督原动力较弱

党的十八大以来，最高人民检察院部署了一系列司法体制改革，逐步形成了“四大检察”稳步发展的工作格局。经过几十年的发展探索，行政检察职能从当时对法令政策的监督拓展到对行政诉讼、行政违法行为的监督等。2019年最高人民检察院成立了第七检察厅专司行政检察职责，但行政检察工作普遍存在人数少、专职人员缺乏，年龄结构老化以及专业背景缺乏等问题，在业务广泛铺开的基层检察院，此类问题尤为明显。

四、检察机关开展行政争议实质性化解工作的路径探索

（一）坚持司法办案规范化，“穿透式”监督与有限监督并举，以理念引领确保监督效果

中国法学会副会长张文显教授认为，法治的精髓在于制约和监督国家行政机关及其工作人员。因此，明确办案标准、规范办案流程，发挥检察监督质效

最大化至关重要。在具体办案过程中应坚持“穿透式”监督与有限监督并重，最高人民检察院提出的“贯彻‘穿透式’监督理念，以行政诉讼监督为基石、以化解行政争议为‘牛鼻子’、以非诉执行监督为延伸”① 的监督格局，既符合现有法律规范要求，又符合新时代开展行政检察监督工作的现实需求。检察机关在案件办理过程中应明确行政争议是“化解”而非“解决”，检察机关应当充分尊重人民法院的司法裁判权和行政机关的行政执法权，对于可以通过自我纠正的案件，应依法向人民法院发出再审检察建议或向行政机关发出检察建议书，不能通过上述程序解决问题的案件，检察机关应能动履职开展化解工作，实现有限监督、有度化解、有益补充、有效配合的监督格局。

（二）优化化解机制，争取最大公约数，打造良性互动的监督格局

行政检察监督不能单打独斗，行政争议实质性化解工作更是如此。要发挥检察主导作用，就要充分运用检察智慧“借力打力”。一方面是对内协调配合，与民事检察部门、公益诉讼检察部门、检察技术部门通力合作，探索运用数字检察思维，在线索挖掘、调查取证方面形成合力。另一方面是对外沟通交流，一是通过定期向党委、人大汇报工作成效、总结社会治理问题的形式争取工作支持。二是主动与行政机关加强沟通协调，通过构建专题会商机制、线索互通机制、化解事项与结果通报机制等，实现检察机关提前介入，诉源治理端口前移，破除行政机关顾虑，凝聚监督合力开展行政争议实质性化解。三是强化与人民法院的沟通协调机制。就行政争议实质性化解工作达成共识，实现信息互联互通，增强做好各自工作的预见性和有效性。② 多措并举真正实现检察主导、检察参与、检察预防三者有机统一。

（三）强化人员素能建设，着力提升监督质效

现阶段，提高人员素质的路径应当将发展自我与“借用外脑”相结合，实现行政检察工作有人管、有人专。在具体操作中，发充分利用检察一体化办案优势，打通上下级检察人员人才培养壁垒，上级检察机关给予下级检察机关专业办案支持与技术指导，下级检察机关发挥自身优势，强化案件审查能力和调查核实能力。同时，在办案中主动邀请行政法理论、行政法实务领域的专家、学者进行授课，“以案代训”针对疑难复杂的化解案件组织研讨交流活动，在研讨中开拓视野、积累经验，切实提升检察干警行政争议实质性化解业务水平。

---

① 张雪樵：《星星之火可以燎原——持续推进行政争议实质性化解工作》，载《人民检察》2020年第20期。

② 李忠强、刘雅婷、李磊、朱胜平：《行政争议实质性化解的检察构造》，载《人民检察》2020年第13期。

五、结语

全面依法治国背景下，检察机关通过履行法律监督职能实现对公权力的制约监督是融入社会治理体系、助力治理能力现代化、逐步完善法律监督体系的题中之义。通过“实质性化解行政争议”，达到“做实行政检察”之目的。以检察机关开展的争议化解专项活动所取得的成效看，该项工作可采取“总结有益探索、制定内部规定、形成协作共识、推进专项立法”的基本路径。在今后的工作中，要将检察机关开展的行政争议实质性化解更好地融入社会矛盾纠纷多元预防调处化解综合机制中，实现行政争议化解机制间的贯通融合，为法治社会建设贡献检察智慧。

行政争议实质性化解难点浅析

——以阎良区人民检察院办理案件为样本

周盼盼 *

一、行政争议实质性化解工作的法理基础

《行政诉讼法》第 1 条规定，为保证人民法院公正、及时审理行政案件，解决行政争议，保护公民、法人和其他组织的合法权益，监督行政机关依法行使职权，根据宪法，制定本法。从该条规定可以看出，解决行政争议是行政诉讼的目的之一。在行政诉讼法中对行政检察制度进行了规定，如第 11 条、第 93 条、第 101 条规定检察机关的职责，对行政生效裁判结果、审判程序中的审判人员违法行为、行政执行活动进行监督，因此可以认为行政检察的目的包含有解决行政争议。从这个角度看，行政诉讼法授予检察机关化解行政争议的职责，检察机关化解行政争议是行政检察积极履职的行为。此外，2021 年 6 月中共中央印发的《关于加强新时代检察机关法律监督工作的意见》（以下简称《意见》）明确提出，“检察机关在履行法律监督职责中开展行政争议实质性化解工作，促进案结事了”，为检察机关开展行政争议实质性化解提供了明确的政策依据。《人民检察院行政诉讼监督规则》第 2 条、第 6 条都将行政争议实质性化解作为检察机关全面深化行政检察监督的重要内容。

二、阎良区检察院行政争议实质性化解工作现状及存在问题

（一）工作现状

2022 年 1 月至 10 月，阎良区院共办理行政争议实质性化解案件 3 件，其中化解成功 2 件。以下就其中一起案件的化解过程做简要介绍。

---

* 周盼盼，西安市阎良区人民检察院一级警员。

2022年6月，该院了解到西安市生态环境局阎良分局就某公司涉嫌的违法行为作出了40万元罚款的行政处罚行政案件线索。该院主动出击，积极与行政机关进行对接，经了解，行政机关反映该案推进问题整改有困难。为了促进问题得到有效整改落实，该院联合行政机关进行了实地走访，并与企业负责人进行了座谈交流，企业负责人表示罚款数额较大，且企业经营不善，履行处罚决定有困难。

在行政处罚作出后法定期限内，该公司未申请行政复议，亦未提起行政诉讼，行政处罚已经生效。为确保行政处罚落实到位、国家利益不受侵害，同时加强行政案件办案规范，同年7月，阎良区检察院立足行政检察职能，以检察建议的方式对该案进行了跟进监督。7月22日，该院组织召开行政案件实质性化解公开听证会。听证会上，双方充分表达诉求、发表各自意见，阎良区检察院通过释法说理、引导和解，最终双方达成和解意见，该案行政争议得到实质性化解。

（二）存在的问题

虽然该院在行政争议实质性化解工作方面取得了一定的效果，既保障了国家利益不受侵害，又维护了当事人合法权益，实现诉源治理，达到案结事了政和，但仍与群众的期盼存在一定的距离。笔者通过分析研究并结合自身工作发现，目前基层办案中存在以下几点问题和困难：

一是案件来源相对较少。行政争议化解需要以检察机关受理的案件为依托，而基层检察机关受理的行政监督案件有限，因为目前西安市行政案件实行集中管辖，本地当事人之间的行政纠纷由本市其他法院集中审理，客观上限缩了化解案件数量。

二是办案人员紧张。化解工作需要投入大量的精力，详细了解案件过程及法律政策依据，需要一定的团队人员支持，而基层检察院行政检察人员配备偏弱，团队人员精力有限，工作压力较大，难以高质量地推动行政争议实质性化解。

三是专业性不足。对于基层检察机关来说，行政争议实质性化解工作专业性强，有些问题甚至涉及行政法律、法规、部门规章等专业领域及地方出台的政策，知识体系庞杂，专业要求较高，基层检察干警有时不知如何开展化解工作，哪些案件适宜化解，难以找到工作的切入点和方式方法等。

三、以检察能动履职推动行政争议实质性化解之路径

（一）主动出击、拓展案源

针对行政争议实质性化解工作案源较少的问题，基层检察院可以主动出

击，加强与行政机关的沟通联系，及时了解行政机关在行政审批、行政执法等工作过程中遇到存在行政争议的问题；同时，可以通过建立工作机制等方式，强化协同协作水平，例如通过加强与司法局的协作配合，及时了解行政复议案件中需要且可以化解的行政争议，从而拓展行政争议实质性化解的案件来源。

（二）内部协作，共同发力

行政争议案件往往涉及较为专业的法律政策问题，在开展争议化解工作中，对可能遇到的办案人员难以把握、自身不够专精的问题，基层检察院可以充分利用自身司法审查的专业优势，组建专门的行政争议化解中心，突破业务屏障，群策群力，从而弥补办案人员的法律、政策知识盲区；同时，视案件具体情况，基层院可以报请上级院对具体争议案件进行指导、协调，共同推进行政争议实质性化解工作。

（三）引入外脑，提升水平

基层院可以根据行政争议实质性化解的需要，借助“外脑”、邀请相关领域、相关行业的专业机构和专业人士，进一步丰富行政专家咨询库，借助专家智慧对疑难复杂案件提供专业指导和理论论证，以权威公正助力推进争议实质性化解，例如可以通过开展“检校合作”等方式，借助专业院校的资源，实现对专业领域的咨询了解，进一步提升行政争议实质性化解的专业水平，从而达到实质性化解，实现诉源治理，促成和解。

检视与优化：新时代背景下行政非诉执行监督助推法治政府建设的进路分析

卫 蕾*

《法治政府建设实施纲要（2021—2025年）》指出，法治政府建设是全面依法治国的重点任务和主体工程。检察机关作为国家法律监督机关，应当发挥法律监督职能，服务党和国家工作大局，助推法治政府建设。行政检察对公权力进行监督，是行政权力制约和监督体系中的重要环节，在“四大检察”中与法治政府建设关系最为密切。而基层行政检察部门普遍面临行政生效裁判结果监督案件少的难题，尤其是在行政诉讼案件集中管辖的区域，行政非诉执行监督成为基层检察机关行政检察的“支柱”业务。高质量发展行政非诉执行检察监督工作，落实《法治政府建设实施纲要（2021—2025年）》健全行政权力制约和监督体系，促进行政权力规范透明运行的要求，是基层检察机关服务法治政府建设的重要切入点。

一、行政非诉执行监督对于法治政府建设的价值分析

（一）行政非诉执行监督是依法实现政府行政职能的重要保障

政府通过作出具体行政行为实现其行政管理职能，而现行法律并未赋予部分行政机关强制执行权。未被法律赋予强制执行权的行政机关，向法院提出执行申请，借助司法强制力实现其所做出的生效具体行政行为的活动，被称为行政非诉执行。一方面，行政非诉执行充分利用了法院执行力量充足、执行经验丰富、人员法律素养较高等优势，对于提升执行效率和实现行政决定具有积极意义。另一方面，行政非诉执行也是法院对行政行为进行监督的一种方式。由于行政决定的执行是最容易侵害相对人合法权益的一环，尤其是涉及对相对人

* 卫蕾，西安市人民检察院第七检察部一级检察官。

的重大财产和人身权益的执行，更需要进行严格的实体审查和程序控制。[①] 法院对具体行政行为进行合法性审查，给未在法定期间内提出复议或者行政诉讼而丧失救济权利的相对人一次救济机会，阻止对可能违法的行政行为进行强制执行，防止行政机关滥用行政权力、违法行使职权，避免对公民、法人和其他组织的权益造成损害。

行政非诉执行制度目的的实现，依赖于行政机关在法定期限内向人民法院申请执行；依赖于人民法院审查及执行的程序合法与认识正确。但由于书面审查的局限性、法官的法律认识误差及各种现实因素制约，行政非诉执行活动难免存在错误。执行难和执行乱也一直是理论和实务研究的热点。

作为国家法律监督机关，对法院执行活动进行监督，是法律赋予检察机关的重要使命。检察机关利用法律监督的专业化优势，对行政非诉执行活动进行审查，履行行政非诉执行监督职责，纠正法院在受理、审查、裁定、执行等环节存在的违法行为，支持、促进合法的具体行政行为得到执行和落实，维护行政相对人的合法权益和国家利益，为实现政府行政管理目标提供法治保障。

（二）行政非诉执行监督是检察机关促进依法行政的有力抓手

行政非诉执行监督处于行政权、检察权、审判权的交叉区域，涉及行政机关、审判机关、检察机关、行政相对人多元主体和执法、司法多重行为。行政非诉执行监督对行政非诉执行活动进行全过程、融入式、穿透式的监督，不仅包含对法院受理、执行等程序性行为的监督，还包含对法院审查、裁定等环节的监督。监督的直接对象虽然是法院，但在判定法院合法性审查是否正确的过程中，检察机关势必需要对行政机关具体行政行为的合法性进行审查，因此行政机关必然会成为行政非诉执行监督的间接对象。检察机关通过行政非诉执行监督工作，既监督法院公正司法、高效执行，又督促行政机关规范执法行为、依法行政，同时延伸监督触角，参与社会综合治理，对于推进政府治理规范化、程序化、法治化具有积极的意义。

（三）行政非诉执行监督是检察机关服务法治政府建设的必要路径

法治政府建设的重心在基层，因为基层政府是与群众打交道的第一阵线。规范基层政府的行政行为，实现基层政府法治化，对于构建自上而下系统化的法治政府，具有基础性意义。检察机关服务法治政府建设大局，就要重点做实基层检察机关行政检察业务。

但囿于法律规定和行政诉讼案件自身特点，行政诉讼监督案件数量的分布

---

① 王华伟、刘一玮：《非诉行政案件裁执分离模式再思考》，载《行政法学研究》2017年第3期。

总体呈“倒三角”形势，基层检察机关普遍面临生效裁判结果监督案件少的难题，对于实行行政案件集中管辖区域，更是“无米下锅”、无案可办，陷入有职能、无业务、无案件的尴尬境地。与之相对，行政非诉执行案件通常由基层法院受理，案件数量大，且不受集中管辖案件的限制，无论是从当前办案实际，还是从长远发展来看，行政非诉执行监督成为基层检察机关履行行政检察职能、实现行政检察工作良性发展、助推法治政府建设的必要路径。

二、行政非诉执行监督工作的制约因素

立足西安行政诉讼案件集中管辖的实际，西安两级检察机关探索出通过行政非诉执行监督，支持和促进依法行政、助推法治政府建设的特色发展路径。经过对西安近三年行政非诉执行监督工作进行分析，笔者认为，影响行政非诉执行监督工作发展的问题主要集中在以下几方面。

（一）案件规模提升后劲不足

从2019年最高检开展“行政非诉执行监督”专项活动以来，全国的行政非诉执行监督工作快速发展，最明显的标志就是案件数量飞跃式提升。在取得成功经验的同时，历史存量的案件资源几乎被挖掘干净，案件线索基本完全依赖于法院每年新增的案件，案件规模回落趋势明显。以西安为例，提出非诉执行监督检察建议数2019年较2018年提升500%，2020年较2019年提升57%，2021年较2020年下降8.5%，2022年比2021年同期下降25%，下降幅度较为明显。

案件数量下降主要归因于现行的案件来源模式单一且后继乏力。多数行政机关对行政检察了解甚少，不知道行政非诉执行监督职能，相对人也不希望检察机关参与促进执行。因此，行政非诉执行活动在行政机关、法院、相对人之间形成闭环。检察机关作为案外主体，很难从外界突击，在闭环中打开通路，去获取案件信息。批量调阅法院执行卷宗依然是大多数行政检察部门发现案件线索的主要渠道。

（二）现实因素对监督效果制约明显

因为相对人对抗激烈、人力物力财力欠缺、各方沟通协作不顺畅等现实困难的制约，行政非诉执行工作某些环节长期存在堵点。检察机关针对这些问题提出监督意见后，做了大量工作促使法院和行政机关采纳检察建议，书面采纳率可达95%以上。但通过对已制发的检察建议“回头看”发现，在现实压力面前，各部门互相推诿怠于实施的情形仍大量存在。由于检察建议天然缺乏刚性，检察机关跟踪回访工作欠缺，争取地方党委政府支持的能力不足，协调组

织其他部门的能力不强，检察建议和采纳回复在一定程度上空文化，解决实际问题的价值有限，监督效果折扣较大，检察建议发出一两年后仍未执行、实施到位的情形普遍存在。

这些现实制约因素在土地执法领域体现较为突出：一是对于如何处理没收的违法建筑，没有形成合理的制度和方法。少数法院在没有明确规定的情况下随意将“裁执分离”原则应用到没收案件上，简单裁定由行政机关或地方政府组织实施；有的法院不愿意受理执行申请，且不出具文书说明理由；作出具体行政行为的行政机关认为提出执行申请后，自己的职责已经履行完毕，不再继续推进，建筑的违法占有状态改变较慢。二是“裁执分离”模式下，拆除违法建筑实施难。法院关于实施主体的认识不一致，裁定存在不统一和模糊化的情形。有的裁定由申请人组织实施，有的裁定由地方政府组织实施，有的裁定由地方政府或申请人组织实施，且均未明确由哪一级地方政府组织实施。另外，对于相对人来说，建筑物属于重要生产、生活材料，且大部分违法建筑的形成属历史遗留问题。因而，拆除违法建筑的难度巨大，相对人对抗情绪激烈，单凭自然资源部门的能力不足以实施拆除。因此最高人民法院《关于违反土地管理法的建筑物、其他设施强制拆除实施主体问题的答复》中明确由“市、县级人民政府组织实施”是总的原则。但是在缺乏相关规定和配套措施的前提下，准予执行裁定应当向申请人还是地方政府送达，向政府哪个部门送达，申请人如何向地方政府转交裁定，如何确定拆除的期限和方式，都是推进实施的障碍。且申请人和地方政府会站在减轻自己工作负担的角度，互相推诿，认为应当由对方执行。在拆除违法建筑的申请主体、裁定主体、实施主体不一致的情况下，“裁”“执”衔接不顺畅，极易导致程序空转。

（三）认识分歧较难协调

《行政诉讼法》《行政强制法》等对非诉执行的程序缺乏明确的规定。各类行政法规中与行政非诉执行相关的内容主要集中在违法行为的构成要件、法律责任和处罚标准，关于执行程序和实施标准属于空白，评判执行主体是否依法充分履职缺乏衡量标尺。在法律层面缺乏明确的标准和依据，导致检察机关对外沟通话语权不足的问题突出。

例如，裁定准予执行后需要法院采取执行措施的，法院并不直接移送本院执行部门，要求申请人再次向法院提出执行申请，而检察机关及行政机关认为按照法律规定应由法院直接内部移交执行部门，不需要行政机关再次申请。又如《行政诉讼法》和《土地管理法》关于拆除违法建筑的起诉期限规定不同，法院、检察机关、自然资源部门基于对特殊保护土地资源和保障当事人诉讼权利这两个价值追求各有侧重，关于拆除违法建筑的起诉期限的认识长期难以统一。再如，法院要求行政机关申请强制执行时缴纳案件受理费、诉讼费等，而法律明确规定行政机关不缴纳执行费。关于法院是否应当收取这部分费用及费用如何定性，法院、检察机关、行政机关的认识也存在较大差异。以上三个问题，西安两级检察机关行政检察部门曾多次组织法院、行政机关进行探讨，并向其提供最高检相关典型案例。但由于缺乏明确的规定，且各方认识都有一定的法律和现实依据，分歧的解决和统一工作推进非常艰难、缓慢，相关问题的监督、规范和统一，效果一直不佳。

（四）对外沟通协作能力有待提升

近几年，检察机关逐步认识到对外沟通协作对行政检察高质量发展的促进意义，因此广泛对外建立协作机制，以期对拓展案件来源、提升监督质效有所帮助。但是签订的机制不少，发挥的作用并不大。移送案件线索没有形成常态化模式，检察建议内容很难落地见效，尚未明显推动法院、行政机关弥补司法、执法中存在的制度漏洞。与人民法院、行政机关、监察机关虽有沟通联系，但频次、力度、效果尚不能满足工作需要。

三、强化检察机关行政非诉执行监督助推法治政府建设的路径

（一）提质增效为法治政府建设提供优质检察服务

经过近几年发展，行政非诉执行监督已经形成了较为可观的办案规模。提质增效是下一步高质量发展的关键着力点。行政非诉执行监督应以法治政府建设需求为导向，主动回应人民群众的司法需求，推动解决对群众生活和国家利益影响大的法治政府建设难题。切实完成供给侧结构性改革，为法治政府建设提供优质的检察产品和服务。

目前行政非诉执行监督层次较浅，有损检察建议的权威性和被建议机关的认可度。要想引起被建议机关的重视，就要提升监督层次，直面存在的时间长、解决难度大的难点堵点，正确适用行政法律法规，深入分析违法原因，准确深刻论证法理，提出切实可行的整改意见，精准推动人民法院公正司法、行政机关规范执法。

加强对行政行为的合法性审查，充分运用调查核实、实地走访、询问相关人员、公开听证、专家论证等程序，弥补书面审查的弊端，扭转过去程序性监督为主的监督模式，加强对行政行为程序和内容的合法性审查，锁定争议的核心焦点和相对人的实际诉求，化解行政争议，提出监督意见。

行政非诉执行因为程序较为简单、法律关系较为清晰，所以容易形成相对

固定的、高度类型化的办案模式。相较于生效裁判监督和审判人员违法行为监督案件，检察机关更容易从行政非诉执行活动中发掘类案线索。检察机关在办理个案时，应树立正确的办案观，从“个案数量驱动”转变为“类案质效导向”，培养类案监督意识，提升类案线索敏锐度，一旦发现有典型性、引领性价值的个案线索，应进一步通过走访、询问、阅卷等方式挖掘、核实违法行为是否长期、大范围、惯性化地存在。以点带面，以小见大，在更大范围内产生监督辐射效应，实现“做一件成一件、成一件影响一片”的效果。

除为法治政府建设提供优秀检察产品之外，还应搭配配套措施提升产品实际价值。在制发检察建议之前与被建议机关进行深入交流，就拟监督的违法行为的产生原因、现实困难、改进方向、预期效果等进行沟通，达成共识，获取理解和支持，把控监督方向，确保提出的建议有必要、有意义、有实效。改良检察建议送达模式，通过宣告送达及上门服务，送达的同时进行释法说理，详细展示调查核实、听证、论证等工作细节，将因为检察建议篇幅限制而不能展示的内容与被建议机关进行更深入的沟通，促进被建议对象理解和接受监督意见。重视检察建议发出后的跟踪回访工作，以员额检察官为第一责任人，通过建立台账动态管理跟踪回访情况、牵头组建专项小组等制度，做好跟进监督，确保不整改到位不结案，违法状态不消除不结案。还可邀请人大代表、政协委员、学界专家、律师等参加回访，引起被建议机关的重视，合力促进被建议机关整改纠错。针对不接受、不反馈、不改正的被建议机关，检察机关可以再次向其发出通知、督促类文书，督促或催告其依法整改。同时可向其上级部门抄送相关文书，对被建议机关的考核评分、干部任用产生影响和压力，涉及职务违法犯罪的，及时向监察机关移交线索。

（二）结合行政违法行为监督双轮助推法治政府建设

中共中央《关于加强新时代检察机关法律监督工作的意见》（以下简称《意见》）明确了行政检察的发展方向、发展目标和工作任务。《意见》强调，检察机关“在履行法律监督职责中发现行政机关违法行使职权或者不行使职权的，可以依照法律规定制发检察建议等督促其纠正”。

按照《意见》的要求，行政违法行为监督成为基层行政检察工作新的业务增长点。最高检七厅也在 2022 年初提出了完善和落实“以行政非诉执行监督和行政违法行为监督为新的增长点”的新时代行政检察工作格局。检察机关在办理行政非诉执行监督案件时，应将审查链条从申请执行延伸至行政行为的作出、告知、送达、催告等环节，透过行政执法文书，强化对行政行为的合法性审查，发现、搜集行政机关违法行使职权或者不行使职权的线索，依照法律规定制发检察建议督促其纠正。

通过行政非诉执行监督和行政违法行为监督双轮驱动，以监督办案为载体，发挥“一手托两家”的作用，既监督人民法院依法审查、规范执行，维护司法公正，又监督行政机关依法行政，纠正违法行为、规范执法程序，提高行政执法效能，有效维护社会主义法制的统一、尊严和权威，护航法治政府建设进程。

（三）“穿透式”监督融入法治政府建设大局

检察机关是国家法律监督机关，在全面依法治国进程中担负着重要的法治使命和历史使命，既要治末端，也要重前端，防未病、治未然，以法治方式助推国家治理体系和治理能力现代化。①

助推法治政府建设是行政检察的正确发展道路，也是重要使命，要想沿着这条道路获得长足发展，检察机关要在党委统一领导下，履行法治政府建设主体责任，把助推法治政府建设放在行政检察发展全局中统筹谋划。监督不是目的，如何在监督办案之外落实“穿透式”监督理念，主动融入法治政府建设大局，更好地服务人民、为法治政府建设助力才是根本。

建立行政非诉执行监督年度或者专题通报制度，全面梳理、深入查找、深度剖析行政非诉执行和行政执法中普遍存在、突出表现的问题，或者苗头性、倾向性不良趋势等，提出针对性强、实操性足的意见建议，向法院和行政机关通报，协助其自行完善；向党委及其政法委、人大报告，加强法院公正司法、行政机关依法行政的外部压力。

把履行行政非诉执行监督职能与服务党委政府中心工作结合起来，找准服务大局的突破口和切入点，在办理行政非诉执行监督案件过程中，向党委报告发现的法治政府建设的重大问题，通过调研报告、白皮书等方式，从社会治理层面指出问题、分析原因、提出对策建议。为党委、政府决策提供依据，推动、支持、协助党委政府从制度上、管理上破解难题，为推进国家治理体系和治理能力现代化，全面实现依法治国提供有力司法保障。

创新检察机关参与社会治理的方式，在文书和报告之外，通过参与政府专项整治小组、见证联合执法等方式，联合其他执法监督力量共同整治重点领域行政执法不作为乱作为、执法不严格不规范不文明不透明等突出问题。

（四）强化对外协作形成法治政府建设合力

回顾行政非诉执行监督业务的发展历程，可以发现，法院、行政机关对检

① 张相军：《深入学习贯彻习近平法治思想推动行政检察工作高质量发展》，载《中国检察官》2021 年第 2 期。

察监督的需求也在日益增长。检察监督是监督也是支持、双赢多赢共赢的理念在更广范围内得到接受和认可。法治政府的建设是检察机关的使命，但检察机关并非唯一责任主体。检察机关应当发挥“一手托两家”的职能优势，当好“府院”联动协作模式中的牵线人。积极联络人民法院、行政机关，加强沟通，用案例、用数据、用理论展示行政非诉执行监督的重要作用，帮助法院、行政机关正确认识检察监督价值，消除排斥和抵触心理，为形成法治政府建设合力奠定意识基础。

《法治政府建设实施纲要（2021—2025年）》指出，要在2024年底前基本建成省、市、县、乡全覆盖的比较完善的行政执法协调监督工作体系。行政检察部门应当以此为契机，紧跟法治政府建设节奏，主动对接相关部门，融入行政执法协调监督工作体系。扩大协作机制的覆盖面，与自然资源、社会保障、环境保护、市场监管、交通运输、卫生健康等行政非诉执行申请需求较多的行政机关全面建立协作关系，围绕信息共享、案情通报、线索移送、争议化解、联席会议、案件会商、联合培训、重大案例联合发布等方面建立衔接机制。致力建设行政执法与行政检察大数据衔接平台，及时掌握行政机关行政处罚、申请执行以及法院受理、审查、实施情况，更广维度破解行政非诉执行监督案源获取难题。

采用共同调研、案件论证、研讨会议等方式，在充分研判的基础上，就行政非诉执行的程序、标准、认识分歧和现实困难展开调研、论证和协商，争取达成一致，形成会谈纪要、会签意见等，明确、规范、统一行政非诉执行工作标准和程序。如将土地执法查处领域行政非诉执行监督案件办理过程中发现的法律适用难题层报最高检后，由中国法学会检察学研究会行政检察专业委员会和陕西省人民检察院、西北政法大学行政检察研究基地共同举办了案例研讨会，邀请审判专家、行政执法人员、法学教授、检察业务专家、律师代表同堂论证，推动了法律适用难题和认识分歧的解决，充分体现了“府院”联动助推法治政府建设的优势和效果。

行政非诉执行案件中行政争议实质性化解探索

——以未央区院近三年案件办理情况为例

山 娜 常张茜*

针对人民群众反映强烈的行政诉讼案结事不了的问题，2019 年 10 月最高人民检察院部署开展行政争议实质性化解专项活动，旨在聚力解决群众反映强烈的“行政程序空转”问题。实践中仍然存在行政检察监督范围不明晰、监督刚性不足、法律规定不健全等问题。行政争议实质性化解工作的开展，一方面有利于维护人民群众合法权益，另一方面有助于补足行政检察在“四大检察”中的短板和弱项。行政争议实质性化解常态化机制的建构与完善将进一步贯彻落实习近平总书记有关“四大检察”全面协调发展的重要讲话精神，平衡行政检察在“四大检察”中的地位，衡平行政检察与民事、刑事、公益诉讼的同等地位。

一、基层检察机关促进行政争议实质性化解工作的现实困境

此次专项活动的开展使得各级检察机关聚焦行政争议领域的难题实事，积极探索创新，总结出许多操作性强的行政纠纷化解的方式方案，与此同时也折射出基层检察机关行政争议实质性化解工作的现存困境。

（一）行政争议实质性化解案件数量较少

行政诉讼案件集中管辖、总体数量少是基层院开展行政争议实质性化解工作的重大难题。根据最高检通报，截至 2020 年 6 月，全国检察机关共化解行政争议 457 件。未央区检察院所在的西安市行政诉讼案件集中管辖，在 2020 年上半年未开展行政争议实质性化解，2020 年 9 月开展行政争议实质性化解

* 山娜，西安市未央区人民检察院第四检察部副主任、一级检察官；常张茜，西安市未央区人民检察院第四检察部书记员。

案件1件。个案数量少不仅影响专项活动成效，也使得基层检察机关难以通过个案处理总结出适应本地区现实状况的类案经验。

（二）行政检察部门的业务人才储备不足

长期以来，行政检察部门在基层检察机关内部都处于边缘地位。行政检察部门办案人员不足、力量较弱是影响“四大检察”全面协调发展的短板，难以适应业务发展需求。[①] 主动获取行政争议实质性化解案源就需要主动与行政执法机关加强联络，向行政机关及行政相对人了解核实情况，这就需要专业素养较高的行政检察人员储备。

（三）行政非诉执行检察监督缺乏具体操作规范

行政非诉执行作为基层检察机关开展行政争议实质性化解的突破口，但我国现行法律却没有行政非诉执行的具体操作规范配套适用，行政非诉执行检察监督适用的程序、方法也不甚明确。体系性规范的缺乏使得实质性化解工作的法律依据不统一，基层检察机关在探索适用争议解决办法的过程中，需要从有关行政非诉执行的各项规定中寻找法律依据，增加了向当事人释法说理的难度。

二、未央区检察院行政争议实质性化解工作的经验探索

根据最高人民检察院《全国检察机关“加强行政检察监督，促进行政争议实质性化解”专项活动实施方案》的要求，西安市人民检察院结合本地区行政检察工作实际，制定了实质性化解案件办理指引。未央区院在最高检工作要求和市检察院工作指引的引导下，积极推动并规范行政争议实质性化解工作。2020年至今共计化解案件16件，涉及金额100余万元，涉及大型企业2家、小微企业2家。

（一）内外联动拓宽案件来源渠道

行政非诉执行案件由于所涉行政行为不能接受司法审查，检察机关适时介入可以在履行法律监督职能的同时促进争议的实质性化解。基于此，未央区检察院对内整合优势资源，对外积极交流沟通。在审查行政相对人或者权利人没有提起行政复议、行政诉讼的理由具有正当性之后，积极履行法律监督职能。一方面，加强与控审、刑执等其他部门的配合，从移送案件中寻找线索，并定期召开部门联席会议，从中研判案件线索。另一方面，加强与法院和行政机关

① 谈倩、尚帅帅、孙宋龙：《行政非诉执行案件中检察机关促进行政争议实质性化解的路径探析》，载《中国检察官》2020年第14期。

的交流沟融，充分发挥“一手托两家”的双重职能，针对案件线索及时组织座谈，增强信息收集能力并落实检察建议反馈。与此同时，积极建立检察机关与司法局沟通联动机制。未央区人民检察院与未央区司法局共同研究制定《关于强化协作配合推动行政争议实质性化解的工作意见》。将行政争议实质性化解的工作经验与遵循规律提炼为推动行政化解行政争议可遵循的长效机制。在联系群众方面，充分利用互联网产品，通过微信公众号、抖音等社交平台，宣传行政检察相关工作，加大对典型案例的宣传力度，为人民群众提供争议解决指南。

（二）专人专责增强行政检察部门办案力量

配齐基层行政检察部门办案力量是促进行政争议实质性化解的基础工程。陕西省检察院已经明确了基层检察院要组成行政检察工作专案队伍，把专人专责落到实处。基于此，未央区院进一步强化行政检察部门专门队伍，增强工作人员专业素质，多次组织行政检察人员赴浙江、河南等地学习考察，学习兄弟检察院在行政争议实质性化解工作中的先进做法和有益经验。积极开展调查核实，不仅从移交的案卷中收集证据，还主动深入行政机关、向行政相对人了解情况，既打开了工作局面，也有利于社会各界对行政检察工作的认同。

（三）合理利用检察建议参与社会治理

行政非诉执行案件是行政诉讼案件数量的四倍左右，是贯彻检察机关“一手托两家”检察职能的重要举措。[①] 同时，行政非诉执行程序属于准司法程序，法院是否准予执行的行为都较为容易引发行政争议，实质性争议的化解工作相对迫切。

2011 年“两高”下发《关于在部分地方开展民事活动法律监督试点工作的通知》，其中第 8 条明确了检察机关非诉执行监督的职权。《西安市人民检察院行政非诉执行监督案件办理细则（试行）》第 17 条规定了可以开展实质性化解的行政非诉执行案件的情形。未央区检察院在此次专项活动中，以行政非诉执行案件为主要突破口，运用检察建议的方式对于行政相对人申请监督的非诉执行案件进行争议实质性化解。在“陕西建工某建设集团有限公司申请与西安市未央区人力资源和社会保障局行政非诉执行检察监督案”中，陕西建工某建设集团在未央区两项工程项目中未按照规定开设农民工工资专用账户、预存农民工工资支付保证金，西安市未央区人力资源和社会保障局对其分别作出行政处罚合计罚款 30 万元。经催告，该公司仍未缴纳罚款及加处罚款，

① 俞敏：《行政非诉执行检察监督现实困境与对策》，载《中国检察官》2020 年第 14 期。

该案被申请强制执行。该公司以政府资金与工程节点严重脱节，公司垫付大量的工程款与人工费，导致公司周转资金严重不足，无力承担此行政处罚为由，提出减免此行政处罚和因超期缴纳罚款所产生的逾期加处罚款。未央区人民检察院经调查核实，证实了行政相对人的上述说法。在调查中发现，西安市未央区住房和城市建设局在向企业颁发施工许可证方面有待完善，区住建局对申请企业是否有满足施工需要的资金安排仅采用形式审查，无法保障劳动者的权益，但区住建局表示实质审查在落实中存在阻力与不便。对此，未央区人民检察院同时邀请区住建局与区司法局就颁发施工许可证方面的问题进行听证。在充分听取双方意见后，未央区人民检察院就西安市未央区人民法院、西安市未央区人力资源和社会保障局在执行过程中的瑕疵问题向其发出改进工作类案检察建议，并特别向西安市未央区住房和城市建设局提出检察建议，建议该局落实监管职责，对申请企业是否有满足施工需要的资金安排落实实质审查，从源头上保障农民工工资款项按期支付。

根据《人民检察院检察建议工作规定》，检察建议包括再审检察建议、纠正违法检察建议、公益诉讼检察建议、社会治理检察建议和其他等五种类型。依此可知，未央区检察院在改进工作、完善治理的检察监督工作中，以个案为窗口，已延伸至制度健全、预防违法等方面，这可以成为检察机关参与国家治理的有效途径。

（四）发挥听证效用保障行政非诉执行案件效果

组织公开听证是未央区检察院促进行政争议实质性化解的重要举措。脱胎于抗辩式庭审过程的听证程序被引入行政非诉执行监督工作中，听证主体之间的互动性呈现出由对抗走向协调的特征，有利于行政争议的实质性化解。

根据《西安市人民检察院实质性化解案件办理指引（试行）》相关规定，检察院可以采取提出抗诉或公开听证等方式进行行政争议实质性化解。在“西安市自然资源和规划局与辛某某行政非诉执行”案中，未央区检察院收到辛某某的监督申请后，开展了充分调查，收集证据材料，查明行政机关加处罚款具有合法性，法院也依法受理并作出裁定。通过与行政机关及行政相对人的对接核实，证实辛某某已经按期拆除了违法建筑并缴纳了罚款本金，违法情形已经消除，但行政相对人确实家庭困难，年岁已高又身患重病，无力支付加处罚款。鉴于此，未央区人民检察院邀请人民监督员、人大代表、法学专家以及新闻媒体等多方参与听证，从保障行政主体与行政相对人、权利人程序权利与实体权利两个方面共同推动行政处罚实质性化解。经参与听证主体充分发表、听取双方意见之后，达成了和解，保障了行政非诉执行案件的效果。

另外，在“陕西某装饰工程有限公司与未央区人力资源和社会保障局行政非诉执行检察监督案”中，未央区人民检察院依托与未央区司法局共建的行政争议化解室，针对该案召开了行政争议实质性化解公开听证。听证会上，人大代表、政协委员、人民监督员担任听证员，双方委托代理人陈述事实理由、出示相关证据，发表各自意见后，听证员围绕案件听证议题履行听证职责，对当事人进行了提问，并现场向用人单位宣传、解读了有关农民工权益保障的法律法规，最后听证与会人员得出统一听证意见，认为劳动保障部门的处罚决定合理，任何原因都不能作为违反法律法规的借口，但从疫情期间保护营商环境、司法温情方面考虑，可以对行政处罚进行减免。该公司表示在以后的经营活动中以此为戒，一定认真学习并遵守国家的法律法规。双方当事人于现场签署了实质性化解确认书，该案行政争议得到实质性化解。

由此可见，在个案中行政机关与行政相对人基于不同的立场形成相异的诉求或观点，检察机关合理利用检察监督职能，变对抗型主体关系为协作型主体关系，采取听证的方法，将听证的各参与主体处于一种协商互利的关系中，有效促进了行政争议的实质性化解。

三、促进行政争议实质性化解的路径优化

促进行政争议实质性化解是认真贯彻党的十九届四中全会精神，助推国家治理体系和治理能力现代化的题中应有之义。实践中，过半数的行政争议均发生在基层检察机关，① 基层检察院也更加贴近民情、了解民意，是促进行政争议实质性化解形成长效机制的中坚力量。本次专项活动的开展有助于发现问题，开拓思路，优化举措，活动结束后需要有效复盘，丰富经验，进一步优化程序设置。

（一）增强检察监督刚性

法律规定检察机关可以采取调查核实措施，但是实践中基层检察机关查询受阻并非个例。此外，检察机关化解行政争议促成和解后期结果如何固定法律也无明确规定。可见，检察机关需要相应的保障措施来避免监督乏力，增强监督刚性。对于行政机关或法院消极配合的，要积极沟通协调，坚持办案原则，对确实不接受监督的，及时发出检察建议及监督意见并持续追踪确保检察建议落实到位，必要时可以向同级人大常委会报告，争取人大和基层党委对检察工作的支持与指导。检察院参与促成和解的，可以参照《人民检察院刑事诉讼

① 李柯青：《解决行政纠纷问题第四条路径探寻——试论新型行政调解制度》，载《法制与社会》2017 年第 33 期。

监督规则》相关规定，人民检察院可以主持制作和解协议书，以固定和解结果，但检察人员不在当事人和解协议书上签字或加盖检察院印章，以释明其监督检察作用。

（二）以个案处理推动类案监督

“违法占地类”行政非诉执行监督案件一直是基层检察机关行政非诉执行监督的重点。耕地安全事关国家粮食安全、生态安全，全面落实“六稳”“六保”是检察机关的重要使命。基层检察院在行政争议实质性化解常态化要求下，可以将个案处理与类案监督相结合，集中摸排线索，总结普遍性问题。① 对这类“非法占地类”案件开展专项监督，整理出该类案件涉及的受理、审查、执行等环节的监督举措和法律依据，规范监督行为，为耕地保护提供有力的司法保障。此外，针对此类“裁执分离”中普遍存在的执行难问题，要积极与法院、行政机关沟通协调，严格规范“裁执分离”案件有关适用程序和适用范围，多管齐下助力解决执行难问题。

（三）积极参与社会治理

行政关系和谐是法治国家、法治政府、法治社会的重要标志，行政争议实质性化解必须将行政检察工作与社会治理能力现代化、法治化结合起来，使得行政争议在法治轨道内得到妥善解决。② 通过查办具体案件，及时发现社会治理方式、程序上存在的问题，提出切实可行的对策建议，并监督有关部门贯彻实施。将行政检察工作转化为社会治理动能，真正解决人民群众关心的重大社会问题，使得行政检察深入人心。

① 张雪情：《违法占地类案件行政非诉执行的检察监督》，载《中国检察官》2020 年第 14 期。

② 张蓉、韩琴：《立足典型案例完善行政非诉执行检察监督》，载《中国检察官》2020 年第 14 期。

土地执法查处领域行政非诉执行检察监督的几点思考

魏　颖*

一、土地执法查处领域行政非诉执行检察监督现状

（一）法律缺失监督依据模糊

一是规范行政非诉执行的相关法律缺失。根据《行政强制法》的规定，无法律设定强制执行权的行政机关，应当申请人民法院强制执行。2012年起推行的"裁执分离"模式虽有效地保障了国有土地上房屋征收案件的执行，但对土地执法查处领域行政非诉执行并没有规定。一方面，导致"裁执分离"难以发挥最大作用；另一方面，虽然实践中各地普遍进行了探索，但仍属于无法律依据行为。[①] 二是行政非诉执行检察监督依据笼统。现行的《人民检察院行政诉讼监督规则》第2条、第39条、第108条仅对行政检察监督进行了囊括性阐述，并未对行政非诉执行活动如何开展监督作出明确和细化规定。三是土地执法查处领域法律法规不健全。行政效率是行政权的生命，没有基本的行政效率，就不可能实现行政权维护社会所需要的基本秩序的功能。[②]《土地管理法》并未赋予土地执法部门对非法占地类案件的强制执行权，导致法院裁定准予执行后，由于种种原因长期无法执行，很多违法占地现象并未消除，从结果来看，降低了行政效率。

（二）案件线索来源匮乏

目前检察机关办理的土地执法查处领域行政非诉执行监督案件的线索几乎全部来自调阅法院行政非诉执行案件卷宗后自主发现，当事人申请监督、其他

---

* 魏颖，西安市灞桥区人民检察院检察官助理。

① 张相军：《关于做好新时代行政检察工作的思考》，载《中国检察官》2019年第7期。

② 张树义主编：《行政法学》，北京大学出版社2012年版，第45页。

机关移送的案件数量相对较少。从行政非诉执行本源看，执行人员违规违法办案行为大多具有隐蔽性，外界往往难以及时发现。[①] 从社会公众知晓度看，笔者在开展法治宣传过程中发现大多数群众都不清楚或者不甚了解检察机关行政非诉执行监督职能。

（三）监督方式刚性不足

检察机关主要采取制发检察建议的方式对土地执法查处领域行政非诉执行进行监督，但检察建议属于非诉讼法律监督方式，故而缺乏相应的制度保障，监督效果有限。具体体现在：一是检察建议贯彻落实不到位。制发的检察建议存在未能及时回复、回复不全面的问题。二是检察建议类型固化，集中在纠正违法和浅层次社会治理类，缺乏对土地执法查处领域存在问题的深层次思考。三是后续跟踪问效不及时。检察建议发出后仅依赖书面回复，未对被建议单位落实情况进行全方位跟踪回访，影响检察监督质效。

二、土地执法查处领域行政非诉执行检察监督发现的问题

（一）法院对具体行政行为的合法性审查流于形式

法院通过对行政非诉执行申请进行合法性审查来判断具体行政行为合法与否，能否准予强制执行，进而促使合法的行政行为能够得到快速实现，违法行政行为得到及时纠偏。但实践中，司法审查环节多为书面审查，形式审查重于实质审查，更注重偏向审查法律适用问题，不注重审查事实认定问题。这就使得行政机关在作出行政处罚决定时，认定基本事实错误的情况到了司法审查环节未能得到及时纠正，违法的行政行为因不规范的司法审查被裁定准予执行，继而出现连环错误的现象。法院对行政机关作出的行政处罚决定的合法性审查不严即作出准予强制执行的裁定，严重损害了法院的司法公信力及当事人的诉讼权利。

（二）法院裁定准予执行后案件并未进入执行环节

司法实践中，大多数基层法院办理行政非诉执行案件分为案件审查和案件执行两个部分。案件分流到行政审判庭后，行政审判庭仅对审查后符合强制执行条件的案件作出准予强制执行裁定。因法院并无内部案件执行移送机制，行政审判庭作出的强制执行裁定并不会直接移交执行局执行，需要行政机关向法

① 郑新俭主编：《人民检察院行政诉讼监督规则（试行）理解与适用》，中国检察出版社2016年版。

院执行局再次申请强制执行。因此，对于法院可以自行执行的案件，自然资源和规划部门认为其已经向法院申请强制执行，后续强制执行工作应由法院负责实施，在收到法院准予强制执行的裁定后便做结案处理，没有对执行工作进行及时跟进。而法院行政审判庭只对行政处罚决定进行合法性审查，在作出准予强制执行裁定后也做结案处理，导致行政非诉执行案件程序空转，违法行为仍然存在，得不到实际执行，降低了司法公信力和行政效能。

（三）行政机关行政执法不规范、不严谨

行政行为本身的合法性是非诉执行得以实现的前提，换言之，土地执法部门作出的土地行政处罚决定书对非法占地行为违法性的认定是土地执法查处领域行政非诉执行的依据，这就对行政机关的行政执法能力和执法水平提出了较高的要求。笔者在办理的土地执法查处领域行政非诉执行案件监督过程中调阅行政机关的行政执法卷宗发现，行政执法过程中大量存在应告知行政相对人权利而未告知或告知程序不符合要求、送达程序较为随意等执法不规范的现象，甚至违法事实认定时调查核实工作不细致，行政处罚决定表述不严谨的现象也时有发生。

（四）行政机关告知行政相对人起诉期限不统一

行政机关作出的行政处罚决定书应当明确复议、诉讼期限。但土地执法查处领域行政处罚决定一般包含“限期拆除违法建筑物”和“罚款”两项内容，《行政诉讼法》第46条规定起诉期限是6个月，而《土地管理法》第83条对责令限期拆除规定了15日的起诉期限。因此处罚决定的两项内容起诉期限应当如何确定在实践中有不同操作：有的行政机关在行政处罚决定书中将“限期拆除”和“罚款”分别告知15日和6个月的起诉期限；有的行政机关采取“就长不就短”原则，告知6个月诉讼期限；甚至出现同一行政机关在相同类型的行政处罚决定书中告知不同诉讼期限的情况。起诉期限的告知直接影响着行政相对人诉权的正确行使，如若行政机关在行政相对人起诉期限未满即向法院申请强制执行将限缩行政相对人的诉权。

三、以检察监督视角审视行政非诉执行存在的问题

之所以设立行政非诉执行制度，而不是将所有行政行为的执行权都交给行政机关，就是要在该问题上发挥司法权对行政权的监督作用。[①] 而检察机关本身就是宪法明确授权的法律监督机关，其具有“一手托两家”的天然优势，

① 黄学贤：《非诉行政执行制度若干问题探讨》，载《行政法学研究》2014年第4期。

既监督人民法院公正司法，又促进行政机关依法行政。①

张相军提出的“穿透式”行政检察监督，强调透过事物的表面现象，对深层次、本源问题的监督，其至少有两层含义：一是从监督法院司法活动穿透至监督行政机关作出的行政行为；二是从个案监督穿透至类案监督。“穿透”的目的是要破除实践中突出的三大“遮蔽”：一是程序给实体披上“合法的外衣”；二是“案结事未了”；三是个案解决遮蔽类案漏洞。②“穿透式”检察监督对于提升检察机关法律监督质效，贯彻实质法治理念有着积极意义。

土地执法查处领域行政非诉执行背后存在复杂的民生问题和法律关系，行政非诉执行的实现既以行政机关依法行政为前提，又以人民法院的公正司法为保障。土地执法查处领域行政非诉执行检察监督更应践行“穿透式”监督理念，从人民法院办理此类案件的受理、审查、执行环节中发现的问题着手，构筑相应的监督体系，在监督人民法院公正裁判的同时，促进行政机关依法履职。

具体而言分为三个层面：一是行政非诉执行检察监督恪守有限监督原则。行政非诉执行检察监督涉及不同权力之间的制约问题，本质上是检察权、行政权、审判权之间的相互制衡。基于不同权力的相对独立性和各自边界性，各自边界内的事情属于不同权力内部的自由裁量空间，检察机关行使监督权不能超越底线，不能干涉其他权力的正常行使。二是程序性和实体性监督并重。检察机关对行政非诉执行案件的受理、审查、执行程序进行监督，目的是保障程序正义；对行政非诉执行案件的受理、审查、执行的实质性内容进行监督，旨在追求实体正义。综上，行政非诉执行检察监督应当做到程序性和实体性监督并重，从而实现全面、公正的监督。三是行政非诉执行检察监督的法社会学意义。法律所规范的行为背后是错综复杂的社会治理难题，法理、事理、情理相统一是法实施的价值追求。法、理、情三者的有机统一，也是开展检察监督最基本的法社会学基础。“法治是规则之治，但法律之外还有复杂的情感，案件之中还有难解的缘由。如果单纯从法律技术角度处理，有些案件不但难以有效解决，还可能引发新问题。法律的运用，是一种实践的智慧。只有善于从法律视角和社会视角通盘考虑法理、事理、情理，才能实现法律效果和社会效果相统一。”③

---

① 张相军：《以行政非诉执行监督为突破口做实行政检察工作》，载《检察日报》2019 年 5 月 27 日。

② 张相军：《“穿透式”行政检察监督与促进社会治理》，http：//fzzfyjy. cupl. edu. cn/info/1021/11373. htm。

③ 孟建柱：《坚定不移走中国特色社会主义政法队伍建设之路：学习贯彻习近平总书记关于加强政法队伍建设重要指示精神》，载《求是》2016 年 8 月 11 日。

四、完善土地执法查处领域行政非诉执行检察监督的建议

（一）紧盯法院案件受理环节，开展源头监督

法院受理环节是土地执法查处领域行政非诉执行案件的入口，也是检察监督的关键。检察机关应当对法院行政非诉执行案件的受理标准进行深入分析，以确保精准监督。检察机关在开展土地执法查处领域行政非诉执行检察监督时主要有以下两个切入点：一是法院应当受理而不受理，具体表现为：案件符合法律规定的受理条件，但法院借故不予受理、选择性受理、搁置受理等。检察机关监督重点在于法院是否怠于行使行政非诉执行案件审查权。二是法院不应当受理而受理，具体表现为：法院对申请执行人或被执行人主体不适格、行政机关向法院申请强制执行时超过法定期限、违反管辖规定等不符合法律规定的受理条件而予以受理。检察机关通过对法院受理环节是否尽到谨慎审查义务，开展源头监督。

（二）准确把握法院审查标准，做实过程监督

在司法实务中，部分法官在行政非诉执行案件审查过程中仅对行政机关作出的具体行政行为进行形式审查，认为非诉案件不同于诉讼案件，如果采用相同的审查标准会极大影响行政效率和执行效率，笔者对此有不同观点。不可否认，从表面来看，不全面审查行政行为的合法性，仅对行政机关提交的申请材料进行形式审查，一定程度上提高了案件的审查效率，但却起不到审查的作用。法官如果不作审查径直裁定，便会沦为行政执行的工具，行政非诉执行审查制度也就没有了存在的意义。“法院对非诉行政执行的审查，完全采用卷面审查的方式，这不符合正当程序的基本规则。那种认为非诉行政执行案件的审查方式就是书面审查，不可以采用其他方式的观点也是值得商榷的。如果法院仅仅对非诉行政执行案件进行程序审查，就不能很好地发挥司法权对行政权的监督作用。”① 由于目前的行政执法还不够规范，执法过程中难免存在违法现象，而当前社会公众的法治观念不强，自我权利保护意识淡薄，加之现阶段我国行政诉讼胜诉率不高，诉讼双方地位的不平等属性均容易使行政相对人对诉讼产生畏难情绪，从而未能在法定期限内及时主张复议和诉讼权利，但这并不意味着行政行为合法。“如果人民法院对行政机关的执行申请不作实质审查，

① 黄学贤：《非诉行政执行制度若干问题探讨》，载《行政法学研究》2014 年第 4 期。

就会导致将错就错，甚至错上加错，有损法律的公正。”① 人民法院非诉审查肩负着监督行政机关依法行政的使命，不能因被申请人未行使诉权而放弃这一职责，因此对于非诉执行案件应全面审查，才能保障合法有效的行政行为得到执行。② 就目前此类案件暴露出的问题来看，虽然行政执法过程存在不规范、不严谨的问题，但行政行为因重大、明显违法致使行政行为无效或者行政相对人的权利因不当行政行为而造成严重侵害的案件并不多。因此，笔者认为，法院在全面合法性审查的大前提下，结合土地执法查处领域行政非诉执行案件的特点，采用形式审查为主、实质审查为辅的审查方式是极具可操作性的，即如果在形式审查时发现可能存在对被执行人实体权利造成侵害的情形，则应深入对行政行为的合法性进行实质审查。如此一来，既保证了案件的审查效率，又最大限度地保障了被执行人的合法权益。检察机关对土地执法查处领域行政非诉执行案件的监督，也可以按照此标准并结合具体案情综合判断监督的必要性。

（三）切实保障行政非诉执行效果，实施结果监督

土地执法查处领域行政非诉案件的执行环节问题复杂、争议点多，实施难度大，亦是检察监督的重点。2012 年确立的“裁执分离”行政非诉执行新体制将“裁执合一”模式下的“司法单轨制”发展至“裁执分离”模式下的“裁定司法制”和“执行双轨制”。在执行主体方面开启了“双主体”时代，除了法院外，还可以确定某些行政机关作为执行主体。在实际执行操作中，法院裁定的其他执行主体可以采用何种执行手段存在较大争议，如若出现执行错误行政相对人的救济途径以及由此产生的责任追究机制也并不完善。“裁执分离”模式意图通过“裁定司法制”保障审查的公正性，但程序严密带来程序正义的同时，也一定程度上拉长了行政非诉执行的审查期限，进而导致程序正义与高效行政之间的矛盾与隔阂。③ 在执行实施过程中大量存在因为种种复杂的社会原因“裁而未执”，或者政府为了行政目标、行政效率罔顾程序正义违法强拆的现象。建议通过立法将“裁执分离”制度纳入规范行政非诉执行的法律当中，厘清法院和裁定的其他执行主体之间的关系。法院作出准予执行裁定后不能“一裁了之”，应当积极协调各行政机关，督促其尽快落实执行裁定。与此同时，针对法院有权自行执行的案件，笔者建议法院构建内部案件执行移送机制，由法院行政审判庭审查作出准予执行裁定后自行移交执行局执

---

① 乔晓阳主编：《中华人民共和国行政强制法解读》，中国法制出版社 2011 年版，第 194 页。

② 向忠诚、邓辉辉：《非诉行政执行制度研究》，中国政法大学出版社 2016 年版，第 169 页。

③ 应松年、冯健：《房屋拆迁非诉行政执行的困境与变革》，载《法学评论》2021 年第 2 期。

行，减少行政机关二次申请执行诉累，以便提高执行效率。为保障执行效果，检察机关应当对执行主体怠于履职、执行方式不当、执行程序违法等情形及时制发检察建议，通过依法履职，提升监督质效。

（四）针对行政行为的合法性与合理性，开展全面监督

行政机关作出具体行政行为应当以合法性为基础，也要考虑合理性。具体行政行为应当具有最低限度的合理性，即应当具有一个理性正常人所能达到的合理与适当，并且能够符合科学规律和社会公德，这也是实质行政法治的内在要求。尤其是土地执法查处领域涉及问题复杂、矛盾冲突尖锐，极大地提升了执法风险。如果具体行政行为虽然形式合法，但存在严重的不合理问题，极易引发社会不稳定因素。例如，唐某申请监督案，唐某 1994 年创办了福利企业，历时 20 多年，直到 2020 年 9 月，市资规局国际港务区分局在行政执法过程中发现唐某在院内加建大棚，遂立案调查，后作出土地行政处罚决定书认定唐某未经批准非法占地，责令其自行拆除非法占地上修建的砖混房及大棚并处罚款，唐某因此利益受损，开始了维权之路。

根据 1988 年《土地管理法》第 39 条规定，用地审批应当由县级以上地方人民政府批准。1987 年《陕西省土地管理实施办法》第 21 条规定“临时用地一般不得超过 2 年，不得在临时用地上修建永久性建筑”，而乡土地管理监察所于 1994 年向唐某出具的《临时建设用地登记审批表》载明土地使用年限为 30 年。显然，唐某所持有的《临时建设用地登记审批表》不符合法律规定，但笔者认为，土地审批是政府行为，如果行政相对人按照政府要求进行用地审批并缴纳用地费用，基于对政府的信赖利益，应当保护行政相对人的正当权益，维护行政秩序的稳定性。2004 年实施的《行政许可法》确立了“信赖利益保护原则”，信赖利益保护原则源于民法中的诚实信用原则，设立目的在于维护法律秩序的安定性和保护行政相对人的正当权益。行政行为一经作出就具有确定力，即使事后发现审批违法，但该违法行为不应归因于行政相对人，基于“信赖利益保护原则”，行政机关也不能因为自己的责任将不利后果转嫁给行政相对人。本案中，政府没有告知行政相对人向正确的土地管理部门申请用地，致使唐某非法占地并从事经营活动 20 多年。如果违法行政行为可能给社会公共利益造成重大损失，必须变动该行为时，有权机关可以撤销该具体行政行为，但对因变动该行政行为给无过错行政相对人造成的损失应当给予合理补偿。

（五）起诉期限存疑应当作有利于行政相对人的解释

存疑有利于被告原则在刑事司法实践中经常被援用，在中国古代《尚书·大

禹谟》中也有“罪疑惟轻”的记载，由此可见，我国从古至今一直秉持存疑有利于被告的刑事司法理念。刑法和行政法都属于公法，而限制公权、保障私权是公法制度的核心。“侵害行政须有法规范为依据，行政机关或法院不能在没有法规范根据时自设新的规则，加重公民负担，应禁止不利类推。只有在‘有利于’，或至少不‘不利于’公民情况下，方允许类推适用。”① 法律对行政相对人起诉期限规定不一致时作不利于行政机关、有利于行政相对人的类推解释便是公法大原则下的具体表现。

针对土地执法查处领域行政处罚决定书包含“拆除”和“罚款”两项内容时，在《土地管理法》第 83 条与《行政诉讼法》第 46 条起诉期限规定不同的情况下，应如何确定行政相对人的起诉期限问题，学界观点并不统一。一种观点认为，“拆除”和“罚款”的诉讼期限应当分开计算。对于第一项“拆除”应当适用《土地管理法》第 83 条规定的 15 日起诉期限。对于第二项“罚款”，由于并没有特别法进行明确规定，所以应当适用《行政诉讼法》规定的 6 个月的起诉期限。另一种观点认为，一个行政处罚只能申请一次强制执行，因此两项行政处罚决定起诉期限应当统一。诉讼期限问题属于程序问题，程序问题应当适用《行政诉讼法》，结合“有利于行政相对人”原则，就长不就短，最终确定适用 6 个月的起诉期限。

笔者认为，从特别法优于一般法的角度看，《行政诉讼法》作为一般法在第 46 条最后明确规定了“法律另有规定的除外”，言下之意，如果法律规定了其他特殊的起诉期限，就应当按照特别法律的规定提起行政诉讼，而不适用 6 个月的起诉期限。从《土地管理法》的效力级别来看，其属于特别法律，对涉及土地执法查处领域限期拆除的起诉期限所作的规定系特殊规定。因此，行政相对人不服责令限期拆除决定，应当遵从《土地管理法》的规定，在接到责令限期拆除决定之日起 15 日内，向人民法院提起诉讼。但在司法实践中，行政处罚决定书大多包含了“拆除”和“罚款”两项内容，笔者在土地执法查处领域行政非诉执行监督过程中发现，大量存在行政机关在处罚决定第一项“拆除”起诉期限刚过便向法院申请强制执行整个行政处罚决定的情况。而法院在行政相对人知道处罚决定内容之日起未满 6 个月时受理了行政机关的强制执行申请，并裁定准予执行。例如，唐某申请监督案，市资规局于 2020 年 10 月 19 日作出行政处罚决定，并于同年 10 月 29 日向唐某直接送达，2021 年 1 月 21 日向区法院申请强制执行该行政处罚决定，此时行政处罚决定第二项“罚款”的起诉期限还未满 6 个月，法院经审查，于 2021 年 3 月 23 日作出准

① 周公法：《论行政法领域的类推适用》，载《行政法学研究》2012 年第 3 期。

予强制执行裁定，极大地限缩了行政相对人的诉讼权利。

因此，对于行政机关申请土地执法查处领域行政非诉执行期限的计算问题，应共同研究，尽快统一认识。针对不同情形，规范具体计算期限。行政机关单独就其中一项处罚决定申请非诉执行时，“限期拆除”应当适用15日的起诉期限，“罚款”应当适用6个月的起诉期限；行政机关将行政处罚决定整体提出非诉执行申请时，应当考虑“有利于行政相对人”原则，适用6个月的起诉期限。

五、结语

“法律是治国之重器，良法是善治之前提。”法律跟随社会需要而产生，也应随着时代的进步而不断更新、完善，法律只有跟上时代变革的脚步，才能充分发挥引领和推动社会进步的作用。只有以法律的形式对土地执法查处领域行政非诉执行制度的相关内容进行明确和细化，才能使行政检察监督发挥最大效用。

国土执法领域行政非诉执行检察监督难点及对策

李　娇*

国土执法领域行政非诉执行是指自然资源主管部门作出具体行政行为后，行政相对人既未在法期限内履行相应义务，又未提起行政诉讼或申请复议，上述行政机关依法向法院申请强制执行的案件。在国土执法领域行政非诉执行办案中，检察机关及时发现行政监管、司法裁判等环节存在的问题并开展行政非诉执行监督，既是发挥行政检察"一手托两家"功能作用的客观需要，也是破解基层行政检察尤为薄弱难题的有效途径。①

我国当前法律对国土执法领域行政非诉执行在执法主体、适用条件、申请法院强制执行流程等方面作出了相对明确的规定，但由于该领域行政非诉执行案件背后法律和政策问题相互交织，增加了该领域行政非诉执行案件的办理难度。"法院裁定、行政执行"的"裁执分离"办案模式，一定程度上厘清了行政执法与司法裁判的职能分工，即由法院负责审查行政处罚决定是否合法，并作出是否准予执行的裁定。准予执行的，法院将拆除违法建筑物、恢复土地原状等事项交由申请执行主体或违法建筑物所在地人民政府组织实施，罚款等处罚事项由法院强制执行。但从该领域行政非诉执行的现状来看，法律对行政执法、行政非诉执行案件申请、审查、执行虽有一些框架性的规定，但具体衔接及可操作性的规定仍然有待完善，检察监督仍然存在一些难点与问题。

一、国土执法领域行政非诉执行监督难点及问题

（一）国土执法领域行政非诉执行监督难点

1. 没收处置法律规定与实践操作难统一。没收建筑物及其他设施是国土

* 李娇，西安市高陵区人民检察院第二检察部检察官助理。

① 贺世国、刘迪：《行政非诉执行类案监督的基层探索》，载《人民检察》2020 年第 16 期。

执法类行政非诉执行的重要内容之一。尽管《行政强制法》赋予了没有强制执行权的行政机关对处罚事项申请强制执行的权力，但当前我国法律法规对没收建筑物和其他设施处罚事项是否需要申请法院强制执行，以及后续处置程序规定并不明确。《土地管理法》第77条明确了对违反土地利用总体规划擅自将农用地改为建设用地的，由自然资源主管部门限期拆除违法建筑物及其他设施，并恢复土地原状，其中对符合用地规划的，没收违法建筑物和其他设施的同时，可并处罚款。结合《土地管理法实施条例》第58条及《自然资源行政处罚办法》第35条规定，县级以上人民政府自然资源主管部门没收在非法转让、占用土地上新建的建筑物及其他设施的，应于90日内交同级财政部门处理，或拟订处置方案报本级人民政府批准后实施。但实际办案过程中，由于财政部门只认法院准予执行的裁定方才接收没收事项，自然资源主管部门也一直采用先将没收与其他处罚事项一并向法院申请强制执行，后进行移交处置的做法，与当前法律规定并不一致。

2. 执行程序与结案标准不明确、不统一。第一，法院裁定准予执行后，法律对执行的程序没有统一要求。如在违法建筑物拆除实施过程中，拆除前、中、后分别要履行哪些程序并没有明确规定，难免导致执法程序粗糙、随意性大。第二，执行结案标准并不统一。如是否完成违法建筑物拆除工作、是否恢复了土地原状等并无统一标准，执行主体大多数情况下仅仅关注违法建筑物是否拆除到位，并未重视“恢复土地原状”的耕地保护标准。第三，执行期限不明确。执行主体本身因缺乏执行管理规定制约，在期限上管理较为松散，进而导致超期执行现象普遍存在。

3. 执行难问题仍未解决。在国土执法领域行政非诉执行案件“裁执分离”模式下，法院完成案件审查、裁定工作后便不再对执行事项管理或负责，而行政机关对其执行过程与结果的自我监督作用又十分有限。加之目前对执行范围与程序皆无相应法律规范，对执行主体是否履职情况的评判缺乏法律标准，因此未能形成有力威慑与约束。此外，法院对此类非诉执行案件作出的行政裁定中往往将申请执行人（自然资源主管部门）与违法建筑所在地人民政府列为执行实施主体，在现有法律没有对上述执行主体职责分工进行明确的情况下，这种裁定模式容易造成实施主体之间相互推诿。《行政强制法》第13条明确行政强制执行须由法律设定，无强制执行权的行政机关作出行政决定的，应当依法申请法院强制执行。而一些地方将政府作为强制执行主体的做法并无法律授权，因此基层政府参与执行的积极性并不高，特别是在违法项目与当地财政收入与政绩相关联时，选择性执法、案件久拖不决现象尤为突出。

（二）检察机关监督存在的问题

1. 案件线索来源少。由于行政非诉执行案件的公开程度较低，检察机关对执行活动和依据违法等情形难以发现。此类案件中，行政相对人一般不会向检察机关申请监督，行政机关一般也不会向检察机关“自我举报”，因此该类案件的线索获取较难。[①] 从依申请监督角度来看，由于该类案件中行政相对人怠于执行往往对其本身有利，故其向检察机关申请监督的可能性较低。从依职权监督角度来看，行政机关作出行政行为以及法院对执行的审查和实施行为公开性较低，检察机关往往难以全面获取案件信息。同时，法院及行政机关对检察监督存在一定的抵触心理，也导致其对案件信息有所保留，如不愿积极提供申请及执行实施情况的信息，由此导致检察监督范围较为有限。

2. 监督力量有待加强。检察机关要做好对国土执法领域行政非诉执行的监督，就必须了解相关部门、相关领域庞杂的法律法规与规章制度，需要以较高的专业素质为办案基础。但当前一些基层检察院专门负责行政检察的人员较少，整体能力与素质有待提高，监督力量还不能完全适应监督需要，不利于该领域监督工作的深入开展。

二、国土执法领域行政非诉执行监督的对策

（一）加强立法建设，完善监督依据

1. 应对国土执法领域行政非诉执行监督难点方面。一是统一没收处置的法律依据与实践操作。建议完善相关法律法规，明确国土执法领域作出没收建筑物及其他设施处罚事项是否申请法院强制执行（审查）及之后的具体处置流程，明确接收主体的职责权限与操作流程，避免没收处置难、检察监督难以下手的问题。二是明确执行程序与结案标准。相关法律规定、执法规范宜对法院裁定准予执行后的执法期限、具体执法流程、执法完结验收标准等事项予以明确。三是对执行主体的职责分工明确与细化。自然资源主管部门对具体行政行为的合法性负责；法院对执行内容的合法性、可执行性进行审查，并做好对强制执行的业务指导，以及对拒不执行人员采取纳入失信人员名单等措施。对于法院作出由自然资源主管部门与违法建筑物所在地人民政府组织实施的裁定内容，应当有相应的法律依据来支撑，以确保实际执行实施的顺利进行。对此，西安市高陵区人民政府曾出台相关文件，明确国土执法领域行政非诉执行

① 张相军：《搭建理论研究平台　助力行政检察监督——2021 年行政检察研究综述》，载《人民检察》2022 年第 4 期。

案件中自然资源主管部门做到“处罚到位、移送到位”、基层人民政府“执行到位、拆除到位”，明确了政府作为实际拆除主体的职责。但从监督依据来看，宜由法律法规对此予以明确。

2. 在检察监督配套立法方面。建议完善行政诉讼监督规则，对行政非诉执行监督作出专章规定，明确案件的来源及启动方式、监督对象和范围、审查方式和权力、监督方式等内容。一是明确审查法院对行政非诉执行的申请、审查、裁定、执行的条件、程序及适用法律是否合法、准确。二是明确审查行政机关作出行政决定的程序是否合法，是否损害国家或社会公共利益，是否存在应申请不申请、怠于执行等情形。在此基础上，对审查方式和权力、监督方式等内容予以明确，使检察监督做到有的放矢。

（二）加强内外协作，深挖案源线索

检察监督是行政权力制约监督体系的重要力量，在行政非诉执行制度中行政检察更是发挥着“一手托两家”的职能作用，实现同行政机关、司法机关的相互协调，发挥有机贯通的融合力量。[①] 一要加强内部力量的整合协作，建立刑事、民事、行政、公益诉讼检察部门案件信息共享、线索双向移送等协作机制。二要完善与法院、行政机关的常态化沟通协作，对国土领域该类案件的办理建立案件调阅、信息查询、线索移送等方面的协作机制。三要保持与自然资源主管部门的沟通联络，加强国土执法专业领域案件信息与检察信息交流共享，加强在人员培训、专业问题咨询等方面的互动交流，同时任何一方获得的该类案件相关重大舆情都应及时通报、共同研究处置办法，及时回应社会关切。

（三）加强队伍建设，提升监督能力

一要壮大行政检察专业化队伍。大力加强行政检察队伍的专业化建设，不断提高办案人员业务素能。二要加强理论调研与实践探索。鼓励干警在办案中及时总结经验，通过编写案例、撰写调研文章等方式不断提升理论素养。三要借助“外脑”提升能力。通过业务交流、邀请专家学者做专题讲座、组织业务竞赛和精品案件评比等活动，督促行政检察人员边干边学，积累工作经验，提高理论分析、运用法律及文书说理的能力，做到精准监督、高质量监督。四要丰富学习方式，打开工作思路。适时在部门间开展集体讨论，吸纳不同部门意见，提高办案人员综合素质；利用好检答网，解答疑难复杂问题；涉及疑难、复杂的行政非诉执行监督案件，可以邀请法学专家、法官、律师等参加评议、咨询和研判；利用公开听证等方式，听取不同意见，不断提高监督质效。

---

① 张相军、张薰尹：《行政非诉执行检察监督的理据与难点》，载《行政法学研究》2022 年第 3 期。

西安檢察

公益诉讼检察

经由嵌入的融合：检察公益诉讼融入基层治理“三治”“四化”的路径研究

岳　娟　党盟盟*

在“国家治理体系和治理能力的现代化”的主题下，“检察公益诉讼是以法治思维和法治方式推进国家治理体系和治理能力现代化的重要制度设计，其创新性在于形成了牵连深广、多层嵌套的复杂网状治理结构，同时关涉行政权、司法权、立法权及公民权，构成国家治理体系中的重要一环。”① 随着作为国家治理基石的基层治理“三治”“四化”目标的提出，检察公益诉讼如何在基层治理中进一步发挥作用，需要在梳理现有实践的基础上，按照基层治理的规范要求进行重新定位，并寻找新的路径。

一、经验梳理：当前检察公益诉讼与基层治理

近年来，最高检发布了多批公益诉讼典型案例，涵盖所有办案领域，且经过层层筛选，是案件质量高、效果好、最具代表性的公益诉讼案件。因此，以最高检发布的公益诉讼典型案例作为研究样本，可以较为全面、深入地分析检察公益诉讼参与基层治理的类型和方式。研究选取的典型案例来自最高检检答网“检察案例库”中截至2021年7月公布的全部公益诉讼典型案例，案例库中显示共有221条信息，经人工去重后共计185件。② 经过对185件典型案例进行全文文本分析，案例文本中明确包含“治理”表述的案例54件，占比29.2%。结合公益保护内容，经过仔细甄别，虽未提及“治理”表述，但案件实际涉及治理内容或主题的101件，前述两者合计155件，占比83.8%。

---

* 岳娟，西安市人民检察院第八检察部主任；党盟盟，西安市人民检察院第八检察部二级检察官。

① 刘艺：《我国检察公益诉讼制度的发展态势与制度完善——基于2017—2019年数据的实证分析》，载《重庆大学学报（社会科学版）》2020年第4期。

② 经梳理最高检网站公布的信息，最高检自2019年至2020年6月先后发布20批公益诉讼典型案例，另有10批涉新冠疫情防控典型案例。

（一）检察公益诉讼与政府治理

在选取的样本案例中，所有案例均是首先针对政府行政机关启动的，这也是检察公益诉讼能否参与治理的切入点。样本案例中涉及的治理问题主要包括行政监管缺位、监管漏洞、行政机关之间以及与刑事司法的衔接不畅等问题。其中以行政监管缺位为主，占比 74.8%，前述其余三类问题占比分别为 17.4%、7.8%。造成这些问题的原因主要包括：需要多部门的协作与衔接（60 件）、尚未进入当地政府治理的视野（10 件）、公共服务供给不足（5 件）、对法律法规、技术标准适用错误（5 件）。根据刘艺教授的“网状理论”，检察权对行政权起到的是补充和协调的作用，包括信息共享、行动协调、问题共商，[①] 体现在样本案例中即为：检察机关发现线索，提出治理的问题或议题——弥补执法力量不足（包括执法机关没有发现或者不愿意呈现的问题）；协调各方行动，推进进程——解决执法主体分散的问题；贡献治理智慧，实现治理——解决政府治理公共性不足的问题。再通过运用各种参与方式弥补监管缺失和漏洞，建立长效、协作的治理机制，最终实现政府治理分权化、民主化、科学化、法治化。[②]

在样本案例中，具体的法定方式为行政公益诉讼诉前程序和行政公益诉讼程序。其中以行政公益诉讼的诉前程序（含诉前磋商和诉前建议）135 件，提起行政公益诉讼 18 件，同时提起行政、民事公益诉讼案件 9 件。

（二）检察公益诉讼与社会治理

1. 提出及延伸治理主题

样本案例中，由检察机关自行在履行职责中发现线索的比例为 62.5%，即接近 2/3 的治理主题是由检察机关提出的。检察机关结合法律规定、公益的本质以及社会公众的需求等因素提出一个或者多个公益受侵害的治理内容。同时，根据治理的需要检察机关还会延伸提出一个治理主题，包括横向的延伸和纵向的延伸，即针对某一个系统或领域提出全面、综合、系统的治理。[③] 经统计，有 103 件（占全部涉及治理案件的 66.5%）案件涉及治理内容的延伸。

在治理内容或主题的发现、形成方面，检察机关采用了多种方法弥补行政

① 刘艺：《我国检察公益诉讼制度的发展态势与制度完善——基于 2017—2019 年数据的实证分析》，载《重庆大学学报（社会科学版）》2020 年第 4 期。

② 薄贵利：《推进政府治理现代化》，载《中国行政管理》2014 年第 5 期。

③ 如浙江省绍兴市柯桥区人民检察院督促综合保护浙东运河环境行政公益诉讼系列案中，检察机关先后提出了垃圾倾倒、违建、污水直排、非法捕捞、古纤道等文物受损、古树保护不善、外来生物福寿螺入侵等内容，最终提出浙东运河保护的综合性治理主题。

机关执法力量和执法动力不足的问题。主要包括：人力的投入，检察人员自行主动摸排发现线索；科技手段的投入，运用无人机、卫星地图、大数据平台等多种方式摸排公益受侵害的线索；第三方技术力量及人员的投入，委托相关专业机构和人员提供专业支撑；[①] 社会学方法的运用，如在手机软件过度索取个人信息等案件中开展问卷调查、电话调查等方式，明确社会公众对于公益受破坏的感知和认识，推动公益的形成。[②]

2. 启动并推动治理进程

由于样本案例本身全部为公益诉讼案例，经过检察机关的线索调查、审查后立案，随即启动了治理进程，因此这些案件所体现的治理活动均为检察机关启动。如果没有检察机关的启动，这些治理活动在时间和空间上均存在不确定性。在启动后，一方面检察机关依照法定程序（诉前、诉讼）推进治理进程；另一方面结合治理的需要参与并推动治理的进程。主要采取的方式为：牵头—协调—跟进。在涉及多个行政机关的情形下，主动牵头推进，协调治理中的各种问题，并对治理进程和治理效果进行跟进监督。样本案例中，经检察机关启动并推动后，实现个案的全面治理（65 件）、某一类问题的专项治理（73 件）、某一区域的综合治理（6 件）、源头治理（5 件）、系统治理（5 件）。

3. 整合并形成治理主体网络

通过向党委、人大汇报、报告的方式（15 件），提请并接受党委、人大的领导或监督以及支持；通过牵头召开多个行政机关的圆桌会、协调会、座谈会等（75 件），促进政府作为治理主体的协作和衔接；通过组织吸纳行政机关、社会组织、民意代表、第三方专业力量、行业协会等多个治理主体的公开听证会（17 件），推动各个治理主体之间的意见表达、交换，明确治理的目标和行动方案，最大限度实现了“党委领导、政府负责、社会协同、公众参与、法治保障”的社会治理体制。

在治理需求的信息共享方面，样本案例中能够获取到案件线索来源的共计 147 件，在已知线索来源的案件中，除检察机关自行发现外，还包括政府专项

---

① 如江苏省扬中市人民检察院督促整治野生动物非法交易行政公益诉讼案中，探索了行业专业人员辅助办案机制，邀请镇江市野生动物保护站、扬中市自然资源和规划局、扬中市农业农村局等部门的野生动物保护专家参与到此次专项行动中，就有关专业问题进行咨询和研判，并邀请了公益损害观察员、专家与办案组成员多次前往农贸市场，对前期摸排到的疑似违法销售的野生动物物种进行辨认。

② 浙江省宁波市“骚扰电话”整治公益诉讼案中，海曙区检察院委托第三方机构开展问卷调查，结果显示，平均 90% 的受访者认为广告推销电话已成为骚扰电话，对居民正常生活和工作产生较大或很大影响，侵犯了公众利益，希望行政管理部门要加强约束和监管。同时，该院向海曙区 400 余名人大代表、政协委员发放实名调查问卷，反馈结果与公众调查结果一致。

活动、上级交办、环保督查、新闻媒体、其他部门移送、人大交办及人大代表反映、刑事案件、线索平台等，说明检察机关已经成为各类信息主体之间信息共享的纽带。

4. 提供治理智慧

综合所调查的案件事实、法律规定及专业建议、群众意见等，参与治理方案及长效机制的商定，提出相关的意见和建议，贡献检察智慧。① 上述提及的向地方党委、政府提出的报告中，部分为经过详细、系统调研后形成的专题报告，包括对于治理的建议。同时，以自身的专业优势为依托，积极开展法治教育（5 件）、建立法治教育实践基地（2 件）、聘请公益诉讼义务监督员或观察员（3 件）等方式贡献检察自身的法律智慧。

5. 弥补治理漏洞

以发出社会治理类检察建议（5 件）、提出立法建议并推动地方立法（4 件）② 等方式推动弥补治理漏洞。发出的社会治理类检察建议包括向对患者就诊信息管理不善的医院、向对校园食品安全管理不善的教育行政部门、向规定或标准违反上位规定的上级行政机关及政府法制部门、向日常监管缺位的行政机关发出弥补监管漏洞、完善治理措施的社会治理类检察建议。

6. 协调治理关系

在治理过程中，必然会产生地方发展与生态资源保护，企业、公众个人利益与公共利益之间的紧张关系，检察机关通过搭建沟通交流平台、协助提供治理措施、法治宣传教育、督促政府提供公共服务等方式积极协调，缓和并消除治理中的紧张关系。③ 如通过红色资源保护与开发促进乡村振兴，督促政府进行污水管网建设和改造解决排污难题，建议水源地取水口上移解决扶贫养殖产业发展问题等。

---

① 江苏省南京市小区树木侵入架空电力线路安全保护区危害铁路运行安全行政公益诉讼案中，在南京铁检院的沟通协调下，由检察机关、社区居委会和铁路部门三方商定治理方案，并积极督促小区所在的社区居委会联合小区业委会和物业公司，向靠近铁路的三幢居民楼居民逐户登门宣讲，播放事故视频等视听资料，解释法律规定以及安全隐患的严重性。通过耐心细致的释法说理，取得了绝大多数业主的理解支持，并逐一在治理方案上签字认可。

② 贵州省人民检察院督促保护刀靶水红色遗址行政公益诉讼案中，提出立法建议后促成遵义市人大常委会制定《遵义历史文化名城保护条例（草案）》，并将公益诉讼检察保护红色资源纳入条例。

③ 浙江省湖州市人民检察院诉某公司环境污染民事公益诉讼案中，为促进源头治理，案件判决生效后，检察机关主动对接涉案企业，联系专家对涉案企业排污设备改造进行科学指导，经过技术改造实现了企业的合规经营和公益的保护双赢。

二、规范分析：检察公益诉讼与基层治理的契合与空隙

（一）政府治理和社会治理的二元区分

在目前的治理范畴下存在国家治理、政府治理和社会治理三个相互既联系又区别的子范畴。根据北京大学王浦劬教授的研究，中国立场下的国家治理包括政府治理和社会治理，三者之间具有包容性、交集性和区别性联系。政府治理是国家治理的具体实施和行政实现，包含着政府对于自身、对于市场及对于社会实施的公共管理活动。社会治理则在社会领域实现国家治理要求和价值取向。国家治理不仅包含社会治理，而且规定和引领社会治理。在治理主体、治理活动涉及的社会关系、内容以及采取的机制方面存在区别性联系。①

在治理二元区分的范畴下，基层治理包括基层的政府治理和基层的社会治理。2021 年，中共中央、国务院联合下发《关于加强基层治理体系和治理能力现代化建设的意见》，明确了乡镇（街道）和城乡社区基层治理的任务，包括基层党组织建设、基层政权建设以及通过法治、德治、自治的基层社会治理，实际采取了政府治理和社会治理的二元区分方式，这种区分为进一步探讨检察公益诉讼参与基层治理提供了分析的框架。

（二）基层治理的“三治”和“四化”

党的十九届四中全会通过的《关于坚持和完善中国特色社会主义制度推进国家治理体系和治理能力现代化若干重大问题的决定》将自治、法治、德治从党的十九大报告中的仅作为乡村治理体系的内容，扩充至覆盖城乡的基层治理体系，意味着“三治”已经成为基层治理体系的核心内容。也就是说，在基层治理中除了依靠法治外，还应同时兼顾自治和德治，并按照文字表述的顺序将自治作为优先的治理方式。

在治理目标方面，党的十九大报告中即已经提出“提高社会治理社会化、法治化、智能化、专业化水平”，《关于加强基层治理体系和治理能力现代化建设的意见》中又重申了这一目标，据此确立了从国家治理、社会治理到基层治理共同适用的“四化”目标，这也是治理现代化的具体体现。我国的治理方式和目标经历了从模糊到不断清晰的过程，目前的“三治”和“四化”作为当前基层治理较为明确的方式和目标，是分析检察公益诉讼在基层治理中

① 王浦劬：《国家治理、政府治理和社会治理的含义及其相互关系》，载《国家行政学院学报》2014 年第 3 期。

的定位及其发挥作用的路径的另一重要框架。也就是说，不能抛开基层治理的方式和目标的限制，仅从检察公益诉讼功能一个角度即供给侧进行分析，而应从需求和供给及其是否弥合以及如何弥合的角度进行探讨。

（三）检察公益诉讼在基层治理中的契合与间隙

1. 检察公益诉讼与基层治理的契合

（1）对政府治理的监督。检察行政公益诉讼“本质上是检察机关对侵害国家利益或者社会公共利益的行政违法行为的法律监督”①，对应了二元治理中的政府治理，是以检察权监督行政权的方式（法律监督）实现政府对其自身的治理（依法行政）和对社会的治理，这也是检察公益诉讼融入基层治理的起点。正如样本案例中所体现的，检察行政公益诉讼均以行政机关为监督对象，通过监督行政机关来解决行政机关因其自身科层化局限造成的协作和衔接不畅，以及因治理不足造成的缺失等问题，并纠正治理中的违法行为，以推动治理和纠正治理的方式确保治理的“法治化”。

（2）对社会治理的“法治保障”。有关社会治理的体制，党的十六届四中全会提出“党委领导、政府负责、社会协同、公众参与”的社会管理体制，党的十九大报告中增加了法治保障的内容，十九届四中全会决议又增加了民主协商、科技支撑，最终形成了当前“党委领导、政府负责、民主协商、社会协同、公众参与、法治保障、科技支撑”的社会治理体系，治理主体和方式的不断扩大，体现了治理现代化的要求，是“三治”和“四化”的具体展开。在当前的治理体制中，作为法律监督机关的检察机关在这一体系中最为相关的是“法治保障”，而“社会治理过程中的法治保障，不是简单地‘用法治去保障’，更不是将法律视为一种工具去推动和保障社会治理目标的实现，而是‘以法治为保障’的社会治理。”② 体现在样本案例以及具体的检察公益诉讼实践中，实际主要以监督政府对社会治理，确保政府对社会治理的法治化的方式实现“法治保障”，这与对政府治理的存在交叉。在民事公益诉讼以及政府生态环境损害赔偿中，检察机关可通过主动提供法律意见服务（如提供法律意见、支持起诉）和被动的法律监督（如向民事主体发出检察建议）等多种方式，确保其他治理主体主导的治理活动符合法治要求。

（3）弥合社会治理的需求。从规范和逻辑的角度，党的十九届四中全会提出的社会治理的目标是“建设人人有责、人人尽责、人人享有的社会治理

① 徐全兵：《检察机关提起行政公益诉讼的职能定位与制度构建》，载《行政法学研究》2017年第5期。

② 韩秀桃：《社会治理过程中的法治保障》，载《中国青年报》2014年10月27日，第2版。

共同体”，检察机关作为一个国家司法机关，也是一个“法人”，其不应该仅仅局限于职能定位或“法治保障”的定位，也可以并应该竭尽职责。从具体的实践场域分析，正如样本案例中所体现的，检察机关在发现和提出治理的主题后，如果不延伸治理的主题，或者仅仅启动治理的进程，没有推动以及整合并形成治理主体网络、提供治理智慧、弥补治理漏洞、协调治理关系，即局限于个案的办理，那么整个治理过程可能限于停滞，也无法实现形成和完善基层治理体系的目标。样本案例所体现出的检察公益诉讼与社会治理的关系明显超越了“法治保障”的范畴，既是检察机关基于对检察公益诉讼的“主导”责任做出的努力，也是治理实践的需求。正如基层治理不能仅靠“法治”，需要“三治”的融合，检察公益诉讼也不能仅仅局限于“法治保障”，而应在法定的范围内进一步弥合治理的需求。

2. 检察公益诉讼与基层治理的间隙

（1）以基层治理的法治方式为主，与基层治理的自治和德治方式融入不足。在“三治”之间的关系方面，无论是“自治为基、法治为本、德治为先”① 的观点，还是“自治为基础、以法治为原则和以德治为特色”② 的观点，基本都认可自治是基础，在自治的基础上符合法治的根本，同时注重德治的作用。受限于检察机关的宪法定位及职能定位，检察公益诉讼也只能以法治的方式展开，即在法律规定的范围内、按照法律规定的程序进行，因此，检察公益诉讼理应首先作为基层治理的“法治保障”。但从基层治理“三治”的关系方面，仅仅依靠法治的方式，或者检察公益诉讼仅仅作为“法治保障”并不能实现基层治理的现代化，仍需要与自治和德治的融合，但无论从规范还是从实践的层面，检察公益诉讼在融合自治和德治方面仍然缺乏，尽管由诸如样本案例中以社会调查的方式论证是否公益的实践，但也仅仅是自治的萌芽，且其是作为实现法治方式的手段而已。

（2）以促进基层治理的法治化为主，与基层治理的社会化、智能化、专业化融入不深。有关主要以实现法治的方式融入社会治理已在上文进行了讨论，故此处不再赘述。社会治理的现代化意味着多元主体的共治即社会化，也要依靠现代智能科技和专业技术的支撑，因此检察公益诉讼在以法治化为主导的目标下，难以与基层治理社会化、智能化、专业化相融合，随即产生了与基层治理的间隙。这也是检察公益诉讼本身需要现代化所面临的问题，如社会

① 韩俊：《关于实施乡村振兴战略的八个关键性问题》，载《中国党政干部论坛》2018 年第 4 期。

② 左停、李卓：《自治、法治和德治“三治融合”：构建乡村有效治理的新格局》，载《云南社会科学》2019 年第 3 期。

化、智能化、专业化不足造成的线索来源单一、线索发现难、专业问题判定难等。

三、检察公益诉讼融入基层治理的定位与路径

检察公益诉讼与基层治理的契合，为检察公益诉讼融入基层治理提供了合法性、合理性的基础，但其与基层治理“三治”方式和“四化”目标的间隙需要进一步通过寻找新的定位和路径。

（一）检察公益诉讼在基层治理中的定位

1. 培育自治

正如前文所述，自治是“三治”中的基础，基于治理范围的广大、治理事务的繁杂、治理资源的稀缺、治理主体的分散和碎片化，基层治理应首先注重自治。检察机关在履行公益诉讼职能的过程中，基于其自身的职能定位，无法替代基层自治组织的作用形成自治，但可以通过履职的方式培育自治，引导、督促基层自治组织开展自治、推进自治，在自治过程中提供相应的法律咨询，并就自治中不符合法治要求的方面进行监督和纠正，最终实现自治。

2. 实现法治

检察机关作为法律监督机关，其重要的职能在于实现法治。因此，对于基层治理的法治方式，检察机关必须通过全面、深入的履职去实现。这包括对政府自身治理的监督，以促进政府的依法行政；还包括对政府开展社会治理以及其他治理主体开展社会治理的监督，以确保基层治理的过程和结果均在法治的轨道上运行。

3. 参与德治

基层治理中的德治是发挥道德的调节作用，用道德引导和规范社会成员行为和调节社会关系的一种社会治理方式。对于德治，检察机关以及检察公益诉讼均无法通过履职进行培育或者实现，只能通过积极的参与实现，根据其他德治主体的需要或者主动提供德治的资源参与。参与式的融入首先需要检察机关对德治的重要性和必要性有充分认识，其次需要积极主动的态度，在其他德治主体需要帮助的时候应当提供必要的帮助，比如提供破坏社会公德、公序良俗行为的案例进行教育宣传，开展道德讲堂等。

（二）经由嵌入的融入：检察公益诉讼嵌入基层治理的具体路径

融合，从字面解释是融入并调和、和洽的意思，与之相对应的理论是嵌入理论，该理论最早由制度经济学家波兰尼（Karl Polanyi）于 1944 年提出，揭示了经济与其他社会制度之间存在密切的互动关系。其后该理论得到了不断的

拓展并迁移至其他领域。“在我国，嵌入性尤其被广泛应用于国家与社会关系领域，形成了丰富的嵌入式监管、嵌入式治理、嵌入式控制、嵌入式法治的研究。”[①] Zukin 和 Dimaggio 提出四种嵌入观，即认知嵌入、文化嵌入、结构嵌入和政治嵌入等[②]。“在现有的研究中，嵌入性理论主要用来解释经济行为与社会结构间的嵌入性关系，而实际上包括经济行为在内几乎人类所有行为嵌入社会关系网络。”[③] 因此，嵌入性理论作为寻找检察公益诉讼融入基层治理路径的分析框架具有一定的指导意义，只有嵌入才能实现融合。在基层治理“三治”的方式和“四化”的目标下，政治、关系、功能、文化等方面的嵌入都为检察公益诉讼的嵌入提供了路径。

1. 基于政治的嵌入——强化党的领导

新时代坚持党的全面领导是中国特色社会主义最本质的特征。无论是依法治国、基层治理，还是检察公益诉讼工作，必须加强并依靠党的领导。在中国的语境下，一个治理活动的发生，存在治理驱动、精英促动与党政牵动多重过程。[④] 回溯检察公益诉讼的发展历程可见，检察公益诉讼是政治性较强的业务工作，也是具有业务性的政治工作。检察公益诉讼必须深度嵌入党的全面领导中，实现其政治的功能并依靠政治的整合力完成基层治理。

（1）积极融入党委工作大局。检察公益诉讼嵌入基层治理的领域、范围和方式，必须与党委的工作大局保持一致，通过履职为大局服务，为解决党委工作重点、难点贡献检察力量。围绕党委大局履职，一方面是政治站位的体现，另一方面也是工作顺利推进的领导力量保障。样本案例中涉及的很多治理问题也能够取得较好的效果，也反映了与党委工作重点契合的政治优势，这不仅是实践的经验总结，也是值得推广的经验做法。

（2）落实重大事项向党委报告制度。重大事项向党委、政法委报告既是党内法规的明确规定，也是公益诉讼嵌入并依靠政治领导的有效抓手。在样本案例中涉及的部分案例中，部分案件涉及的难题特别是治理主题的延伸，都涉及向党委报告，依靠党委的领导整合治理资源予以解决。

（3）引导和帮助基层党组织建设。“加强党的基层组织建设，健全基层治

① 张慧：《嵌入性理论：发展脉络、理论迁移与研究路径》，载《社会科学动态》2022 年第 7 期。

② 黄中伟、王宇露：《关于经济行为的社会嵌入理论研究述评》，载《外国经济与管理》2007 年第 12 期。

③ 张义祯：《嵌入治理：下派驻村干部工作机制研究——以福建省为例》，载《中共福建省委党校学报》2015 年第 12 期。

④ 陈晓运、黄丽婷：《“双向嵌入”：社会组织与社会治理共同体建构》，载《新视野》2021 年第 2 期。

理党的领导体制”是《关于加强基层治理体系和治理能力现代化建设的意见》中明确规定的任务之一。在检察公益诉讼工作中，不能仅仅依靠监督行政机关的方式进行，针对涉及的治理问题，可以通过“检察党建+基层党建”的方式，携手通过党建的方式引领基层治理，实现健全基层治理党的领导体制的任务。

2. 基于关系的嵌入——搭建治理主体网络

正如上文所述，检察公益诉讼的创新在于形成复杂的治理主体网络。检察机关在整个基层治理中并无实际的治理“权力”，仅仅是治理环节和体系中的“监督”一环，但监督角色的嵌入本身就是为了解决治理主体分散的问题，这一环的重要作用在于将治理主体网络“闭环”。因此，基于检察公益诉讼与基层治理中的复杂关系，检察机关应嵌入治理关系中，搭建治理的主体网络。

(1) 推进与行政机关、社会组织等各方主体协作的实质化。在目前的检察公益诉讼工作中，加强与各方主体的协作已经成为一项重要的工作方法。样本案例中呈现的好的效果均建立在良好协作的基础上，但实践中仍然存在协作不畅或者无法取得实质效果的协作。检察公益诉讼要嵌入与治理主体的治理网络中，必须推进协作的实质化。而协作的实质化，一方面建立在具体的治理事项上，检察机关必须首先找到相关的治理主题；另一方面需要采取恰当的方式和方法，比如用好特邀检察官助理、志愿者队伍、网格化、派驻检察室、诉前磋商等机制实现人员、资源的相互嵌入。

(2) 引导和促进“乡规民约”类的自治公约的制定和实施。“乡规民约”类的自治公约既是自治的体现，也是德治的载体。“村规民约以发挥对民众进行道德教化的基本功能为特征，使礼法规范转化为民间风俗习惯，从而在乡村社会形成稳定延续的道德认同，达到规范社会行为、实现乡村和谐稳定的目的。”[①] 因此，引导、促进基层城乡社区“乡规民约”类的自治公约的制定和实施，是检察公益诉讼培育自治和参与德治的重要方式。一方面，在检察公益诉讼中，针对基层城乡社区生态环境、资源保护、食品药品安全、安全生产等方面的问题，可以引导基层群众开展群防群治等自治公约的建设工作，提供引导力、推动力；另一方面，对乡规民约内容、方式是否合法提出法律意见，并对实施中涉及的法律问题进行指导和监督。

① 高艳芳、黄永林：《论村规民约的德治功能及其当代价值》，载《社会主义研究》2019年第2期。

3. 基于功能的嵌入——延伸履职广度和深度

检察公益诉讼具有以法治的方式保护国家和社会公共利益、促进依法行政、促进国家和社会治理现代化等功能，这些功能的发挥既需要检察机关充分发挥法定职能，还需要进一步延伸履职的广度和深度。检察公益诉讼功能发挥并嵌入基层治理，才能实现与基层职能的全面、深度融合。

（1）深挖治理的“原因”问题，以社会治理检察建议的方式实现源头治理。事物均存在于因果链条中。在基层治理领域，大多的治理问题均形成有因，仅靠针对个人、个案的查处，难以彻底解决问题。如抽检发现的食品药品违规行为，必然伴随着企业对自身食品药品安全检查监督的缺失，仅对发现的问题进行处罚，并不能避免后续的违法行为；又如垃圾污染问题必然伴随着垃圾收集处置场所、设施的不完善，如不进行场所和设施等基础社会的建设，也不能避免对现有垃圾清除后的继续污染。因此，对于检察公益诉讼，除了依法对破坏公益行为进行监督外，还应深入挖掘破坏公益的原因问题，就“因”“果”一并监督，监督针对后果的整治，并以社会治理检察建议的方式就原因进行监督，最终实现源头治理。

（2）积极稳妥探索新领域，拓展检察公益诉讼嵌入基层治理的范围。随着治理现代化的深入推进，治理的广度和深度必然会延伸，也为检察公益诉讼的参与提供了空间。特别是服务型政府的职能转向后，公益保护的方式随着从监督政府监管朝着监督政府提供公共服务的转向。因为只有公共服务的提升带来的“疏”，才能破解公益保护领域单纯依赖“堵”的困境。在治理空间不断扩大的背景下，检察机关一定要清醒地认识空间的尺度，在既定空间的范围内不断努力，用创新的方式弥补自身的不足，实现检察公益诉讼公益保护和实现基层治理的双重目标。

（3）扩大检察听证的范围和参与人数，促进基层治理的社会化。治理的社会化包括治理主体、任务、目标、手段等各要素的社会化，[①]需要依靠社会力量的广泛参与，检察听证为社会力量的凝聚提供了有效的平台。除了样本案例，具体的工作实践中一样也存在检察听证范围小、参与人员少等问题，且受限于在检察机关听证场所参与听证的便利性，检察听证并未发挥促进基层治理社会化的作用。公民参与不足的核心问题是激励不足，这是一个普遍难题。[②]这种激励不足，一方面表现为参与的可获得性和便利性，另一方面在于参与

① 刘智勇：《社会化：我国社会治理体制的创新与发展》，载《上海行政学院学报》2018 年第 3 期。

② 郁建兴、任杰：《社会治理共同体及其实现机制》，载《政治学研究》2020 年第 1 期。

的收益。检察公益诉讼本身即为解决公益保护的“搭便车”问题，公益保护的成果实际由“人人享有”，但由于参与途径的缺失，检察公益诉讼的社会参与并不高。因此，可以通过巡回听证、就地听证等方式，一方面为社会力量参与提供更为便利的条件，另一方面通过听证的宣传，让社会公众感受到公益得到保护的收益，为其进一步参与公益诉讼和基层治理提供激励的基础。

（4）用好调查核实权，以委托第三方进行社会调查或聘请专业人员提供意见的方式促进专业化。社会治理专业化，即尊重社会治理的内在规律性，广泛引入专业力量、专业技术、专门人才，提升治理的效率和水平，提升群众的满意度和获得感。① 调查核实权是检察公益诉讼所具有的法定职权，也是其能将检察公益诉讼职能嵌入基层治理专业化的法定方式。检察机关作为法律监督机关，与普通的社会公众一样，对于基层治理的专业性问题并不精通，但检察机关可通过调查核实的方式，委托鉴定、评估、邀请专家证人等方式提供和吸纳专业力量。样本案例中，浙江的检察机关通过委托第三方开展体现社会工作专业性的社会调查的方式判断是否属于公益、公益是否受到侵害，是促进治理专业化的重要体现。同时，检察机关可通过将民事公益诉讼所获得的公益赔偿金进行基金化运作，为治理的专业化提供必要的资金支持。

（5）以自身的智能化建设衔接并助推治理智能化。检察公益诉讼并不具有提供基层治理智能化公共服务的职能，但检察机关可通过自身的智能化建设，接入基层治理的智能化平台，实现两者的智能嵌入，也可通过智能化方式及时发现基层治理的问题，还可为社会公众参与检察公益诉讼提供智能平台，并以此助推基层治理的智能化建设。

（6）发布与社会主义核心价值观有关的正反方面的典型案例。正如前文所述，检察公益诉讼只能以参与的方式嵌入基层治理的“德治”，这种参与可体现在提供德治教育的素材并营造德治的氛围方面。省级以上的检察机关具有发布典型案例的职能，因此可选取对于基层德治具有帮助意义的正反方面的典型案例，为基层德治提供鲜活的教育学习案例。

四、结语

本文是以全国范围内的公益诉讼典型案例为样本进行的分析，意图详尽公益诉讼检察与基层治理的各种可能，但这并不代表每一个检察机关在基层治理

① 李万钧：《关于创新基层社会治理的实践与思考》，载《科学社会主义》2017年第5期。

方面都能处在同一个阶段和水平。受限于检察机关公益诉讼履职能力的差异，可能有的检察机关仅能落实监督政府治理，尚未触及社会治理；或者虽涉及了社会治理，但仅停留于“法治保障”层面，更遑论融入社会治理。因此，对于处于不同阶段的检察机关，从融入基层治理能力建设的角度，应结合自身实际按照文中所梳理的“履职—超越—融合”的路径分阶段渐进式展开。同时，由于本文是基于实践和规范的分析，随着实践的发展以及规范的改变，相应的路径还需随之继续研究。

检察公益诉讼业务与社会治理融合实践与探索

卜慧明*

党的二十大对打造共建共治共享的社会治理格局作出了全面部署。为贯彻落实中央关于推进国家治理体系和治理能力现代化的决策部署，西安市鄠邑区人民检察院探索建立检察业务与社会治理融合发展模式，以公益诉讼检察工作和区综治中心网格融合为先行模块，把检察公益诉讼工作触角延伸至村镇基层，探索基层检察机关参与社会治理的新模式，在检察业务主动融入社会治理大局中探索鄠邑样板，在数字化改革的大浪潮下，检察机关应当抓住机遇，找准参与和服务社会治理现代化的切入点和发力点，为推进社会治理现代化贡献检察智慧。

一、检察公益诉讼业务与社会治理融合的意义

《中共中央关于加强新时代检察机关法律监督工作的意见》强调，检察机关要积极提高促进社会治理法治化水平。① 中央政法委下发的《全国市域社会治理现代化试点工作指引（第二版）》，在63项重点指标、7项区域特色指标中，检察机关参与15项和2项，涉及政治安全、政法改革、法治保障、队伍建设等领域。这充分说明，检察机关是社会治理的重要参与者之一。检察机关作为推进社会治理的重要参与者，承担着服务大局、保障基本民生的重要责任，当前检察机关面临的工作重点和形势任务发生了巨大变化。党的十九届四中全会以来，党中央多次强调社会治理的新要求，这也是检察机关彰显自我价值、做实宪法法律监督定位的重要契机，也意味着检察机关应当积极探索检察业务与社会治理融合，为社会治理贡献检察力量。

随着我国社会主义法治化建设的不断完善，公共利益问题逐渐成为了社会

* 卜慧明，西安市鄠邑区人民检察院检察官助理。

① 参见《中共中央关于加强新时代检察机关法律监督工作的意见》。

的焦点，吸引社会各界的注意力。检察机关提起公益诉讼是一种重要的维护社会和谐稳定的司法保障制度，是国家法治化、现代化、文明化的具体体现。检察公益诉讼工作和社会治理网格中心融合，是检察机关落实密切联系群众的重要途径，把检察司法为民的工作触角延伸至村镇一级，有利于提升检察机关公益诉讼的工作效能。

二、鄠邑区检察院公益诉讼业务与社会治理融合机制构建的实践探索

（一）检察公益诉讼与区综合平台融合的应用

西安市鄠邑区人民检察院为解决公益诉讼工作线索短缺的局面，积极探索基层可借助资源过程中了解到区综治中心受理的众多投诉中，不乏与不特定多数人的利益，即"公益"相关，在依法保护公益、回应群众诉求这一点上，区综治中心与检察机关的工作目的是一致的。[①] 2022 年 8 月，陕西省西安市鄠邑区人民检察院与陕西省西安市鄠邑区社会治理网格化中心会签了《鄠邑区公益诉讼案件线索综合治理平台移送流转办法（试行）》，依托西安市综合治理网格化指挥平台，实施"检察业务＋综合治理网格化"项目，利用综合治理网格化平台受理检察业务线索，推进涉法涉诉监督举报、案件受理和网格化服务有机衔接，以综合治理网格化助推法律监督工作延伸触角、深入一线，以检察监督服务提升综合治理网格化，深化社会治理和平安建设能力。

（二）网格化管理在检察机关公益诉讼中发挥的作用

1. 拓宽线索来源渠道

西安市鄠邑区人民检察院通过融入区社会治理网格化中心共建信息平台，利用该平台线索涉及面广、群众基础大、信息来源直接的特点，及时了解该区域内损害国家或社会利益的线索。截至 2022 年 10 月 28 日，该院根据区社会治理网格化中心提供的信息，获取检察公益诉讼案件线索 10 件，占该院全部检察公益诉讼线索的 16%。其中，生态环境与资源保护领域 4 件，其他领域 6 件。经初步核查，立案 8 件，向区水务局、街办等有关单位制发诉前检察建议 6 件。目前，融合发展平台已成为该院公益线索来源的重要渠道之一，为检察公益诉讼工作进一步走深走实打下了坚实基础。

① 上海市闵行区人民检察院课题组：《检察机关试行公益诉讼网格化管理之探索》，载《中国检察官》2020 年第 1 期。

2. 充分发挥检察公益能动保护职能

检察机关提起公益诉讼是法律赋予检察机关新的监督职能，是推进依法治国的重要举措，对优化司法资源配置、完善行政诉讼制度、推进法治政府建设有重要意义。[①] 鄠邑区检察院通过平台推送的社会治理线索，经过调查后属于受案条件的，立案后与行政机关进行磋商，共同研究讨论解决方案，溯源处理问题，绝大多数案件都在诉前程序得到妥善处理。检察机关与综治中心网格平台融合的工作方法，形成合力共同做实公益保护，实现检察机关公益保护和社会治理的双赢共赢。

3. 进一步促进法治政府建设

在综治平台上发现的有关公益线索，经村、镇、部门三级都无法解决，往往都伴随着行政机关推诿和不作为，区综治办研判后向检察机关及时通报。检察机关将依法向行政机关发出检察建议，督促其履行职责，行政机关不依法履行职责的，检察机关依法向人民法院提起行政公益诉讼。[②] 检察机关提起行政公益诉讼制度是通过督促行政机关依法行使职权，实现对公共利益的保护，提起诉讼只是最终保障手段，根本目标是督促行政机关依法履职。[③] 经过检察院和综治网格中心指挥平台信息交流、互相协同，进一步加强鄠邑区行政机关为民办实事的意识，在一定范围内解决了人民群众反映强烈的问题，是鄠邑区法治政府建设前进的重要助力器。

三、现阶段公益诉讼与网格融合存在的问题

西安市鄠邑区人民检察院经过公益诉讼网格化管理初期阶段的探索，发现在运行过程中还存在一些问题，影响公益诉讼网格化管理发挥作用。

（一）群众基础薄弱

长期以来，由于检察机关法律监督职能的定位，检察机关参与社会治理的主要途径是案件的办理和普法宣传，相比公安、司法局、法院，检察院与镇、村一级的群众接触少，导致社会群众对检察工作不了解，因此在立案监督、公益诉讼等工作中经常会出现线索数量不够、线索质量不高的问题。在群众基础层面的薄弱，制约着检察法律监督工作的深化。检察机关传统的走访调查发现

① 上海市闵行区人民检察院课题组：《检察机关试行公益诉讼网格化管理之探索》，载《中国检察官》2020 年第 1 期。

② 参见《行政诉讼法》第 25 条第 4 款。

③ 田洁赘：《检察机关提起行政公益诉讼问题研究——以云南省为例》，http：//cdmd. cnki. com. cn/Article/CDMD－10689－1019060589. htm。

线索的随机性较强，而案件办理过程中发现的线索时效性不强，线索可用度不高，在实际工作中满足不了群众的预期。

（二）与外部沟通不畅，存在数据壁垒、数据孤岛

目前西安市鄠邑区人民检察院仅仅与区综治中心指挥平台进行了数据对接，与其他部门之间数据没有对接。目前各行各业、政府部门等单位或多或少都拥有一定的数据，但是数据无法畅通地分享。就政府机关的数据来讲，同一个政府部门之间数据分享流通尚且存在阻碍，企业更难以获取，程序烦琐，而且数据用一次必须打一次报告，人为导致一个个“数据壁垒”“数据孤岛”的出现，且呈现经济越落后壁垒越严重的现象。对于检察机关来说，监督面广、基础大、案情复杂，且监督对象都是公安、法院、城建等地方单位，造成了检察人员工作难度系数高，且相关部门对检察机关存有防备心理，数据移送举步维艰，线索发现、移送更不乐观。检察机关对相关执法数据只能通过点对点、人对人等传统手段才能获取部分，在大数据时代办案十分被动，人腿难以跑赢数据，进一步加剧了线索匮乏，且综治中心平台因为维稳等其他考虑未完全对检察机关开放数据，检察机关法律监督工作中存在信息占有不充分、收集途径狭隘、收集能力局限等瓶颈问题。

（三）法律监督刚性不足

当前检察机关公益诉讼法律监督过程中存在证据收集不规范、后续跟进措施不足、案件效果达不到群众期望等问题。目前法律授予检察机关公益诉讼的监督手段有限，一般是制发检察建议，行政机关整改不到位或不整改的，可向法院提起诉讼。行政机关和检察院在行政公益诉讼案件认识上还存在分歧，由于办案人员的能力不足，取证不到位、不精准，缺乏行业领域的专业知识等问题，导致检察建议不规范、不标准、不严谨，行政机关虽采纳，但认可度并不高，监督意见采纳率、回复率、完全整改率不高，检察机关无法做到精确监督，长此以往会导致检察建议的权威性下降，法律监督趋于弱化。[①]

四、完善公益诉讼网格化管理的对策

（一）延伸检察工作触角，建立联系基层群众网络

作为国家的法律监督机关，对执法部门进行监督，督促其依法、规范执

① 赵辉、陈露：《数字检察视阈下“网格＋检察”大数据分析平台的构建》，载《上海法学研究》2021年第15卷。

法，是检察机关的基本职责。[①] 但从实践来看，法院有法庭、公安有派出所、司法局有司法所，检察机关长期在乡镇缺乏固定的“阵地”，没有派驻相应的机构和力量，导致乡镇行政执法活动监督主体力量分散，监督手段和监督力度不够。[②] 省、市院提出检察业务与综治中心融合发展改革创新试点给检察院破解难题带来了新的思路，就是在党委的带领下健全检察机关参与基层社会治理的工作网络，延伸检察触角。

1. 拓宽信访渠道，合理解决群众诉求

除了在传统渠道公开意见箱、电子邮箱、举报电话，畅通群众反映情况、发表意见的渠道外，还可增加网络平台、微信平台等群众举报渠道，广泛听取群众意见建议，通过培训网格员检察领域与民生相关的知识，依靠群众、走进群众，形成领导带头、全员参与、责任明确、便民高效的信访接待处理新模式，在第一时间解决群众的合理诉求。[③]

2. 健全队伍为民服务

一是做实“三官一律”队伍，定期或不定期地主动进村入社区主动联系、倾听群众的呼声，关心并帮助群众解决生活中的实际困难和问题。二是加强培训综治中心网格员队伍，在其成为检察院线索员的同时，引导其成为检察院的“宣传员”。三是建立检察院志愿服务队，以青年干警为主体，教师、大学生、工人、村干部等热爱关心检察事业的社会力量为辅的基层群众“志愿服务队”，下设普法宣传、矛盾调解、青少年关爱、公益保护四个小分队。普法宣传小分队以群众喜闻乐见的方式普及法律常识；矛盾调解小分队旨在做邻里矛盾的“调解员”“和事佬”；青少年关爱小分队延伸未检工作室职能，关爱帮教留守儿童；公益保护小分队立足公益诉讼履职，维护社会公共利益。主动加强与全区各街道社区的对接，通过网格员等了解群众法治需求，不定期派出志愿者为群众提供“点单式”检察服务。

3. 深化检务公开

利用新闻媒体和传统宣传结合的方式，让人民群众近距离了解检察工作。依托“检察开放日”活动，邀请人民群众走进检察机关参观，让人民群众了解检察机关职责、流程、司法程序等不涉密的事项，最大限度地保障人民群众

① 参见《中共中央关于加强新时代检察机关法律监督工作的意见》。

② 石东坡、瞿承健、尹学铭：《检察网格化：新时代“枫桥经验”的检察版》，载《浙江工业大学学报（社会科学版）》2018 年第 2 期。

③ 参见《东山区检察院密切联系群众制度》，http：//www. hgdsq. hljjcy. gov. cn/ht－ml/690. html。

对检察工作的知情权、监督权、建议权。[①] 建全完善同人民群众联系的工作机制，通过问卷调查、设立意见箱、调查走访、座谈会等多种渠道并行，广泛征求人民群众对检察工作的意见，不断改进检察工作方式。

（二）建全信息收集和大数据研判平台

1. 加强检察自身大数据建设，在数据交换上占据主动性

现在各地各级政府各个部门都在大力建立和应用各自专属的信息系统，仅一个人口数据库，公安部门、计生部门、民政部门都有各自的信息平台，甚至省、市、区各有不同的平台，平台间、系统间缺乏融合的载体，数据不能共享共用，形成了很多信息孤岛。[②] 要解决这个问题，就要打破大数据壁垒，进行数据资源的整合，让数据流通起来。但每个部门的数据都是花费大量的经费和心血的，根据数据等价交换原则，要想获取其他部门有价值的数据，检察系统必须打造自身有价值的数据库，这样与其他部门数据交换共享时才能占据主动性。

2. 健全检察机关参与社会治理的工作网络

目前西安市鄠邑区人民检察院仅与区综治中心实现了数据互联互通，下一步该院探索以融合发展平台为基础，以检察公益诉讼业务为切入点，先行建立“数据 + 网格”检察公益诉讼参与基层社会治理工作模式，逐步建立与秦岭生态环境保护管理局、公安、法院、秦岭智慧管控中心、水务局、司法局等单位数据共享网络平台，搭建好检察收集、整合行政执法和司法等各类数据资源桥梁。在条件成熟后，在其他检察业务领域引入数字化手段进一步巩固提升检察机关参与基层社会治理的质效。

（三）以专业化为目标加强自身建设，提升检察建议刚性，提升群众满意度

1. 发出检察建议前，采取多种调查工作模式

工作中坚持领导带头办案，复杂线索采取联合调查等方式，重视收取证据，提升检察建议精准度，为后期落实打好基础。

2. 发出检察建议后，将沟通协作的“内功”炼成刚性检察建议

在办理土地复垦等顽疾案件时，在送达检察建议时，阐述提出检察建议的事实、法律依据等，听取被建议单位的初步落实计划。回复期满前，不定期开

① 王由海：《“枫桥经验”视野下检察机关参与基层社会治理的路径》，载《长春市委党校学报》2019 年第 3 期。

② 胡艳凤：《智慧城市建设创新发展新范式——以麻城市智慧农业谷建设为例》，载《人工智能》2019 年第 6 期。

展跟踪回复提醒，及时了解被建议单位落实中存在的困难，积极帮助协调，推进工作落地生根，效果良好、群众满意。

3. 收到检察建议回复后，持续跟进监督落实效果

主动邀请人大代表、政协委员参与整改监督。对制发的检察建议，积极核实落实效果，对较难整改的问题，加强工作沟通，积极协调落实整改方案，推进问题解决，形成工作合力；对拒不配合、敷衍塞责的，积极向区人大常委会报备，提请启动监督程序，符合问责情形的，及时移送区纪委监委予以问责。

检察业务与社会治理融合现状分析

冯　康*

社会治理是党在十八届三中全会上提出的正式命题，是我党在社会管理实践上的重大理论创新，诞生伊始即成为社会工作主线。新时代的社会治理仅仅凭借某一部门、某一单位无法全面完成，需要国家、社会、个人等多方主体共同参与，自觉发挥本体作用，各方协作，融合互动，方能实现社会治理现代化。

党的二十大报告指出，全面依法治国是国家治理的一场深刻革命。实现新时代社会主义法治是社会治理的内在要求，检察机关肩负新时代法律监督重任，参与社会治理的重要环节，凝心聚力，奋发有为，以检察履职创新推动社会治理创新。为助力实现市域社会治理体系和治理能力现代化，拓宽检察机关法律监督领域，深化检察环节诉源治理，2022 年 7 月 29 日西安市检察机关制定了检察业务与社会治理融合专项实施方案①，在未央区院、雁塔区院、阎良区院和鄠邑区院开展试点，同年 8 月，在全市范围内全面铺开检察业务与社会治理融合工作，为创新社会治理提供了“西安样板”。为进一步以检察能动履职推动检察业务与社会治理融合创新发展，笔者结合检察履职与社会治理融合工作情况展开分析，以期为社会治理工作发展提供参考。

一、检察业务融入社会治理的切入点

（一）立足工作大局，服务经济社会高质量发展

在贯彻落实习近平总书记“全面深化政法改革”实践过程中，检察机关从工作大局出发，以司法责任制为核心，大刀阔斧推进司法体制改革、跨行政区划检察院改革，不断通过内设机构改革为检察事业高质量发展提供内生动力，逐渐形成“四大检察”法律监督格局新局面，从供给侧满足人民群众在

---

* 冯康，西安市灞桥区人民检察院检察官助理。

① 参见《陕西省西安市人民检察院检察业务与社会治理融合试点方案》。

新时代的法治需求。随着各大业务条线深入发展，办案力度不断加大，案件质效和数量逐步上升，检察机关的身影逐渐活跃在社会生活的方方面面，以更高频率出现在人民群众日常生活中，如通过窨井盖治理守护群众“脚下安全”、食品药品安全专项打击保护群众“舌尖安全”、依托检校合作保护“祖国花朵”。

履职过程中，检察机关立足工作大局，始终坚持服务中心与高质量发展的工作理念，以强烈的检察自觉和高度担当意识不断探索检察机关法律监督制度创新和领域创新，积极协作社会各界广泛参与，主动加强协作配合，凝聚社会治理合力实现系统治理、诉源治理、全面治理，社会治理现代化水平不断提高。如2021年灞桥区院为服务保障十四运、残特奥会等重大赛事成功举办，发挥公益诉讼检察职能，以17条涉赛迎宾路线+25条涉赛路线的无障碍设施建设和公共安全隐患情况为重点开展公益诉讼检察法律监督，通过“无障碍设施亲历体验”收集意见、召开现场公开听证整改验收，推动辖区无障碍环境建设水平整体提升。

（二）严格打击犯罪，营造和谐平安社会新环境

依照法律规定严格行使打击犯罪职能，不枉不纵，能动履职减少犯罪发生率，保护法益并减少社会冲突，是检察机关参与社会治理的重要切入点，也是直接切入点。

1. 提升办案质效

刑事案件办理质效直接反映检察机关参与社会治理的水平。检察机关善于运用现代法治思维和法治方法，贯彻依法能动履职要求，持续抓好主责主业。一是更新办案理念。不断更新以往孤立、简单、机械等陈旧办案思维，秉持现代法治理念，分析犯罪行为表面原因和背后规律，注重诉源治理，既治“已病”，又治“未病”。二是坚持治罪与治理并重。严格落实认罪认罚从宽制度，依法适用羁押措施，不断提高认罪认罚适用率和量刑建议采纳率，向社会不断传递司法善意和关怀，减少社会不稳定因素。三是落实公开听证制度。不断扩大公开听证案件适用范围，邀请人大代表、政协委员、人民监督员、特邀检察官助理及法律专家等社会各界代表担任听证员，共同评议案件事实和法律依据，参与刑事案件办理过程，绘就社会矛盾纠纷化解“同心圆”。

2. 突出工作重点

检察履职中需要坚持全局谋化、一体推进、也需要突出重点、突出领域，对于一些迫切需要保护的法益，检察机关将其列入工作重点突出保护，并不断加大办案力度。一是持续深化扫黑除恶斗争。扫黑除恶专项斗争开展以来，检察机关准确定位、依法办案，坚持“打伞破网”“打财断血”，对涉黑涉恶势力重拳出击，推动改善社会环境，夯实基层政权，优化发展环境，全力推动平

安中国建设。二是保护未成年人合法权益。在未成年人犯罪和被犯罪案件数量均不断上升的社会背景下，检察机关从严处置侵害未成年人犯罪，争取行业主管部门、学校、社会组织的支持，创新强制报告、入职查询等制度，不断教育、感化、保护、挽救未成年人，最大程度保护未成年人合法权益。三是做好企业合规改革。民营企业是市场经济的重要主体，是我国经济发展不可或缺的市场因素，检察机关贯彻高质量发展理念，采取多种措施平等保护民营企业，既“严管”又“厚爱”，运用法治改善营商环境。

（三）践行人权理念，保持良法善治治理新局面

习近平总书记指出，“人民就是江山，江山就是人民”。检察机关履职过程中，始终牢记“让人民群众在每一个司法案件中感受到公平正义”，始终坚持以人民为中心的发展理念，贯彻以“我管”促“都管”、“双赢多赢共赢”理念，用心用情用力办好民生之事，在诸多民生领域重点发力，着力消除人民群众身边的烦心事揪心事操心事，不断纾解群众急难愁盼问题，在守护群众美好生活方面取得较大成效。

1. 重拳打击养老诈骗活动

“家有一老，犹如一宝”，老年人是社会生活的重要参与主体，但因社会更新迭代、对自身养老状况的担忧、出于普通大众的善意，老年人容易成为犯罪对象。检察机关在履职过程中，运用“四大检察”综合打击侵害老年人权益的犯罪行为，协同多部门建立老年人权益保护工作机制，同时运用多维宣传提高老年人防范意识，以“检察蓝”全力守护“夕阳红”。

2. 大力开展民事行政检察工作

做优民事检察、做实行政检察是强化新时代法律监督的重要途径。检察机关发挥民事、行政检察职能，通过诉讼程序和执行活动监督、支持起诉、行政争议实质性化解、虚假诉讼监督等方式，促进法院和行政机关规范化行使权力，保障人民群众在诉讼和行政活动中的合法权利。进入新时代以后，以往工作机制面临社会变化暴露出诸多问题，民事、行政检察工作的效果越发明显，进一步发挥民事、行政检察职能越来越成为检察机关参与社会治理的有效手段，如灞桥区院办理的一起当事人申请监督案中，检察机关发出再审检察建议，并通过法检联合调解、公开听证会等方式彻底解决困扰当事人十多年的法律诉求。

3. 做好司法救助工作

公平争议是我国社会主义核心价值观的重要内容，也是全社会的不懈追求，但公平并不意味着同等，而是存在合理差距。检察机关通过司法救助，向需要救助的群众发放司法救助金，通过“应救尽救”解决人民群众的现实困

难的同时，释放司法温情和社会关怀，以实际行动缩小不合理的差距。

二、新时代检察机关积极融入社会治理的路径

进入新时代后，人民群众对公平正义、民主法治、安全健康的需求发生了新变化，经济、社会、生活也在不断变化，党的二十大报告强调"健全共建共治共享的社会治理制度，提升社会治理效能"，焕然一新的社会变化意味着社会治理方式、领域、理念需迭代更新才能满足人民群众新需求，才能适应社会新变化，才能达到党中央的新要求。在变化的过程中，检察机关可从以下几个方面探索社会治理新路径：

（一）用好用活社会治理类检察建议

社会治理类检察建议是检察机关针对案件办理过程中发现的社会治理问题建议责任单位整改完善的案件办理方式，也是检察机关作为司法机关推动国家治理能力和治理体系现代化的重要手段，同时，社会治理类检察建议的性质促进了检察机关与其他部门之间的协作关系，在推动解决问题的同时，在双方、多方之间形成良好的协作关系，凝聚多方参与、协同共治的社会治理合力。以陕西省检察机关为例，2021 年，陕西省检察机关共制发检察建议 15627 份，回复率为 91.10%、采纳率为 99.64%，制发数、回复率和采纳率连年提升，其中，社会治理类检察建议 1178 份，同比上升 51%，采纳率为 112.73%，同比上升 16.71 个百分点。陕西省检察机关以持续落实最高检系列检察建议为切入点，主动将办案职能向社会治理领域延伸，以点带线、以线拓面，推动形成"党委领导、政府主导、多方参与、司法保障"的检察建议办理社会化工作格局，在促进社会治理法治化，助力更高水平平安陕西、法治陕西建设，服务保障高质量发展方面取得积极成效。①

陕西省检察机关的成功实践证明社会治理类检察建议对检察机关融入社会治理工作的重要性。但是实践中仍存在检察建议内容不规范不具体、检察建议滥发、缺乏合理性等问题，一定程度上削减了检察建议的作用。因此，在制发社会治理类检察建议的过程中要重点关注以下几个问题：一是准确把握社会治理类检察建议的性质。检察建议是针对行业性、多发性、普遍性问题而制发，对于针对性强、发生次数少、个性问题，显然不适宜发出社会治理类检察建议。二是建议内容要指出问题背后深层次原因。社会治理类检察建议在发出之

① 冯耀辉、冯志恒：《检察建议助推社会治理法治化的陕西实践》，载《中国检察官》2022 年第 19 期。

前要做好调研工作，准确指出问题产生的深层次原因，并积极寻找解决途径，不能仅在建议中指出问题。三是建议发出后应注重后续跟进。社会治理类检察建议不能一发了之，发出后检察机关要积极与被建议单位沟通交流，建立常态化联系，协助做好配合工作，共同推动建议整改落实。

（二）主动搭载大数据检察发展引擎

2022 年 1 月，全国检察长（扩大）会议提出：以“检察大数据战略”赋能检察工作高质量发展。迈入信息化时代，数字检察、大数据法律监督是检察工作高质量发展的题中应有之义。大数据检察，是指检察机关通过数据实现传统的“数量驱动、个案为主”的个案办理式监督，向“质效导向、类案监督”的类案治理式监督转变，是检察机关参与社会治理的重要引擎。具体而言，检察机关通过个案办理分析出规律性问题，通过要素提取和整合搭建模型，录入海量数据后批量筛选出类案监督线索，再通过类案办理找出执法司法工作机制运行过程中存在的系统性漏洞，促进社会治理。整个过程依托现代电子信息技术，无须人工筛查，针对性寻找社会治理漏洞，极大地提高办案效率和社会治理水平。2022 年 10 月，西安市检察机关举办了首届大数据法律监督模型大赛，决赛中呈现的 15 例大数据法律监督模型涉及多个行业、多条业务、不同问题，检察机关运用不同的法律监督模型推动解决不同行业、不同领域的社会治理问题。

（三）善于融入网格化社会治理体系

网格化管理是党的十八届三中全会《中共中央关于全面深化改革若干重大问题的决定》上提出的重大命题，主要目的是改进社会治理方式、创新社会治理体质，以信息化、现代化、标准化要求开展群防群治工作，打通群众服务的“最后一米”。“检察 + 网格”融合发展工作是检察机关积极参与社会治理，赋能检察业务的创新方式，通过信息平台数据共享，打破数据壁垒，扩大监督范围，提高监督效率，推动建立共商共建共享的现代社会治理格局。如西安市长安区人民检察院探索建立“长治”社会治理检察工作 e 站，申请区级社会治理账户权限调度各级网格员本人，接入市级综治指挥平台、雪亮工程扩大线索来源，重点开展公益诉讼、司法救助等检察业务，在案件办理充分发挥网格员在线索收集、证据固定、协助勘查的作用，为“网格 + 检察”社会融合工作提供了参考样本。

（四）汇集众智打造特色检察新品牌

检察机关品牌是渗透在检察机关工作过程中的各种理念、意志、行为规范和管理风格的总和，是以一种文化来引导大家共同实现既定的目标。① 良好的检察品牌，对外能树立良好形象，对内有利于统一思想认识，成员发自内心形成职业认同、职业荣誉，进而形成强烈的责任意识和担当意识，凝聚团队“战斗力”。同时，成熟的检察工作品牌有利于检察业务的进一步宣传，提高检察工作知名度，为监督履职形成良好的公信基础，如灞桥区院“白鹿晨曦”未检品牌、“白鹿青绿”公益诉讼品牌，均获得同级政法委的批示肯定。

在社会治理工作中，检察机关形成成熟的工作品牌，有利于凝聚协同整改合力和外部认同感，为构建共商共建共享社会治理新格局奠定软实力基础，成为检察机关参与社会治理的文化名片。

① 齐阁峰、孟庆学：《创新检察工作机制 打造检察机关品牌》，载《党史博采（理论）》2012 年第 6 期。

安全生产领域检察行政公益诉讼探索研究

王 靛 李 娇*

安全生产事关人民福祉，事关经济社会发展大局。自两百多年前第一个工业化国家——英国开始致力于对安全生产的立法以来，安全生产有关法律的制度逐步形成了以“三项制度、一项特别授权”为核心的法律治理体系，① 这些制度的重要价值目标在于预防安全生产隐患。近年来，我国检察公益诉讼制度的建立和完善过程中，安全生产逐步纳入公益诉讼范围，并随着安全生产法的修订而正式建立，为安全生产的法律治理探索了新的治理路径。如何理解和把握安全生产检察公益诉讼，并在实践中进行完善成为当下的重要课题。

一、作为公益保护的共识：安全生产领域检察公益诉讼的制度演进

安全生产领域公益诉讼并非行政诉讼法和民事诉讼法所明确列举的办案领域，但有关安全生产领域的公益诉讼的顶层制度设计早于行政诉讼法和民事诉讼法的修改，其经历了从检察机关“等外”探索到立法确认的演进过程，这一自上而下的顶层设计和自下而上的实践推动，共同推动了安全生产作为公共利益的共识的形成。

（一）早于检察公益诉讼制度立法的顶层设计

2016 年 12 月，中共中央、国务院出台《关于推进安全生产领域改革发展的意见》明确提出“研究建立安全生产民事和行政公益诉讼制度”，作为依法治理中规范执法行为的措施之一。从《意见》的体例结构及文字表述中可以看出，在顶层设计中，安全生产公益诉讼是作为依法治理的方式，其主要目的

* 王靛，西安市高陵区人民检察院检察长；李娇，西安市高陵区人民检察院第二检察部检察官助理。

① 主要包括全面规范安全生产主体权利义务的制度体系、工伤保险制度体系、安全生产行政执法制度体系以及行政机关经特别授权颁布的安全生产技术标准。参见冬牛：《安全生产法治体系及其构建逻辑》，载《社会治理》2018 年第 9 期。

在于规范执法行为。从《意见》的颁布时间分析，《意见》出台时检察公益诉讼仅处于试点阶段，虽然最终的诉讼法修改受前期授权范围的限制，并未将安全生产纳入法定领域，但顶层设计却早于立法修改，足以说明安全生产公益诉讼的重要性和必要性。

（二）安全生产检察公益诉讼的“等”外实践探索

2017 年 6 月 27 日，通过修改《行政诉讼法》确立了行政公益诉讼制度，意味着行政公益诉讼制度由局部试点走向全面正式实施。修改后的《行政诉讼法》第 25 条第 4 款虽然规定检察机关提起行政公益诉讼的领域为生态环境和资源保护、食品药品安全、国有财产保护和国有土地使用权出让，但具体表述中增加了“等领域”三个字，为诸如安全生产之类“等”外领域行政公益诉讼保留了可拓展的法律空间。党的十九届四中全会提出了“拓展公益诉讼案件范围”的要求。2020 年最高检将“等”外领域探索原则由“稳妥、积极”调整为“积极、稳妥”。之后，全国多个省级人大常委会出台支持检察机关开展公益诉讼工作的决定，明确授权检察机关在安全生产领域拓展公益诉讼案件办理。

根据最高检制发的“第八号检察建议”，全国检察机关自 2018 年 11 月至 2021 年 12 月期间，共立案安全生产领域公益诉讼案件 24553 件，发出诉前检察建议 20328 件。实践探索取得的成效以及积累的经验，为安全生产检察公益诉讼的立法确认奠定了自下而上的坚实基础。

（三）安全生产检察公益诉讼的立法确认

2021 年 6 月 10 日，新修订的《安全生产法》第 74 条第 2 款规定：“因安全生产违法行为造成重大事故隐患或者导致重大事故，致使国家利益或者社会公共利益受到侵害的，人民检察院可以根据民事诉讼法、行政诉讼法的相关规定提起公益诉讼。”最终通过单行立法的方式确认了安全生产检察公益诉讼。

二、安全生产检察行政公益诉讼中存在的问题

在通过修改完善《安全生产法》以弥补安全生产领域内部行政执法供给不足的基础上，检察机关开展安全生产领域行政公益诉讼进一步解决了外部权利救济乏力的问题。实践中，安全生产领域仍然存在监管职能交叉、边界不清，监管缺位、不到位以及执法不严格等问题；同一区域上下级“多头执法”“重复执法”的现象仍然存在。与此同时，在刚刚“转正”不久的安全生产行政公益诉讼实践中仍然存在一些问题。

（一）对安全生产公共利益的理解存在分歧认识

《安全生产法》第2条将“安全生产”的主体范围限定为“生产经营单位”，即非生产经营单位的安全生产不在《安全生产法》调整的范畴之内。然而在实践中，一些地方检察机关对“安全生产”的理解上存在偏差。如检察机关督促整治道路交通安全隐患行政公益诉讼案[①]中，某县某村邻村省道因装有中央隔离护栏，行人车辆需向南绕行约2千米进入村庄，为抄近道，许多行人车辆违反交通规则，沿省道逆行入村，存在较大交通安全隐患。检察机关针对公路主管部门对涉案路口存在的交通安全隐患监管、整改不力的问题制发检察建议，并有效督促其进行了整改。笔者认为，该案并未直接涉及生产经营单位，将其归为安全生产领域行政公益诉讼案件有待商榷。又如，一些检察机关针对辖区内小区居民私拉电线给电动车充电的情况启动了安全生产行政公益诉讼，这种“飞线充电”现象也难以解释为生产经营活动。

（二）缺乏安全生产领域行政公益诉讼案件的专业优势

“与生态环境、食品药品等领域相比，在安全生产领域对行政机关不作为的评判更具有跨专业学科的复杂性。”[②] 作为建立在安全生产行政监管体系之上的外部法律监督手段，安全生产行政公益诉讼与安全生产行政监管体系有着密切的关系。但现实中，安全生产领域行政监管存在专业性强、信息封闭度高、风险分布广[③]等特征，检察机关在无侦查权的情况下，如果当事人不配合，很难调取到相关证据。同时，《安全生产法》并未明确应急管理部门的综合监管与其他部门行业监管的定义、范围与界限，安全生产行政监管中往往存在职能交叉甚至职责不明的情况，加之个别领域实施国家监管和地方监管相结合的特殊管理体制，为检察机关锁定安全生产行政公益诉讼的“被告”造成困难。如海南省检察机关督促整治液化天然气点供重大安全隐患行政公益诉讼案[④]中，万宁市应急管理、住房和城乡建设等部门对液化天然气点供均有相关监管职责，就“监管部门是谁”“适用危险化学品还是城镇燃气管理”等问题存在分歧，甚至推诿、拖延，对检查出的问题仅以整改通知的形式发给相关企

---

① 2021年10月9日山东省发布的5件安全生产领域行政公益诉讼典型案例之一，详见《山东省检察院与省应急管理厅联合发布安全生产领域5件典型案例》，载齐鲁网，http://news.iqilu.com/shandong/yuanchuang/2021/1009/4970524.shtml，2022年11月15日访问。

② 陕西省人民检察院公益诉讼新领域探索课题组：《安全生产行政公益诉讼制度实践与思考》，载《中国检察官》2020年第14期。

③ 赵艺绚、林鸿潮：《论安全生产行政公益诉讼的启动》，载童星、张海波主编：《风险灾害危机研究》（第十四辑），社会科学文献出版社2022年版，第7页。

④ 该案系最高人民检察院“八号检察建议”附件生产安全事故典型案例之一。

业，综合执法部门未进行相应处罚，各职能部门也未能切实落实重大安全隐患排查治理机制。检察机关经调查核实后向政府、应急管理部门、住房和城乡建设部门发出检察建议，责成上述主体及时成立工作小组，复查隐患，并对涉案企业进行了处理。此外，检察建议发出后，如何对行政机关提供的整改方案进行评估，以及判断整改方案是否有效、可行均超出了检察机关的专业范围。

（三）对安全生产领域行政机关履职标准认识不一

《行政诉讼法》第 25 条第 4 款及《人民检察院公益诉讼办案规则》第 75 条明确，在行政机关违法行使职权或者不作为，致使国家利益或者社会公共利益受到侵害的，检察机关应当向行政机关提出检察建议，督促其依法履行职责；行政机关不依法履行职责的，检察机关依法向人民法院提起诉讼。《安全生产法》第 74 条第 2 款明确，公益诉讼提起的前提为“因安全生产违法行为造成重大事故隐患或者导致重大事故，致使国家利益或者社会公共利益受到侵害”。可见，在确定存在重大事故隐患或导致重大事故后，不论是制发检察建议还是将行政机关诉至法院，都要对行政机关的履职情况进行判断。特别是在法院审理阶段，对如何认定“依法履职”，理论实践中主要形成了“行为标准”与“结果标准”两种观点。前者基于职权法定原则，认为行政机关将法定职责落到实处，在已穷尽法律所规定的监管措施的情况下，即使国家利益或社会公共利益受侵害的状态仍未消除，也应认定为依法履职。后者倾向于考虑实现公益保护目的，主张只要未消除国家利益或社会公共利益受侵害的状态，就应该被认定为不依法履职。而《安全生产法》第 74 条第 2 款中“致使”二字又将因果关系引入行政机关履职情况的判断中。因此，如何判断行政机关是否依法履职，以及在何种条件下启动安全生产行政公益诉讼成为一个难题。

三、破解存在问题的前提：安全生产检察行政公益诉讼相关概念分析

（一）安全生产的含义

界定“安全生产”的含义是开展该领域行政公益诉讼的基本前提。《辞海》中将“安全生产”解释为：为预防生产过程中发生人身、设备事故，形成良好劳动环境和工作秩序而采取的一系列措施和活动。《中国大百科全书》中将“安全生产”解释为：旨在保护劳动者在生产过程中安全的一项方针，也是企业管理必须遵循的一项原则，要求最大限度地减少劳动者的工伤和职业病，保障劳动者在生产过程中的生命安全和身体健康。《安全生产法》第 2 条规定：“在中华人民共和国领域内从事生产经营活动的单位（以下统称生产经

营单位）的安全生产，适用本法。”可见，《安全生产法》中的“安全生产”仅针对生产经营单位而言，此外的“安全生产”不在该法的调整范围之内。

（二）安全生产公共利益的特点

我国《安全生产法》旨在通过“加强安全生产工作，防止和减少生产安全事故，保障人民群众生命和财产安全，促进经济社会持续健康发展”。从该法保护的法益、安全生产引发事故及纠纷的特征来看，都具有明显的公共利益属性。

1.《安全生产法》保护的法益具有公共利益属性

该法强调安全生产工作应当以人为本，坚持人民至上、生命至上，把保护人民生命安全摆在首位。如要求企业建立健全全员安全生产责任制[①]，同时要求生产经营单位关注从业人员的身体、心理状况和行为习惯，加强对从业人员的心理疏导、精神慰藉，严格落实岗位安全生产责任，防范从业人员行为异常导致事故发生。[②] 可见，该法以保护生产经营过程中的参与者及广大人民群众的生命财产安全为目标，体现了社会本位的立法理念及法益保护的公共利益属性。

2. 安全生产事故及纠纷涉及主体及利益具有复合性

实践中，安全生产公共利益涵盖的主体往往包括用人单位、劳动者、政府机关、社会组织等，涉及国家利益、集体利益、个人利益与公共利益。较大以上的安全生产事故往往会导致多个利益受损，如2019年湖南浏阳碧溪烟花制造有限公司“12·4”重大爆炸事故中，监管人员安全风险排查管控缺位，最终“小拖大、大拖炸”，严重侵害了个人、集体与社会公共利益。

四、完善安全生产检察行政公益诉讼的路径

（一）以准确界定安全生产公共利益为办案前提

《中共中央关于加强新时代检察机关法律监督工作的意见》首次以中共中

---

① 《安全生产法》第4条第1款规定：“生产经营单位必须遵守本法和其他有关安全生产的法律、法规，加强安全生产管理，建立健全全员安全生产责任制和安全生产规章制度，加大对安全生产资金、物资、技术、人员的投入保障力度，改善安全生产条件，加强安全生产标准化、信息化建设，构建安全风险分级管控和隐患排查治理双重预防机制，健全风险防范化解机制，提高安全生产水平，确保安全生产。”

② 《安全生产法》第44条第2款规定：“生产经营单位应当关注从业人员的身体、心理状况和行为习惯，加强对从业人员的心理疏导、精神慰藉，严格落实岗位安全生产责任，防范从业人员行为异常导致事故发生。”

央文件的形式明确检察机关是“保障国家法律统一正确实施的司法机关”“保护国家利益和社会公共利益的重要力量”。这一定位意味着检察机关办理公益诉讼案件不能就案办案，而要着眼于促进国家和社会治理。对于安全生产领域行政公益诉讼来说，其旨在通过行政公益诉讼督促政府及相关行政机关积极履职尽责，以实现《安全生产法》的立法目的。在界定何为安全生产公共利益时，应当将安全生产公共利益与《安全生产法》的适用范围及该法所要实现的立法目的相对应。首先，办案中检察机关对“安全生产”的理解不宜超出《安全生产法》的适用范围而作扩大解释。其次，“安全生产公共利益”是指人民群众的生命财产安全以及经济社会的持续健康发展。故安全生产领域行政公益诉讼应当以维护不特定群体安全利益为出发点，而并非着眼于个体的安全利益。为此，检察机关不能忽略安全生产公共利益的界定及风险防控这一核心目标而一味选择容易入手和整改的“凑数”案，应当体现出检察机关应有的专业判断。

（二）以强化检察机关专业素能为重要抓手

与一般的行政公益诉讼相比，安全生产领域对行政机关不作为的评判更具有跨专业学科的复杂性。[①] 检察机关要克服在安全生产行政公益诉讼中的专业劣势，就要寻求自身专业素能的突破与外部的专业支持。首先，检察机关办案人员要熟练掌握公益诉讼办案相关规则，在此基础上学习安全生产相关法律知识、行业监管制度规范等内容，为提升专业判断力和执法能力，进而为做到依法监督、精准监督打好基础。其次，检察机关可以与应急管理部门建立常态化协作机制，建立重大线索信息数据共享协作机制，通过联席会议、联合调研、联动办案、互派专家培训交流等形式，在线索移送、信息共享、专业咨询、人才培养等方面加强协作，形成安全生产公益保护合力。此外，对于确属安全生产领域专业性问题的，可以适当借助专业机构和人员的力量，通过咨询行政机关特聘检察官助理、引入安全评价机制、专家辅助人制度等，在调查取证、检察建议制发等环节寻求专业支持。

（三）以“行为标准+实质性合法”作为行政机关履职判断标准

当前，我国安全生产领域存在监管能力不足和监管意愿缺失的短板，这种结构性失衡可能体现为行政机关违法行使职权、不作为、假作为、不充分作为

① 陕西省人民检察院公益诉讼新领域探索课题组：《安全生产行政公益诉讼制度实践与思考》，载《中国检察官》2020年第14期。

等多种情况，这往往会形成行政监管的“灰色地带”。[①] 因此，笔者认为，判断行政机关是否依法履职不仅应当适用“行为标准”，在此基础上还应当将行政行为是否“实质性合法”作为判断行政机关是否依法履职的标准。首先，检察机关判断行政机关是否依法履职的职责范围应以现行法律规定为基础，否则，对特定行政机关不具有法律上的可预见性，对行政机关依法行政难免会造成一定冲击。其次，在审查认定行政机关履职情况时宜采取“实质性合法”标准，即将形式上合法但实质上违反立法目的的不充分作为、假作为纳入监督范围。最后，宜从国家利益或社会公共利益保护最大化角度出发，以事实为根据、以法律为准绳，审查和认定行政机关是否穷尽了监管措施，考量行政机关是否依法全面纠正了违法行为或不作为行为。[②]

① 如江苏省响水县“3·21”特大爆炸事故案中，危险化学品生产经营归应急管理部门监管，废物污染问题归生态环境部门监管，涉案“硝化废料”的监管出现交叉。该县原安监局对于上级部门整改的整改指令不执行或降格处理，对执法已发现的事故企业存在的问题，未及时向生态环境部门提出并推动解决；该县原环保局对涉案企业长达7年违规处置危险废物的违法行为未发现、未依法处理，形成了看似都可以管，实则无人管的监管盲区，最终发生爆炸事故。

② 李瑰华：《行政公益诉讼中行政机关“依法履职”的认定》，载《行政法学研究》2021年第5期。

“益”路护“她”：以检察之力保障妇女权益

巨　艳*

党的二十大报告强调加强检察机关法律监督工作、完善公益诉讼制度。全国人大常委会于 2022 年 10 月 30 日审议并通过了新修订的《妇女权益保障法》，该法第 77 条规定的检察机关提起公益诉讼制度，成为此次修法的一大亮点。检察机关承担着保护国家利益、社会公共利益的重要职责，应以贯彻落实新修订的《妇女权益保障法》为契机，以公益诉讼检察的履职成效助推市域社会治理现代化。

一、顶层设计：妇女权益保障和公益诉讼检察的发展脉络

（一）《妇女权益保障法》的修订历程

第一部《妇女权益保障法》于 1992 年七届全国人大五次会议通过，于 2005 年进行了较大修改，于 2018 年作了个别调整。随着经济社会的发展进步，再次修订法律的呼声越来越大。此次修订法律的草案两次网上公开征求意见，引起社会各界广泛关注。新修订的《妇女权益保障法》增加到 10 章 86 条，对妇女权益保障制度机制作了更加全面系统的规定，可谓亮点纷呈。

（二）公益诉讼检察制度的发展演进

“公益诉讼”作为一个法定概念于 2012 年首次出现在新修改的《民事诉讼法》中。党的十八届四中全会提出探索建立检察机关提起公益诉讼制度。2015 年 7 月起生态环境和资源保护等四个领域展开公益诉讼试点。2017 年，《民事诉讼法》《行政诉讼法》以法律形式确认了检察机关在生态环境和资源保护等四个领域提起公益诉讼的权力。随后，党的十九届四中全会要求拓宽公益诉讼案件范围。截至 2022 年 10 月全国检察机关共办理各类公益诉讼案件

* 巨艳，西安市新城区人民检察院副检察长、三级高级检察官。

71万余件。检察公益诉讼法定领域大幅扩展到“4+9”，且还在进一步规范、延展中。[①]

（三）妇女权益保障：公益诉讼检察的新领域

2019年12月，最高人民检察院联合全国妇联下发《关于建立共同推动保护妇女儿童权益工作合作机制的通知》，试点在妇女不平等就业、损害妇女人格权等方面提起公益诉讼[②]。2020年《关于积极稳妥拓展公益诉讼案件范围的指导意见》、2021年中共中央印发的《关于加强新时代检察机关法律监督工作的意见》均要求积极、稳妥办理妇女权益保护领域公益损害案件。同年9月，《中国妇女发展纲要（2021—2030年）》《国家人权行动计划（2021—2025年）》亦提出这方面的要求。此次法律修订使妇女权益保障成为了检察公益诉讼第十三个法定领域。

二、法理评析：妇女权益保障类公益诉讼的法律适用

妇女权益保障存在义务主体分散、保护手段乏力、权益救济困难等问题。检察机关依法履行公益诉讼检察职责，是对妇女权益受损强有力的救济手段。同时，检察机关在能动行使公益诉讼检察职权时，还应保持司法谦抑，充分考量权益受损的具体情形，以及是否符合相关法律、司法解释的规定。

（一）受损权益应当具有公益受损的特征

国家利益或社会公共利益受到侵害、可能存在违法行为是公益诉讼案件立案调查的前提。若仅是个体权益受损，则不符合公益诉讼立案标准。比如，农村妇女土地权益受到侵害，通常由村规民约引起。若乡镇人民政府不履行职责，[③]相关村规民约在确认农村妇女集体经济组织成员身份时侵害妇女权益或者侵害妇女享有的农村土地承包和集体收益、土地征收征用补偿分配权益和宅基地使用权益时，检察机关依法可以提起行政公益诉讼。[④]

（二）妇女权益保障类公益诉讼案件的办案领域

关于哪些侵害妇女权益的情形可以启动公益诉讼，新修订的《妇女权益

---

① 邱春艳：《完善公益司法保护的中国方案为服务保障中国式现代化作出新的检察贡献》，载《检察日报》2022年11月3日，第2版。

② 邱景辉：《公益诉讼推进妇女权益保障》，载《方圆》2021年第23期。

③ 根据《村民委员会组织法》的规定，乡镇人民政府负有监督职责，有权责令改正与宪法、法律、法规和国家政策相抵触的村规民约。

④ 刘艺：《妇女权益保障领域检察公益诉讼机制的理论基础与实现路径》，载《重庆大学学报（社会科学版）》2022年第2期。

保障法》明确列举了四种情形。[1] 此次修法虽增加了检察公益诉讼的条款，但无法穷尽所有权益受损的类型。“其他严重侵害妇女权益的行为”作为兜底条款为进一步拓展受案范围留下了制度空间。

（三）妇女权益保障类公益诉讼案件的办案规律

检察机关介入妇女权益保障可分为三种形式：刑事手段、行政违法行为检察监督手段、公益诉讼手段。在办理妇女权益保障类公益诉讼案件时，不仅要审查是否属于妇女群体权益受损，还应当遵循办案规律。选择介入方式时，要注重刑事、公益诉讼和行政违法行为监督之间的程序衔接问题。若构成犯罪，应当遵循“刑事优先原则”，及时移送刑事司法部门；若只造成特定妇女权益受到侵害，并未导致社会公共利益受损时，应采取行政违法行为检察监督手段；若符合公益诉讼立案标准的，应按照公益诉讼相关规则办理。实践中，可通过对个案进行类案排查，当同类案件达到一定数量时，检察机关可启动公益诉讼程序。

三、能动履职：妇女权益保障类公益诉讼检察的实践与思考

（一）先行试点，确保妇女权益保障类公益诉讼检察积极稳妥推进

“积极、稳妥”是最高人民检察院关于公益诉讼新领域案件拓展的指导性原则。“积极”是指依法履职、勇于担当作为的积极态度；“稳妥”是指在业务工作和案件办理中，要坚持稳妥、慎重的态度，秉持法治和理性的精神，牢牢把握办案的规范性和质效。[2] 新修订的《妇女权益保障法》以单行法的形式授权检察机关开展公益诉讼。该法虽于2023年1月1日起正式实施，但实践中妇女权益保障作为“等”外领域的试点早已积极、稳妥推进，各地在试点过程中积累了诸多经验。2019年最高检和全国妇联首次提出在侵犯妇女权益的若干领域发出检察建议或提起公益诉讼，建构了检察机关与妇联组织良性、有效互动的机制，深化了专业化办案与社会化保护配合衔接的创新实践。[3]

---

① 《妇女权益保障法》第77条明确列举了权益受损的四种情形：（1）确认农村妇女集体经济组织成员身份时侵害妇女权益或者侵害妇女享有的农村土地承包和集体收益、土地征收征用补偿分配权益和宅基地使用权益；（2）侵害妇女平等就业权益；（3）相关单位未采取合理措施预防和制止性骚扰；（4）通过大众传播媒介或者其他方式贬低损害妇女人格。

② 胡卫列：《国家治理视野下的公益诉讼检察制度》，载童建明主编：《检察智库成果》（第5辑），中国检察出版社2015年版，第344页。

③ 戴瑞君：《我国妇女权益公益诉讼刍议》，载《内蒙古社会科学》2022年第5期。

2019年以来，相继有26个省级人大常委会出台了关于加强检察公益诉讼工作的决定。其中，山西等7个省份明确开展妇女权益保障领域检察公益诉讼。[①] 2021年，浙江省首例妇女权益保护行政公益诉讼案，就妇女平等就业问题制发行政公益诉讼诉前检察建议。各地试点的成功经验已经被吸纳进新修订的《妇女权益保障法》中。

（二）坚持新理念，引领妇女权益保障类公益诉讼检察创新发展

1. 坚持“双赢多赢共赢”理念

最高检在2018年提出“双赢多赢共赢”理念，各级检察院秉持这一理念开展法律监督工作，许多行政机关从最开始的抵制改变为理解配合、寻求监督。新理念增添新动能，公益诉讼检察工作要继续坚持“双赢多赢共赢”理念引领，采取有效措施，进一步扩展检察机关与政府及其部门共赢的局面。通过能动履职，增强行政执法效能，逐步扩展为立法、执法、司法整个治理共同体实现共赢。

2. 坚持“诉前实现保护公益目的是最佳司法状态”理念

按照我国现行法律规定，检察机关履行公益诉讼检察职责具体包括提出检察建议、支持起诉、提起公益诉讼等多种形式，诉讼是最后的手段。最高检提出“诉前实现维护公益目的是最佳司法状态”理念，要求发出检察建议后努力协调促进落实，绝大多数案件都在诉前环节得以解决。[②] 2018年以来，行政公益诉讼检察建议98.9%在诉前即得到有效整改；提起诉讼的，99.7%得到人民法院支持。[③]

3. 坚持“持续跟进”理念

许多公益诉讼问题是发展中的问题，持续跟进监督是必要的。所谓持续跟进，一方面是指办案过程的跟进，从诉前程序到提起诉讼再到判决执行，一个环节一个环节地持续跟进。另一方面是指要从个案办理延伸到类案监督，再到系统治理，完善长效治理机制。同时，应坚持把全流程整改效果的“回头看”作为规定动作，确保受损公益得到恢复。[④]

① 邱景辉：《公益诉讼推进妇女权益保障》，载《方圆》2021年第23期。

② 童建明主编：《检察改革面面观（2018—2021）》，中国检察出版社2022年版，第30页。

③ 邱春艳：《完善公益司法保护的中国方案为服务保障中国式现代化作出新的检察贡献》，载《检察日报》2022年11月3日，第2版。

④ 童建明主编：《检察改革面面观（2018—2021）》，中国检察出版社2022年版，第30页。

（三）采取新措施，提升妇女权益保障类公益诉讼检察工作的质效

1. 整合力量，发挥一体化办案优势

首先，强化上下级一体化办案。基层检察院对妇女权益保护这一新领域欠缺办案经验，需通过上级检察院予以沟通协调、指导帮助。其次，要深挖检察机关内部资源。一方面要树立全院“一盘棋”思想，完善内部线索移送机制；另一方面要优化检察机关统一业务应用系统，针对可能涉及妇女权益受侵害的案件进行着重筛查，将关联案件推送给公益诉讼职能部门，实现线索资源内部大整合。①

2. 数字赋能，为妇女权益保障加装慧眼

“大数据赋能”依托数据资源要素生成现实生产力的客观事实，已经发展到不容忽视、无法忽视的地步。首先要树立数字检察思维，以大数据技术助力检察公益诉讼实践创新，方能突破发展瓶颈。其次要借助现代信息技术进行类案的识别与检索，积极主动获取监督线索，促使潜在的妇女权益受损案件线索及时呈现。

3. 多方联动，为妇女权益保障增添助力

首先要争取当地党委的支持。严格执行向同级党委及其政法委请示报告工作制度，落实年度法律监督工作报告制度，并将公益诉讼检察监督情况列入其中。其次要加强与妇联的沟通联系。通过建立线索移送、案件信息共享、联合调查等机制，形成妇女权益保护合力。还可以与司法局、民政局、村（居）委会、社会组织等有关单位联合开展保护妇女权益专项监督活动，摸排侵害妇女权益的线索，视情况开展检察公益诉讼或支持起诉工作。最后要延伸检察建议办理效果。要善于透过一类监督案件溯源发现深层次的社会治理问题，以促进相关行政机关从源头到终端实现共治，形成社会治理闭环。②

---

① 黄丁文：《妇女权益保护检察公益诉讼实践路径》，载《中国检察官》2022年第6期。

② 杨建锋：《完善民事检察类案监督范式》，载《检察日报》2020年8月31日，第3版。

检察机关提起环境公益诉讼实践探索与完善

孟　敏*

伴随着经济全球化及工业化，中国的经济建设突飞猛进，中国人民享受着经济快速发展给生活带来的种种便利，却也不得不面临环境污染的窘况，提起环境公益诉讼已迫在眉睫，检察机关是否可以有所作为？我国《宪法》第134条规定，中华人民共和国人民检察院是国家的法律监督机关。宪法作为根本大法确立了检察院是国家法律监督机关的主体地位，也明确了检察权在性质上属于法律监督权。多部法律法规也明确规定了检察机关可以对国家机关等依法行使法律监督权，但是该监督权是否可以理解为具有在公共利益受到侵害时提起诉讼的权力，这在理论界和实践中一直存在争议。其中有专家认为，立法者在抗诉方式之外增设检察机关提起行政公益诉讼的监督方式完全没有任何法律障碍。① 随着社会各界对于检察机关提起公益诉讼的呼声越来越高，党的十八届四中全会明确提出“探索建立检察机关提起公益诉讼制度”，检察机关具有提起公益诉讼的权力以明文方式予以确认。从实践中反馈的情况来看，只有赋予检察机关提起公益诉讼（包括环境公益诉讼）的权力，才能促使各级检察机关积极行动起来，在全国范围内对环境污染涉及损害国家利益和公共利益时进行更为有效的法律监督，使天更蓝、水更清、山更绿，有效提高人民群众的生活质量与幸福感。

一、我国环境公益诉讼的现实状况

2012年修改后的《民事诉讼法》第55条②规定“对污染环境、侵害众多消费者合法权益等损害社会公共利益的行为，法律规定的机关和有关组织可以向人民法院提起诉讼。”将公益诉讼的诉权资格授予“法律规定的机关和有关

* 孟敏，西安市长安区人民检察院第四检察部二级检察官。

① 姜明安：《行政诉讼中的检察监督与行政公益诉讼》，载《法学杂志》2006年第2期。

② 2021年12月24日，第十三届全国人民代表大会常务委员会第三十二次会议以《关于修改〈中华人民共和国民事诉讼法〉的决定》第四次修正民事诉讼法，将本条变为第58条，内容无更改。

组织”。2014 年 12 月 8 日，最高人民法院审判委员会第 1631 次会议通过了《关于审理环境民事公益诉讼案件适用法律若干问题的解释》[①]，为人民法院正确审理环境民事公益诉讼提供了可操作性的司法解释。2014 年 12 月 26 日，最高人民法院、民政部、环境保护部三个部门联合出台《关于贯彻实施环境民事公益诉讼制度的通知》，对三个部门在环境公益诉讼中分工合作与配合做了较为详细的规定，尤其是规定了人民法院因案件审理需要可以向环保部门调取相关证据材料，环保部门应当及时提交，破解了环境公益诉讼取证难的问题。2017 年 6 月 27 日，十二届全国人民代表大会常委会第二十八次会议表决通过了《关于修改〈中华人民共和国民事诉讼法〉和〈中华人民共和国行政诉讼法〉的决定》，《民事诉讼法》第 55 条和《行政诉讼法》第 25 条各增加一款，将检察机关提起公益诉讼制度正式写入法律。除上述法律规定外，《环境保护法》《水污染防治法》《大气污染防治法》等法律法规也制定了详细的法律条款，至此，我国的环境公益诉讼保护制度已然确立。

在涉及重大社会公益的诉讼中，应当有一个代表公共利益的诉讼主体。[②]这是一个共识，所以一直以来我们寄希望于更加完善的法律制度与越来越多的投身环境公共利益保护的组织，在我国大气污染、水体污染、土地污染等各种污染情况严峻的今天，森林频遭盗伐、动植物生存环境日益受到侵害，按常理说，环境公益诉讼案件屡见不鲜，环境保护工作更应该卓有成效，但现实情况却不容乐观，据不完全统计，我国全年提起环境公益诉讼保护的案件寥寥无几，在提起诉讼进入审理阶段的案件甚少的情况下，更遑论法院支持其保护公共利益的诉讼请求。而与之形成鲜明对比的是，检察公益诉讼正式写入法律后，涉及环境公益诉讼的案件数量与取得的成效相当可观，为“美丽中国”筑牢了一道坚固的司法保护屏障。[③]

二、检察机关提起环境公益诉讼的优势

虽然我国一直积极应对环境污染越来越严重的状况，但是环境保护陷入困境却也是一个不争的事实。由于各种原因以及因素制约，社会团体、民办非企业单位以及基金会等与环境保护有关系的社会组织主动提起环境公益诉讼的情况少之又少，导致不少地区法院出现环境公益诉讼“零受案率”现象。[④] 如何

① 该司法解释于 2020 年进行了修正。

② 杨立新、张步洪：《行政公诉制度初探》，载《行政法学研究》1999 年第 4 期。

③ 彭波：《为美丽中国筑牢司法保护屏障》，载《人民日报》2018 年 5 月 16 日，第 3 版。

④ 陈亮：《环境公益诉讼“零受案率”之反思》，载《法学》2013 年第 7 期。

破解困局？如何开拓新思路？如何使环境保护措施更有效？在审视中，检察机关提起环境公益诉讼具有的天然优势越来越明显，检察环境公益诉讼的呼声也越来越高。

（一）检察机关办理案件较少受到经济因素的制约

最高人民法院、民政部、环境保护部《关于贯彻实施环境民事公益诉讼制度的通知》第2条规定："社会组织存在通过诉讼牟取经济利益情形的，人民法院应向其登记管理机关发送司法建议，由登记管理机关依法对其进行查处，查处结果应向社会公布并通报人民法院。"因为公益诉讼组织作为非营利法人，不能以营利为目的，并且该组织不得向出资人、设立人或者会员分配所取得的利润，其一旦提起诉讼，取证尤其是鉴定需要花费大量金钱，且涉及环境保护公益诉讼的诉讼请求一般要求环境破坏者赔偿巨额损失，故此类公益诉讼标的也一般较大，公益诉讼组织作为原告就必须缴纳一大笔诉讼费，这对很多公益诉讼组织来说都是不小的负担。而且现实中，我国环保组织虽然数量很多，但是因为缺乏大量的资金支持，规模都不大，且社会公信力和关注度也不高。很多环保组织一年的经费只有几万元，规模稍大的环保组织也不过十几万元。① 经费的制约致使环保组织每年提起的环境保护公益诉讼少之又少。

由检察机关提起环境公益诉讼更具有天然的优势。首先，最高人民检察院和最高人民法院沟通协商后，最高人民法院制定了《人民法院审理人民检察院提起公益诉讼案件试点工作实施办法》第22条规定："人民法院审理人民检察院提起的公益诉讼案件，人民检察院免交《诉讼费用交纳办法》第六条规定的诉讼费用。"其次，检察机关作为国家司法机关，所有调查取证的费用全额由财政负担，所以有充足的资金用以保障调查取证工作的顺利进行。再次，针对环境公益诉讼领域专业化问题，2019年9月23日最高检检察技术信息研究中心与中科院生态环境研究中心签署了《最高人民检察院检察技术信息研究中心、中国科学院生态环境研究中心公益诉讼（环境损害）司法鉴定联合实验室工作规程（试行）》，对检察公益诉讼特别是生态环境和资源保护领域公益诉讼案件的勘验检查、检验鉴定、技术性证据审查和技术协助等工作提供专业支持。最后，针对高额的环境损害鉴定问题，最高检与司法部积极协商，全国包括司法鉴定科学研究院在内的58家机构首先成为检察公益诉讼中不预先收取鉴定费用的环境损害司法鉴定机构。

① 曾煌林、可文彤欣：《环保组织参与环境公益诉讼的困境与出路》，载《辽宁工业大学学报（社会科学版）》2017年第1期。

（二）检察机关办理案件相对效率更高、力度更大

普通公民依照法律规定提起环境公益诉讼，首先面临的是高额的诉讼费用，还有缺乏专业的环境保护知识以及诉讼经验，所以现实中公民个人提起环境公益诉讼的很少，小型环保组织同样面临上述问题。而大型环保组织虽然可能克服经济上的困难，但作为大型社会团体，成员相对众多，如果某一环境公益诉讼案件的办理仅仅对其中一部分成员有益而对于另一部分成员无益，或者是成员间对于是否提起环境公益诉讼案件态度不一致，由此产生的分歧将很难协调，此时案件就会搁置下来。而从全国范围来看，环保组织作为社会团体，彼此之间并无紧密联系，如果发现全国各地都存在类似环境污染问题也不可能同时发力，促使某一行业或者行政机关积极作为，因此对改善环境起到的作用较为有限。

最高人民检察院公布的《人民检察院公益诉讼办案规则》第10条第1款规定，最高人民检察院领导地方各级人民检察院和专门人民检察院的公益诉讼检察工作，上级人民检察院领导下级人民检察院的公益诉讼检察工作。第11条第1款规定，人民检察院办理公益诉讼案件，实行一体化工作机制，上级人民检察院根据办案需要，可以交办、提办、督办、领办案件。在实际办案中，检察院一体化办案的优势也得以体现，比如说区级检察机关发现公益诉讼案件线索应先备案登记，立案后上级检察机关即可决定统一调用辖区内的检察人员办理案件，让办案经验丰富的检察人员直接办理案件，在确定调查思路、方法、步骤以及制定拟收集的证据清单时，均可以请示上级检察机关，并召开专案研讨会议，共同对案件事实、证据材料及适用法律反复讨论、多方提出建议，最终决定是否提起环境公益诉讼，这在很大程度上保障了检察公益诉讼案件的办案质量和办理力度，也保证了一定范围内检察公益诉讼案件办案标准的一致性。

三、完善检察机关提起环境公益诉讼的具体措施

（一）检察环境公益诉讼应设立举报奖励机制，破解线索不足的难题

环境公益诉讼案件发现的线索越多，才会有更多的案件进入检察环境公益诉讼的范围，否则，环境公益诉讼没有案源的“活水”，也就谈不上办案数量和质量的“溪流”。检察机关开展公益诉讼工作以来，为了破解线索来源不足的困境，自上而下采取了诸多措施，对内与刑事检察等业务部门建立了线索移送工作制度，对外与环境保护机关建立工作衔接机制。理想虽然很丰满，但是现实却是骨感的，检察机关内部移送的案件线索大多来源于办理刑事案件中发

现，所以线索来源本就有限，而环境保护机关虽案件线索来源广泛，但由于其对环境污染负有法定监管职责，本身就可能存在不依法履行职责的情况，所以对于检察环境公益诉讼工作或多或少存在抵触情绪，建立的线索移送机制等在实践中也面临障碍；还有的线索是检察机关从媒体曝光中或者群众举报后发现的，这种线索获得方式偶然性较大且数量也较少。

近年来，随着公民环境保护意识的提高，越来越多的人认识到环境保护的重要性，人民群众在生活中也更能发现环境污染的线索，但是据统计，向检察机关举报的人数却极其有限，大量的线索与极少的举报成为矛盾。建议检察机关设立奖励机制，拓展案件来源渠道。"如果收益大于成本，才会作出某种行为。"① 对举报人进行物质和精神奖励，尤其是对涉及重大污染环境事件的线索加大奖励力度，可以极大地提高举报人的积极性。物质奖励也是对于举报人在举报过程中或者发现环境污染线索所付出的人力、物力的一种补偿，物质奖励之外，还可以采取精神奖励，并且建议该举报人所在单位对其在工资晋升、职务提升等方面予以考虑，这样才能吸引更多人参与到环境保护中。实践中，还有少数检察机关已经开始制定奖励办法，但是这些制度大多处于各院尝试阶段，金额相对较小，办法规定也不详尽，建议最高人民检察院尽快出台相关文件，在全国范围动员发现环境公益诉讼案件线索，营造人人保护环境、关爱环境的良好氛围，以期达到"公益诉讼的基本理念是公共利益、人权保护、社会变革与公众参与"。②

（二）成立专门办理环境公益诉讼的办案组，吸纳专家辅助人

检察环境公益诉讼涉及的领域为环境污染、生态环境与资源保护领域，属于专业领域极强、技术要求极为严苛的范畴。在环境公益诉讼案件办理过程中，往往会碰到环境损害鉴定评估、检测认定等问题，专业性强，还有调查权行使、证明标准等问题。③ 而且涉及环境保护的行政法规、部门规章、鉴定标准众多，检察官虽具有丰富的办案经验，参加诉讼等法律事务也是非常熟悉的，但是专业方面的短板也不容忽视，且检察机关也很少会专门招录环境保护方面的专业人才。笔者认为，环境公益诉讼不同于一般案件的办理，应该成立专门办理环境公益诉讼的办案组，专门承办环境公益诉讼案件，包括环境民事公益诉讼和环境行政公益诉讼案件。该办案组不仅要配备经验丰富、办案能力强的办案人员，还要吸纳专家辅助人，如在高等院校联系环境保护方面的专家

---

① 汪劲：《环境法学》，北京大学出版社 2011 年版。

② 林莉红：《亚洲六国公益诉讼考察报告》，中国社会科学出版社 2010 年版，第 7 页。

③ 彭波：《为美丽中国筑牢司法保护屏障》，载《人民日报》2018 年 5 月 16 日，第 3 版。

对专业问题进行解答，联系科研机构提取土壤、水体、空气等并对是否存在污染进行专业鉴定，在环境公益诉讼起诉至人民法院后，由专家或者科研人员作为专家证人出庭作证等，同时出台具体的规定，规范专家辅助人的选定标准、任命程序、权利义务等，切实发挥专家辅助人在检察环境公益诉讼中的积极作用，为检察机关提起环境公益诉讼提供强有力的技术支持，为办好环境公益诉讼案件夯实基础。

（三）争取各级财政单列检察机关提起环境公益诉讼办案所需经费

诚然，检察机关提起环境公益诉讼较少受到经济因素的制约，比如人民检察院依法免交诉讼费用、高额鉴定费用也可缓缴。但是环境公益诉讼涉及专业性特别强，拟起诉的被告是否造成环境污染、造成环境污染的严重程度、如何修复、修复需要多少费用等这些问题，检察机关在这些方面仍不够专业，此时就需要依托专业的鉴定机关提供一份鉴定意见，在诉前阶段需要环保方面专家参与有关工作，甚至起诉后需要专家证人出庭作证，还有可能需要购买专业设备，这些都需要大量的资金予以支持，虽然检察机关提起公益诉讼的费用由国家财政全额承担，但是国家财政拨付给各级检察机关的办案经费是在一年之初即确定了标准，如果财政未对检察机关办理环境公益诉讼案件所需的经费单列，在检察机关办理环境公益诉讼时可能就需要与财政部门反复协商，争取地方党委、政府、人大支持，这些不确定及不定时的因素都会影响检察机关办理公益诉讼案件的进度。建议各级财政对检察机关提起公益诉讼办案所需经费单列，预留一定数目的专项资金，对申请使用经费做出明确规定，检察机关在办案时符合提取条件的可以申请使用，将极大方便公益诉讼案件的办理及加快办案的速度。

检察机关是我国宪法规定的法律监督机关，也是国家利益和社会利益的维护者和保护者，在环境污染损害国家和公共利益时，检察机关理应积极作为，担负起“公益守护人”的角色，正如习近平总书记指出：“检察官作为公共利益的代表，肩负着重要责任。”生态兴则文明兴，生态衰则文明衰，“像保护眼睛一样保护生态环境，像对待生命一样对待生态环境”等已凝聚起广泛共识。我国检察环境公益诉讼制度刚刚建立，尚处于起步阶段，或多或少还存在不足之处，但是就实践反馈的情况来看，检察机关提起环境公益诉讼有效破解了“无人诉”“无力诉”的困局，其作为生态环境保护的重要参与者，贡献的力量不容忽视。当然，检察公益诉讼制度不是一朝一夕能够建立起来的，在这个过程中需要各级检察机关在每一个案件中一步一步的实践，一点一滴的突破，但笔者坚信，检察环境公益诉讼制度必然在探索中臻于完善，并将更好地维护国家和社会公众利益，维护人类赖以生存的绿色家园。

初论将商标侵权纳入刑事附带民事公益诉讼的理论探索

——以孙某、朱某销售假冒注册商标的商品罪为例

山　娜*

基本案情：犯罪嫌疑人孙某、朱某因涉嫌销售假冒注册商标的商品罪被公安机关提请批准逮捕。经查明2020年5月，犯罪嫌疑人孙某因在家待业没有工作，凭借其曾经在卫生巾厂上过班的经验便萌生了卖卫生巾的想法，经人介绍认识了陈某（男），该男子以卖假卫生巾为业，孙某便电话联系陈某，陈某便通过司机向孙某送假冒注册商标的卫生巾“七度空间”和“ABC”牌，孙某收到假冒的卫生巾后向西安各个城中村的小超市和商店推销、送货，而孙某的丈夫朱某也是偶尔帮助妻子孙某推销、送货。最终经某纸业有限公司相关工作人员举报，经警方长期跟踪、调查，将犯罪嫌疑人孙某和朱某抓获归案并查处犯罪嫌疑人库存的卫生巾涉案金额达29万余元。

一、刑事附带民事公益诉讼产生的背景

1989年颁布、1990年实施的《行政诉讼法》和1991年颁布、实施的《民事诉讼法》都在总则中规定了检察机关法律监督的原则，明确了检察机关对行政诉讼、民事审判活动的法律监督职能。1997年河南省检察机关就国有资产流失向法院提起我国改革开放以来第一起具有公益诉讼性质的诉讼。2014年，党的十八届四中全会提出探索建立检察机关提起公益诉讼制度。2015年5月，中央全面深化改革领导小组第十二次会议审议通过了《检察机关提起公益诉讼改革试点方案》，会议强调“党的十八届四中全会提出探索建立检察机关提起公益诉讼制度，目的是充分发挥检察机关法律监督职能作用，促进依法行政、严格执法，维护宪法法律权威，维护社会公平正义，维护国家和社会公

---

* 山娜，西安市未央区人民检察院第四检察部副主任、一级检察官。

共利益。要牢牢抓住公益这个核心，重点是对生态环境和资源保护、国有财产保护、国有土地使用权出让、食品药品安全等领域造成国家和社会公共利益受到侵害的案件提起民事或行政公益诉讼，更好维护国家利益和人民利益。”2017年，全国人大常委会审议通过《关于修改〈中华人民共和国民事诉讼法〉和〈中华人民共和国行政诉讼法〉的决定》，正式建立检察机关提起公益诉讼制度。

在司法实务中，由于犯罪具有侵犯社会公共利益的较大可能性，因此刑事附带民事公益诉讼作为检察公益诉讼的一种重要类型，作为节约司法资源、提高诉讼效率的制度优势很明显，也是基层检察机关经常提起的一种诉讼类型。

2018年2月11日，最高人民检察院第十二届检察委员会第73次会议通过了《关于检察公益诉讼案件适用法律若干问题的解释》，[①] 并于3月2日起正式实施。该司法解释明确规定了公益诉讼的范围，其中包括对于破坏生态环境和资源保护、食品药品安全领域侵害众多消费者合法权益等损害社会公共利益的犯罪行为提起刑事公诉时，可以向人民法院一并提起附带民事公益诉讼。从该司法解释可知，民事公益诉讼的立法目的是要保护社会公共利益，但是对涉及社会公共利益同时又能提起公益诉讼的其他领域未作出明确规定，需要有关司法机关在实务中进行价值判断，特别是检察机关作为法律监督机关在提起公益诉讼时如何做到既不随意扩大公益领域范围、干预私权领域，又能发挥好保护社会公共利益的职能也是亟须解决的问题，也即公益诉讼“等”外领域的边界问题。

二、公益诉讼“等”外领域的新探索

（一）公益诉讼领域的变化过程

公益诉讼领域从生态环境和资源保护、食品药品安全、国有财产保护、国有土地使用权出让4个诉讼法明确列举的领域。经过五年的发展全国人大常委会修改、制定相关法律时，通过单行法的形式进一步增加了9个拓展领域，包括《英雄烈士保护法》规定的英雄烈士保护领域、《未成年人保护法》规定的未成年人保护领域、《军人地位和权益保障法》规定的军人地位和权益保障领域、《安全生产法》规定的安全生产领域、《个人信息保护法》规定的个人信息保护领域、《反垄断法》规定的反垄断领域、《反电信网络诈骗法》规定的反电信网络诈骗领域、《农产品质量安全法》规定的农产品质量安全领域、

① 该司法解释已于2020年进行了修正。——编者注

《妇女权益保障法》规定的妇女权益保障领域。公益诉讼领域是在不断发展，逐渐完善的过程。

（二）公益诉讼“等”外领域的法律依据

最高检下发的《关于积极稳妥拓展公益诉讼案件范围的指导意见》为检察机关提起的公益诉讼是否符合“等”外领域的范畴提供了需要满足的条件①：一是利益或者社会利益遭受严重侵害或者存在重大侵害危险；二是侵害行为违反法律强制性规定，具有明显违法性；三是现有行政执法制度机制严重失灵或者存在明显短板，难以有效解决公益侵害问题；四是没有其他适格主体可以提起诉讼，难以通过民事、行政、刑事诉讼有效实现公益保护。

（三）案件法律适用

以本文所引案件为例，犯罪嫌疑人孙某和朱某是以侵犯知识产权类罪名被检察院批准逮捕并向法院提起公诉。笔者认为，关于该案是否能纳入公益诉讼，争议的焦点在于该案虽然作为侵犯知识产权类的刑事案件，但其实质所侵犯的社会关系包含多个层面：一是对于品牌持有人，孙某和朱某的行为侵犯了品牌持有人依法享有的商标权益，扰乱了正常的市场秩序，品牌持有人可以通过法律手段维护自己权益；而对众多女性消费者而言，购买该品牌的卫生巾是基于对品牌产品的信赖，而犯罪嫌疑人假冒品牌销售卫生巾的行为让消费者产生误解，对于普通消费者而言取证较为困难，很难通过一般民事诉讼来保障自己的权益。二是犯罪嫌疑人制造、销售的卫生巾质量不达标，具有侵害不特定多数妇女身体健康的危险性。综上所述，犯罪嫌疑人获益必然意味着不特定女性消费群体利益受损，无论基于哪一种情况均侵犯到不特定女性群体的利益，因此将该案纳入公益诉讼范畴有其合理性。

三、相关法理依据

通过对以上案件的分析，我们初步认定可将该案中销售假冒注册商标的商品罪纳入附带民事公益诉讼的范围，下文有必要对其合理性寻找进一步的法理支撑。

（一）保护社会公共利益的必要性

第一，需要对“社会公共利益”加以解析。社会公共利益，通常表现为社会大众对社会文明状态和社会秩序的需求，而本文所指称的附带民事公益诉

①《关于积极稳妥拓展公益诉讼案件范围的指导意见》，http：//tielu. cqjcy. gov. cn/information/displaycont. asp？newsid = 17249。

讼所保护的社会关系正为社会公共利益。就本案而言，关于犯罪嫌疑人制造销售假冒卫生巾的行为，基于上文提到的两种情况分析，无论是质量不达标侵犯了不特定女性消费者身体健康，还是质量虽然达标但是侵犯了不特定女性消费群体对商品的信赖利益，都侵犯了不特定多数女性消费者的合法权益，均属于社会公共利益的范畴。因此，将女性消费者群体在商品购买中作为弱势群体来加以保护，依法提起公益诉讼有其必要性。

第二，根据知识产权保护相关规定，侵犯知识产权的犯罪活动，直接侵犯权利人的合法权益，干扰正常的生产经营秩序，假冒伪劣的侵权商品还直接威胁人民群众的生命财产。应当提高全社会的知识产权意识，形成社会各界共同抵制、形成打击侵犯知识产权制售假冒伪劣商品犯罪的社会共识，适时公布侵犯知识产权和制售假冒伪劣商品的典型案例，能够发挥法律的强制作用，从而维护社会公共利益。检察机关出于保护公共利益的需要，因此对私权领域的主动介入具有合理性。

第三，提起附带民事公益诉讼的目的是在保护商标权人权益之外进一步维护消费者的合法利益。因为在市场经济环境中市场竞争在很大程度上表现为商业标志特别是商标的竞争。[①] 商标法通过加强商标管理，制止侵犯他人商标权的不正当竞争行为，为商品生产者和经营者之间的正当竞争创造良好的外部条件，从而维护正常经济秩序，促进经济发展。[②] 该案中，犯罪嫌疑人孙某和朱某销售假冒伪劣商品，使消费者在购买时很容易产生误解，使消费者丧失了对该品牌卫生巾建立的信心，也直接损害了消费者权益。因此对于侵犯商标权行为，司法机关不应只局限于打击个案侵权行为，因侵犯商标权对社会公共利益造成的损害理应得到救济与保护。

（二）从“稳妥、积极”到“积极、稳妥”新领域的探索

根据《民事诉讼法》《行政诉讼法》相关规定以及《陕西省检察机关关于办理公益诉讼新领域案件的指导意见》第3条规定[③]，公益诉讼新领域案件范围包括在生态环境和资源保护、食品药品安全、国有财产保护、国有土地使用权出让、英雄烈士保护等领域以外，对于在其他领域侵害国家利益或社会公共利益的案件属于公益诉讼新领域。综上所述，检察机关能够提起公益诉讼的范

---

① 张大成：《行政权力主动介入商标权领域的正当性研究——一起商标行政执法案件引发的思考》，载《重庆科技学院学报（社会科学版）》2013年第3期。

② 张耕：《商业标志法》，厦门大学出版社2006年版，第21页。

③ 《公益诉讼“等”外探索，从“稳妥、积极”到“积极、稳妥”有何深意?》，载搜狐网公众号，最后访问日期：2021年1月8日。

围明确了“4+9”种，而法条中的“等”作为法律条文明确规定的范围之外同时又属于应当作为同等保护社会公共利益的范畴，理应属于检察机关依法提起公益诉讼的范畴。司法实践中对该条文的“等内”和“等外”的理解虽有争议，但是在明显侵害到不特定多数人权益又无适格主体的情形下，检察机关可以最高检提出的贯彻落实党的十九届四中全会精神，积极、稳妥地探索“等”外原则新领域，切实反映人民群众的利益，即维护不特定多数人的公共利益。

《陕西省检察机关关于办理公益诉讼新领域案件的指导意见》进一步规定了检察机关可以在残疾人、老年人、未成年人、妇女权益保护等方面对预防性公益诉讼等与人民群众切身利益密切相关的领域进行积极探索。① 该条款正是对检察机关对提起公益诉讼“等”外原则的贯彻。同时，明确肯定了对弱势群体，如未成年人、老年人以及妇女权利的保护，因此将上述案例中对不特定多数女性群体的保护纳入附带民事公益诉讼的范畴兼具合法性与合理性。

就本案而言，该案犯罪嫌疑人销售假冒伪劣的卫生巾侵犯了潜在的不特定多数女性身体健康以及消费者权益，进而影响社会的和谐与稳定，因此可以将其作为探索公益诉讼新领域的案件类型而存在，对拓展公益诉讼案件范围具有指导作用，同时也能最大程度保护社会公共利益免受侵犯。

综上所述，将妇女权利保护以及消费者权益保护作为提起公益诉讼的出发点和落脚点是维护社会和谐稳定的重要环节，也是维护社会公共利益的必然要求。同时通过对公益诉讼“等”外领域的新探索，为健全完善立法提供了实践依据。充分发挥好检察机关对公共利益的保护、依法履行监督职责对于促进国家治理能力和治理水平现代化建设具有重要作用，最终实现政治效果、法律效果和社会效果的统一。

---

① 参见《陕西省检察机关关于办理公益诉讼新领域案件的指导意见》第3条第3款。

我国传统村落的法律保护研究

李小涛　李亚蓉*

一、传统村落法律保护的重要意义

“古村落”是20世纪80年代出现的词汇，2012年传统村落保护和发展专家委员会讨论认为，“传统村落”一词更能凸显历史价值与文化传承，故此决定将“古村落”这一称谓变更为“传统村落”。将传统村落纳入法律保护的轨道有着诸多意义。

（一）助力乡村振兴战略

2018年我国发布了中共中央、国务院《关于实施乡村振兴战略的意见》，这一战略使发展传统村落多了一层保障。同时，拥有悠久农耕文明、独特传统文化、巨大经济潜力的传统村落也将助力乡村振兴战略的推进。将传统村落的保护与发展纳入法治轨道，建立起完善的管理监督体系，协调各方利益，更有利于乡村的有效治理。

（二）保护文化遗产，发扬传统文化

传统村落展示着中华文化的深厚底蕴。如山水型传统村落，是古老风水学“左青龙、右白虎、前朱雀、后玄武”的体现；而窑洞型的村落形态则讲究“负阴抱阳”，极尽层次之美。此外，传统村落还蕴含着中国民间高超的建筑技巧、民俗艺术，保护传统村落对保护乡土文化有着不言而喻的作用。

（三）促进区域经济发展，缩小城乡差距

在发展村镇经济、重视传统文化的大环境下，传统村落的经济价值与日俱增。早在2015年，国内休闲农业和乡村旅游接待游客数量就已达22亿人次，

* 李小涛，西安市高陵区人民检察院第二检察部副主任；李亚蓉，西安市高陵区人民检察院第二检察部检察官助理。

营业额达到4400多亿元。[①] 对传统村落进行保护性开发可有效挖掘旅游资源，缩小城乡差距。

二、我国传统村落法律保护的现状

（一）我国传统村落遗存情况

中南大学中国村落文化研究中心长期对长江流域及黄河流域的传统村落进行考察。由考察结果可见，2004年具有较高研究价值的传统村落有9707座，截至2010年剩下5709座，2014年又有461座传统村落消失。2013年，住房和城乡建设部、文化部、财政部完成首次传统村落摸底调查，各地共计上报1.2万余个传统村落，而调查结果显示，参与此次调查的传统村落中，具有保护价值的不足42%。[②]

（二）我国立法对传统村落的保护

1. 国家层面

1982年颁布的《文物保护法》第二章规定了有关不可移动文物的条文，重点针对重要历史遗迹文保单位进行保护。1986年，《国务院批转建设部、文化部〈关于请公布第二批国家历史文化名城名单的报告〉的通知》中提到，若街区、建筑群、小镇、村寨的文物古迹较为集中，能较完整体现一定历史时期风貌，或具有民族特色的，同样应当进行保护。[③] 2002年修订的《文物保护法》正式明确了历史文化村镇在我国遗产保护体系中的地位。2003年发布的《文物保护法实施条例》和国务院在2008年颁布的《历史文化名城名镇名村保护条例》则更为具体地对历史价值高、文物保存多的村落做出界定。2014年住建部、文化部、国家文物局、财政部印发《关于切实加强中国传统村落保护的指导意见》，同年还发布了住建部、文化部、国家文物局《关于做好中国传统村落保护项目实施工作的意见》。

---

① 李慧：《2015年全国休闲农业和乡村旅游接待游客超22亿人次》，载《光明日报》2016年5月9日，第8版。

② 胡彬彬：《“江河流域”传统村落文化保护现状与建议》，载《光明日报》2015年4月2日，第7版。

③ 《国务院批转建设部、文化部〈关于请公布第二批国家历史文化名城名单的报告〉的通知》指出：“为了切实保护和管理好历史文化名城，我们提出以下建议：……四、对一些文物古迹比较集中，或能较完整地体现出某一历史时期的传统风貌和民族地方的特色的街区、建筑群、小镇、村寨等，也应予以保护。各省、自治区、直辖市或市、县人民政府可根据它们的历史、科学、艺术价值，核定公布为当地各级‘历史文化保护区’。对‘历史文化保护区’的保护措施可参照文物保护单位的作法，着重保护整体风貌、特色。”

2. 地方层面立法

目前大多数地方政府都缺乏关于传统村落保护的专门性法律规范，《历史文化名城名镇名村保护条例》出台后，部分省市根据当地情况制定了更为细致具体的相关条例。对传统村落保护进行专项立法的主要有：江西省 2016 年颁布实施的《江西省传统村落保护条例》，成为全国首部传统村落保护的省级地方性法规；2017 年福建省通过的《福建省历史文化名城名镇名村和传统村落保护条例》；山西省自 2018 年起施行的《山西省历史文化名城名镇名村保护条例》。

三、我国传统村落法律保护面临的困境

（一）法律法规缺位

目前而言，我国并没有实现传统村落专项高阶立法，国家层面涉及的传统村落保护的法律法规呈现出以下特点：法律法规层级高的往往规定宽泛且粗糙，可操作性不高；而较为专业具体、针对性较强的规定却又往往效力低，停留于部门规章的权限范围内。

在地方层面，虽然已有一部分传统村落较多、质量较优、发展前景较好省市迈出了传统村落保护地方立法的步伐，然而大多数省市在此方面仍旧滞后。

（二）制度设计缺陷

1. 申报认定制度

当前保护传统村落可援引的法律法规主要为《文物保护法》和《历史文化名城名镇名村保护条例》，所构建起来的是申报认定制度，要被认定为文物保护单位或是历史文化名村，首先要由县级人民政府提出申请，再经省、自治区、直辖市有关部门及专家论证、审查，最终报省、自治区、直辖市人民政府批准公布。这一制度下，往往会出现基层政府或居民对传统村落保护意识不高、无经济动力，因而怠于申请，甚至会因为利益驱使而瞒报。

2. 管理监督制度

根据我国现有的立法实践，传统村落（不可移动文物）的保护工作在国家层面由国务院文物行政主管部门负责；在地方层面，由县级以上政府设置专门机构或指定机构负责。历史文化名村的保护工作在国家层面由国务院建设主管部门以及国务院文物主管部门共同负责；地方层面，则由各级人民政府负责。这样的制度设计，从横向上看，由于多头管理、职能交叉会造成管理真空问题。从纵向上看，地方文物行政管理部门设置的欠缺，使得基层的文物保护工作弊端十分明显。2012 年文物保护法实施情况报告显示，全国县级及县级

以上设立专门文物行政部门的政府数量约占25%。截至2015年，全国县（市、区）仅有271个设有独立编制的文物局。[①] 实践中，地方政府往往既是管理者又是监督者。

3. 违法处罚制度

在保护传统村落主要源于"一法一条例"的规定下，打击破坏传统村落违法行为的手段多为行政处罚，刑事处罚几乎无法可依且力度较小。根据《刑法》第324条规定，犯故意损毁文物罪，最高刑罚被限制在10年以下有期徒刑，并处罚金；犯过失损毁文物罪，非严重过失不处罚；犯故意损毁名胜古迹罪，仅在情节严重时，处5年以下有期徒刑或者拘役，并处或者单处罚金。较低的违法成本使得违法犯罪分子在巨大的经济利益诱惑下宁愿"险中求富贵"。

（三）执法部门履职不当

实践中，地方政府往往为发展经济，而选择牺牲文物保护，虽然依照《文物保护法实施条例》的规定，各级文物管理部门有权对本行政区域内的文物保护工作进行监督管理，但在实际操作中面对法人的破坏行为，文物行政执法机构往往与当地政府"达成默契"，消极履职。

四、国外传统村落法律保护经验之借鉴

（一）日本：村落保护制度高度完善

日本对文化遗产的保护工作非常重视，传统村落（古建筑）作为文化遗产中的一类，在高度完善的法律制度下不断焕发生机。1975年日本对《文化遗产保护法》进行修改，重点强调对村落的整体性保护，即重视传统建筑群与周边环境的和谐统一。2004年日本再次针对该法进行修改，将手工技艺作为"民俗技术"列为文化遗产保护范围，将"文化景观"[②] 也列为文化遗产进行保护，使得传统村落得到从"形"到"神"的全方位保护。

（二）澳大利亚：严格追究法律责任

2003年，澳大利亚昆士兰州通过了一部严格保护原住民文化遗产的法律——《原住民文化遗产法》，依照该法规定，只要是在昆士兰州境内的个人

① 李修松：《大力加强市县文物保护机构队伍建设》，载《中国文物报》2017年3月7日，第2版。

② 文化景观是指为理解国民生活所不可或缺，在一定地域所呈现的民众生产生活以及由该地域的风土所形成的景观地。

(不论籍贯)、企业等组织、政府均对保护原住民文化遗产负有不可推卸之义务，即照顾义务。照顾义务要求上述责任主体不仅需对自己对原住民文化遗产的损害行为承担法律责任，而且对未就他人破坏行为进行阻止或报警的不作为行为也可能被追究责任。

(三) 美国：专职部门保护，多部门协作

美国在历史遗迹保护的机构设置方面独树一帜。1916 年，美国国会通过了国家公园管理法令，采用垂直管理模式，排除了地方政府的干涉。1966 年又成立了隶属于内政部、向总统和国会负责的历史遗产保护咨询委员会，负责国家历史文化遗迹名录的审定工作，评估开发项目，提供立法建议、政策评估，并指导各州政府制定相关保护法规。

五、我国传统村落法律保护的对策

(一) 完善立法

制定完善传统村落保护的专项高阶立法，在制度原则、责任主体、保护措施、规划利用、资金保障、利益分配等方面树立权威稳健的标杆，有利于搭建协调合理、整体完善的传统村落保护法律框架。在此前提下，督促各地依照本区域实际情况，进行地方立法，以解决各地经济发展水平不一、传统村落特色存在差异的情况，发挥地方立法可操作性强、作用距离短的优势，与国家层面的高阶立法共同构建保护传统村落的法律体系。

(二) 弥补制度缺陷

1. 申报认定制度

在传统村落的申报程序中强调省级政府的审查责任，进行全面排查，分级分类建立档案，使传统村落的认定由下至上和由上至下相结合。同时，明确规定审查周期、审查方法、除名机制，避免所有人取得利益后消极保护。在这一方面，澳大利亚的经验或许值得我们借鉴：对负有申报义务而未履职的责任主体追究法律责任。目前法律仅规定，符合历史文化名村（镇）条件而县级政府未申请的，省级主管部门会同文物部门向县政府提出申请建议，仍不申请的，可以直接向省级政府提出确定该村镇为历史文化村镇的建议，而没有规定相应的法律责任。传统村落的立法或可吸取经验，重视申报认定程序，避免传统村落保护工作的“源头”环节出现漏洞。

2. 管理监督制度

对传统村落的保护，可以学习借鉴美国国家公园管理体制，建立国家公园体系。横向上，依法建立专职管理机构，解决各机构有利则相互争夺管理、无

利则相互推诿的弊端。纵向上，可采取垂直管理模式，解决文物行政管理部门人事配置、资金来源受制于地方政府，管理权被削弱、分散的问题。落实国务院《关于进一步加强文物工作的指导意见》中加强文物行政机构建设、优化职能配置的要求。

3. 违法处罚制度

探索传统村落（文物）保护的公益诉讼制度，弥补行政执法保护传统村落的局限性。《民事诉讼法》第 58 条第 1 款①除强调污染环境、侵害众多消费者合法权益这两项典型侵害公益的行为外，以不完全列举的形式为其他“损害社会公共利益的行为”进入公益诉讼制度留下空间。2015 年，中国生物多样性保护与绿色发展基金会就马固村五处文物被拆事件提起公益诉讼，这场诉讼虽然是以“破坏生态”的名义提起，但仍被认为具有“破冰意义”。此外还需在刑法上加大惩处力度，提高违法成本，犯罪行为才能被遏制。

（三）改善文物执法现状

目前一些地方政府及基层工作人员对保护与发展传统村落的内涵理解存在偏差，对相关法律法规理解不透，对村落大拆大建，毁掉真建筑、打造假文物。有的地方商业开发过甚，损毁了原有的传统风貌与建筑格局。故扭转文物执法现状，首先要提高地方政府的文物保护意识和法治意识，提高基层执法人员专业素养，培养专业的执法队伍。其次要从改善管理制度下手，探索建立相对独立的文物行政管理体系，提高文物执法机构的地位，使执法者真正拥有强制性权力，在传统村落保护与经济建设的对峙中不再妥协。

六、结语

传统村落的价值不言而喻，其日益衰落也是不争的事实，保护传统村落是一项严谨且绝非一蹴而就的工程，这个过程需要健全的法律制度引领，现行的法律有诸多需要弥补的空间，将专项立法、地方立法提上日程，同时完善相关制度、促进严格执法、培养全民保护意识，对传统村落的生存与发展意义重大。

① 《民事诉讼法》第 58 条第 1 款规定：“对污染环境、侵害众多消费者合法权益等损害社会公共利益的行为，法律规定的机关和有关组织可以向人民法院提起诉讼。”

公益诉讼检察调查核实权规范运行的检视和完善

范锋艳　李晓瑞*

一、问题的提出

公益诉讼检察调查核实权，是指检察机关在办理公益诉讼案件过程中，调查收集有关证据材料、核实查证违法行为和公益侵害事实的权力。2018 年修订后的《人民检察院组织法》第 21 条从法律层面赋予检察机关在行使法律监督职权时可以进行调查核实的权力，但是并没有规定具体明确的运行规则。2020 年修订的最高人民法院、最高人民检察院《关于检察公益诉讼案件适用法律若干问题的解释》亦只在第 6 条简单规定了检察机关可以调取收集证据材料。2021 年最高人民检察院颁布的《人民检察院公益诉讼办案规则》（以下简称《办案规则》）第 32 条至第 45 条从行使方式、检察人员、不同种类的证据要求等方面进行了原则性规定，但是依然比较简单粗略、可实施性较弱，无法完全满足办案需要。由于法律依据供给不足，在实践办案中，经常出现适用标准不一、证据内容不规范、证据效力认定遭被告方质疑等问题，极大影响了案件办理的质量和效果。在此背景下，本文深入剖析调查核实权运行存在的问题，准确界定权力内涵，构建完善规范运行机制，为完善公益诉讼制度提供有益参考。

二、公益诉讼检察调查核实权运行存在的问题

（一）调查核实工作理念存在偏差

工作理念是调查核实规范运行的首要要素，引领着调查取证的方向和边

* 范锋艳，西安市人民检察院第八检察部副主任、四级高级检察官；李晓瑞，西安市雁塔区人民检察院第四检察部二级检察官。

界。根据《办案规则》第32条的规定，调查收集证据的基本要求是依法、客观、全面。其中“全面”本质上是证据“关联性”在调查核实权中的具体体现，是指检察机关要查明与公益受侵事实有关的全部材料，不仅要调查对当事人不利的证据，也要收集对当事人有利的证据。然而，实践中部分检察机关片面理解“全面”这一工作要求，忽略了“全面”调查是建立在“与案件事实有关”的基础上，在办案中无端调取与违法行为完全无关的材料，甚至部分材料涉及商业秘密，被调查人囿于公权力的权威而被动提供，这既侵犯了当事人的合法权益，也背离了公益诉讼制度的目的和初衷。如某检察机关在调查某单位违法处置污泥案件时，不仅要求该单位提供涉案污泥的产生处置情况材料，同时还要求该单位提供其他项目材料和经营状况的证明材料，显然调查核实权的行使已超出了规范边界，亦不符合“全面”的工作要求。

（二）调查核实运行要件缺乏细化

运行要件主要是指主体、内容和方式等要件，是构成调查核实的基本要素①。但《办案规则》对调查核实权要件规定不够细化，导致办案中适用标准不一、同种情况不同处理。一是主体要件规定模糊。《办案规则》第36条仅规定必须由两名以上检察人员共同进行，且只限定了勘验必须由检察官主持，但检察人员具体包括员额检察官、检察官助理、书记员、司法警察等人员，除勘验外其他调查方式可否由检察官助理、书记员等其他检察人员单独实施并未予以规定，实践中有的检察机关要求所有调查事项必须由检察官主持，而有的检察机关调取书证等材料直接由书记员单独实施。二是内容要件规定不够明确。公益诉讼调查核实权的运用从线索发现到提起诉讼整个过程，包括立案前初查、诉前调查核实、诉中调查取证、诉后调查核实四个阶段，不同阶段的证明标准是不同的，相对应调查内容也是不相同的。② 行政公益诉讼案件在诉前阶段只需查明公益受侵和行政机关不依法履职的事实，如何整改是行政机关的职责范围，但实践中部分检察机关耗费时间和财力，咨询专家、委托评估等制定整改方案，加重了监督成本，浪费了司法资源。三是部分调查方式未明确规定。如《办案规则》第35条第2款只规定不得采取强制性措施，有的办案人员认为，在向银行金融机构查询调取复制相关证据材料的调查方式时，该种调查方式不具有强制性，故可以在办案中采取，而有的办案人员则对比民事检察监督，认为《人民检察院民事诉讼监督规则》对该种调查方式适用情形是明

① 刘加良：《检察公益诉讼调查核实权的规则优化》，载《政治与法律》2020年第10期。

② 徐本鑫、徐欢忠：《公益诉讼检察调查核实权的阶段性运行规则建构》，载《太原理工大学学报（社会科学版）》2022年第5期。

确规定的，而《办案规则》没有明确规定，则不应采取。

（三）调查核实运行程序规定不明

规范化的运行程序是确保调查收集到的证据材料具备证据效力的前提条件，但《办案规则》并未规定调查核实的具体运行程序。一是启动程序模糊。立案前可否启动调查程序，直接关系到线索初查阶段调查的证据是否具备证据效力。由于《办案规则》将调查程序规定在立案程序之后，部分学者认为在立案后方可启动调查程序。二是审批程序缺乏规定。调查核实文书的审批权限未进行明确，是否需要领导审批实践中操作不一，内部监督制约机制缺位。三是部分调查方式的程序未予细化。比如在民事公益诉讼起诉案件庭审过程中，最常被违法行为人质疑的就是检察机关委托鉴定的效力，往往从单方委托、对程序不知情为由予以质证，这就要求检察机关在委托鉴定时，除了资质和手续外，在检材提取时应通知违法行为人到场并邀请见证人，避免鉴定意见因出现证据缺陷而无法认定，这是《办案规则》没有规定的。

（四）调查核实保障机制力度偏弱

有力的保障机制是调查核实权有效运行的重要支撑。当前约束机制不强、责任机制缺失，是制约调查核实工作的主要障碍。公益诉讼是客观诉讼，检察机关并不具有利害关系，不掌握一手的证据材料，证据来源绝大多数依靠行政机关和当事人提供。《办案规则》第 35 条第 2 款明确规定禁止采取强制性措施，因此，现行规则下公益诉讼调查核实权的保障机制很大程度上依赖被调查人的自觉主动配合。对于被调查人来说，配合检察机关调查核实只是义务，现行规则并没有要求其承担法律责任，实践中多数被调查人采取消极、拒绝或者变相推诿的方式，造成许多证据调查工作陷入僵局。虽然《办案规则》第 45 条规定了对行政机关妨碍调查处理的三种方式，部分检察机关也创新引入了司法警察协助办案的新模式，但这都欠缺实质的强制力和直接的约束力。而且该条规则只是对被调查人是行政机关可以适用，对公司、企业以及自然人，依然没有可以约束的手段。

三、公益诉讼检察调查核实权的重新检视

调查核实权的运行是否规范，证据材料是否合法，与检察机关能否有效发挥监督权能、保护公共利益密切相关。准确界定调查核实权的法律性质和运行原则，对于建构完善的规范运行机制、促进公益诉讼制度健康发展意义重大。

（一）调查核实权的法律性质

关于调查核实权的法律性质，学术界一直存在“权利说”和“权力说”

之争。主张“权利说”的学者认为，公益诉讼调查核实的法律依据渊源来自《民事诉讼法》《行政诉讼法》规定的原告享有调查举证的权利，认为检察机关在公益诉讼中只是“两造对抗”中的原告一方，行使调查核实权相当于一般当事人的调查举证权。① 主张“权力说”的学者，从检察机关的宪法定位——法律监督机关出发，认为检察机关公益诉讼调查核实权是一项公权力，是其履行公益诉讼职责的具体手段。② 两种观点下，存在行使手段、内容等方面诸多不同，直接影响到调查核实权的实践运行。

本文认为，公益诉讼检察监督基于查明案件事实的需要，天然蕴含了调查核实的权力内核，检察机关公益诉讼调查核实权的性质属于法律监督权。

从法律规定上看，我国《宪法》第 134 条明确规定检察机关是“国家的法律监督机关”，《人民检察院组织法》第 20 条第 4 项规定了检察机关公益诉讼职权，《人民检察院组织法》第 21 条规定了检察机关基于第 20 条规定的法律监督职权可以进行调查核实的权力。根据体系解释，可以得出公益诉讼调查核实权是检察机关履行法律监督职权的分支和具体环节。

从公益诉讼制度根本属性来看，最高人民检察院在 2019 年全国政协召开的“协同推进公益诉讼检察工作”双周协商座谈会上明确提出，公益诉讼是以诉的形式履行法律监督的本职，检察机关在调查核实过程中始终恪守客观公正的立场，坚持全面收集证据、客观分析研判。检察机关通过调查查明事实的目的是维护公益，这与当事人调查取证具有本质上的区别。

从司法实践的运行来看，检察机关公益诉讼侧重于监督违法行为，以行政公益诉讼为例，绝大多数案件都是调查核实后发出诉前检察建议督促整改结案，③ 2021 年全国检察机关行政公益诉讼诉前整改率高达 99.5%，检察建议发出后调查核实工作重点亦在核实行政机关是否整改到位，具有鲜明的法律监督属性。“权利说”以后续可能的诉讼活动来“反推”前期调查核实工作，显然属于舍本逐末。

（二）调查核实权的运行原则

明确调查核实权的运行原则，不仅可以纠正实践运行中的片面理念和错误做法，还可以引领调查核实权的正确方向。

---

① 袁远：《民事检察公益诉讼调查权研究》，中国政法大学 2020 年硕士学位论文。

② 王译：《“提起公益诉讼”职能视域下检察机关调查核实权研究》，载《河北法学》2021 年第 11 期。

③ 徐本鑫、徐欢忠：《论公益诉讼检察调查核实权的赋权逻辑与法律性质》，载《华北理工大学学报（社会科学版）》2022 年第 5 期。

一是调查核实应遵循合法原则。合法原则是首要原则，也是最重要的原则。作为公权力，调查核实权的行使必须严格遵守宪法法律的规定，做到依法规范监督，确保检察监督在法治轨道上运行。一方面要做到实体合法，即主体、内容、对象、方式等要件全部符合法律规定，严格由两名以上检察人员采取调取、询问、咨询等法定方式调查收集证据。另一方面要做到程序合法，严格依照法定程序开展调查核实工作，同时调查方式也要遵守各自独有的调查程序。

二是调查核实应遵循公益目的原则。调查核实是公益诉讼办案的核心环节，检察机关行使调查核实权是为了查明违法事实、维护公益，故调查核实权应当以维护公益目的作为权力行使的出发点和落脚点。在案件办理中，所采取的调查核实方式、手段、范围应当符合维护公益的目的，调查的内容属于维护公益、与案件事实有关的内容。严格遵守权力行使边界，不能借维护公益的名义去侵犯被调查人的合法权益。

三是调查核实应遵循必要性原则。所谓必要性，具体是指调查方式要合理适当，调查核实所花费的成本与获取的收益应具有相称性，在查清案件事实的情况下，尽可能采取对被调查人影响程度小、花费成本少的调查手段。[①] 如环境资源领域民事公益诉讼案件需要确定损害数额和修复费用，但环境案件由于专业程度较高，司法鉴定往往成本过高，此时就可以采取咨询专业人、行业协会或者参考行政机关检测报告等方式，予以综合认定。

四、公益诉讼检察调查核实权规范运行的完善建构

完善调查核实权的规范运行，在厘清法律性质和运行原则基础上，应优化运行要件、调查程序、保障措施等运行要素，建构起全方位、系统化、规范化的运行机制。

（一）细化调查核实的运行要件

一是优化办案人员的职能配置。充分利用检察内部一体化机制，将具有专业技术的检察技术人员和具有紧急处置措施的司法警察充实到检察辅助人员序列，组成“检察官＋检察辅助人员”的办案模式，有效解决办案人员不足的问题。其中，检察官在整个调查核实工作中起主导作用，负责制定调查方案、指挥调查方向；检察官助理、书记员、检察技术人员、司法警察等在各自职权

① 刘显鹏、詹林平：《环境民事公益诉讼中检察机关调查取证权的运行机制探析》，载《南京工业大学学报（社会科学版）》2022年第3期。

范围内，在检察官的指挥下开展工作。对于《办案规则》《关于完善人民检察院司法责任制的若干意见》中明确规定的勘验、询问等方式，应由检察官主持，对其他简单调取卷宗等方式，可以在检察官的指挥下由检察辅助人员完成。

二是明确阶段性调查内容。严格按照立案、诉前建议或公告、提起诉讼的阶段要求，确定证据规则和调查内容，做到调查手段和阶段性目标相适应。具体每个阶段的调查内容为：在线索初查阶段，以证明公益受侵事实为重点；在诉前建议阶段，以行政机关不依法履职、公益受侵事实、行政机关职责为重点；在诉前公告阶段，调查内容以违法行为事实、损害后果（此时不需查实损害具体数额）、因果关系（环境资源领域无须查实）为重点；在行政公益诉讼提起诉讼阶段，跟进调查以公益维护、行政机关全面履职为重点；在民事公益诉讼提起诉讼阶段，以损害后果、主观过错等为重点，确定诉讼请求。

三是丰富调查核实方式。拓宽思路，抓住民事行政诉讼“当事人自认”的规定，灵活运用会谈纪要、约谈笔录、函件回复等非法定调查方式，核实查明相关事实。对于证据可能灭失的紧急情况，在坚守不采取强制性措施的基础上，可以通过向法院发出诉前证据保全令的建议，及时防止损害扩大。另外，注重总结类案规律，同类案件审查内容往往存在共性，特别是在环境资源公益诉讼案件中，如污泥、废酸污染等修复成本的价格是互通的，可以有效节约司法资源。

（二）规范调查核实的运行程序

一是明确调查核实的启动条件。调查核实工作贯穿整个公益诉讼办案过程，线索阶段的初查也属于调查核实。《办案规则》对公益诉讼立案条件有明确要求，只有在确定公益受到侵害事实情况下方可启动立案程序，为评估案件线索的真实性，检察机关在立案前开展调查核实工作是必然的，调查证据在符合“三性”要求的情况下，即可证明公益受侵事实，符合证据要件和形式要求。而且检察机关线索受理亦有严格程序限制，需要线索登记、审批确认、录入检察机关统一业务办案系统，之后方可启动初查程序。因此，将线索受理作为调查核实的启动条件，既符合法律规定，又符合办案实际。

二是建立内部监督制约机制。严格依据《关于完善人民检察院司法责任制的若干意见》、检察官权力清单等文件要求，确定调查核实的相关审批权限。对被调查人设置相应申诉权利或渠道，被调查人认为检察机关相关调查措施侵犯其合法权益时，允许被调查人向办案机关进行申诉，办案机关应在合理期限内予以审查并进行答复处理。完善监督机制，规定上级检察机关发现下级检察机关存在调查措施不当、超范围调查等问题，应当及时予以纠正。[①]

三是规范调查核实的行使程序。检察机关调查核实涵盖了收集、固定、保存、审查等多项内容，在调取书证、物证时必须提前制作相应法律文书，在勘验物证现场应邀请见证人到场，并尽可能适用执法记录仪等技术设备，在委托鉴定提取采样时应通知违法行为人到场，确保检材基础数据客观、程序合法，做到调取证据材料符合证据“三性”要求和证据形式，能够作为认定案件事实的依据。

（三）补强调查核实的保障机制

一方面，在案件办理上，应注重固定证据，通过履行相应证明责任，让拒不配合的违法行为人承担诉讼上的不利后果。最高人民法院《关于审理环境民事公益诉讼案件适用法律若干问题的解释》第 13 条明确规定，被告拒不提供不利于己方的环境信息等证据材料，法院可以作出有利于原告的推定。最高人民法院《关于民事诉讼证据的若干规定》第 47 条、第 48 条规定，对控制书证的当事人拒不提交书证的，可以作出有利于对方的推定。因此，检察机关可以在履行对方应掌握相应证据的初步注明责任后，依照上述法律规定，让拒不提供配合的违法行为人承担诉讼上的不利后果。

另一方面，应加强同外部协作，构建被调查主体的责任机制，对妨碍调查核实的主体设置相应责任机制，让其承担不利后果。对被调查人是行政机关的，可以积极向党委政府汇报，建立相应考核责任机制，将配合调取证据与行政机关的考核相挂钩[②]；积极加强同纪检监察机关的沟通协作，对严重妨碍调查核实的行政单位人员，及时移送违法违纪线索，倒逼行政机关主动配合调查。对被调查人是公司、企业或自然人的，建议引入社会失信惩戒措施，有效借助国务院出台的《关于建立完善守信联合激励和失信联合惩戒制度加快推进社会诚信建设的指导意见》的相关规定，对严重妨碍调查的，可以实施失信联合惩戒。

---

① 刘华：《检察机关公益诉讼调查程序立法研究》，载《人民检察》2020 年第 13 期。

② 胡卫列、王菁：《关于增强公益诉讼调查核实刚性的几点思考》，载《检察日报》2020 年 12 月 24 日，第 7 版。

行政公益诉讼中的调查取证研究

史夏杰*

一、检察公益诉讼调查取证的法律依据

检察公益诉讼的调查取证是指检察机关在办理公益诉讼案件过程中，通过规范、全面地收集固定各类证据，系统客观地分析认定各类证据，从而实现对案件事实的准确认定，为检察机关开展公益诉讼保护工作提供有效支撑。证据是案件办理的核心，在公益诉讼案件办理过程中，从线索发现到确定公益受损事实、从查明违法行为情况到因果关系的确认，都离不开调查取证工作。《人民检察院组织法》第21条明确了检察机关在行使法律监督权时可以进行调查核实。"两高"《关于检察公益诉讼案件适用法律若干问题的解释》（以下简称《公益诉讼解释》）第6条对检察机关办理公益诉讼案件中可以调查收集证据材料作了明确授权规定。这些法律规定为检察机关在公益诉讼办案活动中主动开展调查取证工作提供了依据与支撑。2021年7月1日起施行的《人民检察院公益诉讼办案规则》（以下简称《公益诉讼办案规则》）第二章"一般规定"第四节"调查"用了13个条文进一步细化了公益诉讼调查取证的方式和保障措施。2021年6月15日《中共中央关于加强新时代检察机关法律监督工作的意见》明确指出"进一步提升法律监督效能"。检察机关要加强对监督事项的调查核实工作，精准开展法律监督。①

二、行政公益诉讼调查取证的基本原则

（一）调查取证目的的公益性

宪法赋予检察机关法律监督的职能，新时代的检察机关承担着刑事、民

* 史夏杰，西安市新城区人民检察院一级检察官。

① 卢志坚、葛石烨、管莹：《公益诉讼"调查难"有了破解样本》，载《检察日报》2020年12月21日，第5版。

事、行政、公益诉讼“四大检察”职能，是维护国家与社会公共利益的重要力量。公益诉讼的调查核实权产生于检察机关公益诉讼监督职责之中，其目的与实现公益诉权的目的是一致的，最终要实现保护公共利益。在行政公益诉讼中，检察机关履行法律监督职责同时具有监督行政机关依法行政和维护公益的双重目的，故调查取证具有明显的公益属性。主要表现在调查取证发生的前提是存在国家利益或者社会公共利益受损的情形，调查取证的范围应当基于纠正行政机关违法行为和维护公益的需要。

（二）调查取证方式的法定性

检察机关开展公益诉讼调查取证的目的是为了固定证据，所固定的证据必须满足证据的“三性”，即真实性、合法性和关联性。《公益诉讼办案规则》对调查取证的内容和方式均有明确规定，公益诉讼的调查取证必须按照法定要求进行，调查取证的方式具有法定性。主要表现在以下几个方面：一是调取证据类型法定。《公益诉讼办案规则》明确了包括书证、物证在内的 9 种证据类型，这里需要说明的是，公益诉讼证据类型中明确了“专家意见”，这是行政诉讼和民事诉讼中没有规定的，所以在司法实践中也导致法院审判时对专家意见的认定采信存在不一致的情况。二是调查取证方式法定。《公益诉讼办案规则》明确了查阅、调取、复制卷宗、询问、咨询专业人员等 6 种主要调查取证方式，且列明了可采取其他必要调查方式这一兜底条款，为调查取证司法实践提供了可探索空间。三是调查取证程序法定。如调查取证应当由两名以上检察人员进行；询问前应出示工作证；调取物证、书证的，应当制作《调取证据通知书》和《调取证据清单》等。这里的检察人员包括检察官和检察辅助人员，可以组织司法警察和检察技术人员参加。四是调取证据形式合法。如询问笔录必须由被询问人确认无误后签名或者盖章；调取物证、书证应当调取原件，确有困难的可以调取复印件，但应当按照规定注明。

三、行政公益诉讼调查取证措施的非强制性

公益诉讼的调查取证措施有着明确的限制，即调查取证措施限制，从既往规定来看，属于调查核实权的措施具有非强制性特点。[①] 根据《公益诉讼办案规则》第 35 条规定，在调查和收集证据时不得采取限制人身自由的强制措施，也不得采取控制财产型的强制措施，如查封、扣押、冻结等。而在行政公

① 董坤：《新时代法律监督视野下检察机关调查核实权研究》，载《内蒙古社会科学》2020 年第 6 期。

益诉讼中，被监督的行政机关是主要调查对象，行政机关往往直接掌握着最密切的证据资料，在缺乏有效的强制手段情况下，检察机关调查取证的效果往往取决于行政机关的配合程度。根据“两高”《公益诉讼解释》第6条规定，可以采取证据保全措施的，参照民事诉讼法、行政诉讼法相关规定办理，但这是对诉讼程序中证据保全的一般规定，大量的行政公益诉讼案件的调查取证主要在线索发现和诉前阶段，并不一定进入诉讼程序之中，故在诉前程序阶段如何进行证据保全，仍缺乏相应的规定。

四、行政公益诉讼调查取证的主要内容

（一）案件是否属于公益诉讼的法定的范围

检察机关开展公益诉讼工作一直在不断积极探索稳步拓展。2015年公益诉讼试点阶段公益诉讼案件领域集中在国有财产保护、国有土地使用权出让、生态环境资源保护、食品药品安全保护范围，2017年民事诉讼法、行政诉讼法的修改正式确立了公益诉讼制度，随后颁布实施的《英雄烈士保护法》明确了检察机关可以依法对侵害英雄烈士名誉、荣誉等损害社会公共利益的行为提起诉讼。随着时代发展，各类单行法规不断修改完善，近期《安全生产法》《个人信息保护法》《妇女权益保障法》等相关单行法规均写入公益诉讼条款，公益诉讼保护领域不断拓展。实际上，2019年党的十九届四中全会就明确要求“拓宽公益诉讼案件范围”，最高检也明确提出突出办理全国人大及其常委会明确要求的新领域案件，办好地方性法规支持探索的新领域案件，积极稳妥拓展公益诉讼案件范围。这对检察人员调查取证提出了更高要求，需要明确公益诉讼的重点领域和新领域的范围，增强检察人员调查取证的意识和敏感度，及时发现公益诉讼案件线索，及时调整调查取证方向。

（二）行政机关是否负有法定监督管理职责

行政公益诉讼的主要监督对象是行政机关，所以在调查取证中首先必须查明该行政机关在行政公益诉讼中能否作为适格被告。一般情况下，可以直接查找法律法规和规章规定明确行政机关的职责，但是由于行政职能庞杂，各级行政主体职责存在交叉，再加上公益受损的原因复杂多样，可能涉及多个行政机关的多项职权，为调查取证带来较大困难。故在司法实践中，除查询相关法律法规以外，还可以参考行政机关的“三定方案”，即行政机关职能配置、内设机构和人员编制规定，还可以参照政府公示的权力清单和责任清单等。在案件办理过程中还可以通过诉前座谈磋商、公开听证的方式，确定责任主体。

（三）行政机关是否存在不依法履职的情况

行政机关不依法履职实际上分为三个层面：第一层面是行政机关违法履职，即行政行为违法；第二层面是行政机关完全不履职，即没有履职；第三层面是行政机关不完全履职，即履职不全面、不到位。前两者判断较为容易，一般情况可以围绕行政机关法定监督管理职责，重点调查客观事实，从而判断行政机关作为是否违法，或者根本没有作为。

司法实践中的调查难点是第三种情况，即行政机关不完全履职。最高检指导性案例“陕西省宝鸡市环境保护局凤翔分局不全面履职案”，凤翔分局作出责令限制生产决定、加收排污费等措施后，所涉生产单位虽然按要求限制生产，但其治污减排设备建设项目未正式投入使用，颗粒物排放依然超过限值。该案要旨中指出，行政机关在履行环境保护监管职责时，虽有履职行为，但未依法全面运用行政监管手段制止违法行为，检察机关经诉前程序仍未实现督促行政机关依法全面履职目的的，应当向人民法院提起行政公益诉讼。该案启示检察人员在调查取证中，重点调查行政机关是否全面运用行政手段履行行政行为，部分履职不等于依法履职。①

（四）国家利益或者社会公共利益是否受到侵害

由于公益诉讼案件领域多为生态环境、食品药品、文物保护等，相关的林地被破坏程度、水体污染程度、食品药品安全性、文物损毁程度等均具有很强的专业性特征。因此，检察人员在调查取证时应充分全面取证：一是收集专家意见。检察咨询权是检察机关调查取证权实现的方式之一，② 主要采取咨询专业人员、专业部门或者相关行业协会的方式，请相关专家机构对专门问题发表意见，该意见的收集要做好相关记录。因专家意见并非法定证据种类，在司法实践中可以考虑专家作为证人出庭的方式，增加证据的证明力。二是必要时委托鉴定、评估、审计、检验、检测、翻译等。在委托注意查验专业机构是否具有相关资质。三是可以依规组织公开听证，了解有关情况。这里需要注意的是，根据《公益诉讼办案规则》第 44 条第 2 款规定，听证形成的书面材料是人民检察院依法办理公益诉讼案件的重要参考。参考并非审查的绝对依据，听证材料也并非《公益诉讼办案规则》中明确的证据类型，所以听证材料是否能够作为证据使用还有待商榷。

---

① 参见最高人民检察院第十三批指导性案例“陕西省宝鸡市环境保护局凤翔分局不全面履职案”（检例第 49 号）。

② 曹平、行星：《公益诉讼案件检察机关调查取证权研究》，载《社科纵横》2021 年第 1 期。

（五）行政机关不依法履职与国家利益或者公共利益受到侵害之间是否具有因果关系

行政公益诉讼表现为检察机关与行政机关两个公权力部门之间的诉讼，但实际上基于维护公益的目的，更多表现为侵权之诉。如何证明侵权行为和损害结果之间存在因果关系，具体举证责任由谁承担？在司法实践中，行政机关不依法履职和公益受损是否存在因果关系的证明缺乏客观标准，一直以来都是调查取证工作的重点难点。建议在调查取证中重点调查公益受损的客观事实，该部分可以通过鉴定、专家意见等方式有效证明，同时结合法律法规规章内容，判断行政机关是否履行了法律规定的义务，如果依法履行应达到怎样的效果，但实际出现了怎样的损害结果，行政机关不依法履职与公益受损结果发生是否具有高度盖然性。

五、行政公益诉讼调查取证的积极探索

（一）主动汇报沟通，争取政府人大支持

司法实践中，全国各地省、市、区人大纷纷出台决议支持加强检察机关公益诉讼工作，支持将公益诉讼情况纳入专项考核指标，推动形成党委领导、人大监督、政府支持、检察机关主办、部门配合、社会参与的工作格局。① 《公益诉讼办案规则》第 45 条明确规定了向同级人大报告或向同级纪检监察通报制度。即在调查取证过程中，遇到行政机关及其工作人员拒绝或者妨碍人民检察院调查收集证据的，检察机关可以向同级人大常委会报告，向同级纪检监察机关通报，或者通过上级人民检察院向其上级主管机关通报。近年来，检察机关积极加强府检联动，与辖区政府综合治理工作协作配合，形成公益保护合力，也为公益诉讼调查取证提供帮助。

（二）借助外脑外力，打造智慧数据检察

为破解公益诉讼案件专业性强、检察人员专业技能不足、调查取证困难的问题，建议采取以下措施：一是积极借助外脑。比如最高检创新辅助检察官办案模式，探索开展行政机关专业人员兼任检察官助理；又如，2021 年西安市检察院已经开展聘请行政机关专业人员以特邀检察官助理身份协助检察官办理相关专业领域案件，提升公益诉讼办案专业化水平。二是积极借助外力，加强智慧检察。充分发挥自动检测仪、无人机航拍、卫星遥感、大数据检测平台等

① 杨铭：《西安人大常委会强力支持公益诉讼》，载西部法制传媒网，http：//www. xbfzb. com，访问日期：2021 年 10 月 21 日。

技术的应用，例如沈阳、厦门等地，都通过创设公益诉讼大数据应用平台，筛查公益诉讼案件线索，起到了辅助决策、实时指挥、全民共治的效果。

（三）司法警察协助，探索间接强制措施

检察机关在调查取证过程中，要及时做好调查取证预案，经过评估和调查现场现状，发现可能发生妨碍调查行为的，及时要求司法警察协助。检察机关内部配备了司法警察队伍，但往往独立成编或者纳入办公室等行政部门管理，从事安全保障的辅助事务，实际上司法警察的介入能够弥补基层检察公益诉讼部门办案力量不足，首先，司法警察参加调查取证具有法律依据。《公益诉讼办案规则》第 36 条明确规定了检察官可组织司法警察调查和收集证据。其次，参与调查取证可以提高调查核实过程的严肃性，警服及警用装备的应用可以对拒绝甚至暴力拒绝的被调查者起到威慑作用。最后，司法警察依法可行使强制手段，遇有妨害调查行为时，司法警察可依法强力进行处置，从而弥补公益诉讼调查取证强制力不足，有一定的间接强制作用。[①] 根据《人民检察院司法警察条例》第 9 条规定，对以暴力、威胁或者其他方法阻碍检察人员依法执行职务的，人民检察院司法警察应当及时予以控制，并依法采取强行带离现场或者采取法律规定的其他措施。这也为检察人员开展调查取证工作增加了安全保障。

六、结语

调查取证直接关系到公益诉讼案件办理质量，检察机关在司法实践中应当牢牢把握调查取证的基本原则，提升检察人员调查取证能力水平，依法全面客观地调取各类证据，规范收集固定各类证据，特别是在行政公益诉讼案件办理中，注重与行政机关的沟通交流，强化诉前程序阶段的案件调查，为案件办理提供有效支撑。

---

① 刘加良：《检察公益诉讼调查核实权的规则优化》，载《政治与法律》2020 年第 10 期。

关于检察公益诉讼业务评价工作的分析

李　霞*

检察公益诉讼业务评价是公益诉讼工作的指引棒，全面、科学的评价体系可以促进公益诉讼工作高质量发展。陕西检察公益诉讼评价工作经历了不断完善的过程，发挥着积极导向作用。

一、检察公益诉讼评价工作的发展及特点

随着检察公益诉讼工作的不断发展，陕西省检察机关公益诉讼业务评价工作也不断完善，评价标准、评价指标不断变化，呈现出以下特点：

（一）评价体系不断完善

2018 年公益诉讼工作评价主要是省院公益诉讼部门条线月通报、年终考核；2019 年公益诉讼子系统上线后，案件管理部门开始进行公益诉讼案件质量评价；2021 年底省院公布了全省基层院建设分析评价结果，基层院建设情况从由市级院评价发展为由省院统一对全省基层院建设分析办案质效进行评价。目前已形成由全省公益诉讼办案工作情况月通报、案件管理部门案件质量评价指标月通报、省院对各市检察业务建设情况年度评价、全省基层院建设公益诉讼条线办案质效年度评价等四项评价工作构成的公益诉讼工作评价体系。

（二）评价指标不断细化

随着检察公益诉讼工作的不断发展，上级院对公益诉讼工作的要求也不断变化，表现为具体考核标准、评价内容及案件评价指标不断细化。

1. 全省公益诉讼办案工作情况月通报

2018 年月通报内容：（1）立案数；（2）诉前程序案件数；（3）起诉案件数；（4）联系院办案数。2019 年月通报内容在 2018 年基础上，新增了第 5 项，具体为："……（5）检察长办案情况。"2020 年月通报内容在 2019 年基

* 李霞，西安市人民检察院第八检察部检察官。

础上，新增了第6项，具体为："……（6）县均办案数。"2021年月通报内容在2020年基础上，新增了第7—9项，具体为："……（7）市级院立案数；（8）全省立案数排名后五位的基层院；（9）全省诉前程序案件数排名后五位的基层院。"2022年月通报内容在2021年基础上，新增了第10—12项，具体为："……（10）各市人均办案数；（11）全省线索成案率排名后三位的基层院；（12）案件质量情况，诉前整改率及到期未整改案件提起诉讼案件率情况。"

2. 案件管理部门的案件质量评价

2019年公益诉讼子系统上线，案件管理部门的公益诉讼工作评价经历了从核心业务数据到案件质量评价的变化。2019年，核心业务数据：（1）行政公益诉讼检察建议数；（2）行政公益诉讼起诉数。2021年3月，案件质量评价指标：（1）对到期未整改案件提起诉讼案件率；（2）提起公益诉讼后法院支持率。2021年10月，案件质量评价指标调整为"三率一比"，即（1）案件比；（2）诉前整改率；（3）对到期未整改案件提起诉讼案件率；（4）提起公益诉讼后法院支持率。

3. 各市公益诉讼检察业务建设情况年度评价

2018年至2020年，各市公益诉讼业务建设评价指标主要是立案数、诉前程序数、起诉案件数等数量指标。2021年起评价指标结合了案件质量评价指标，包括立案数、线索成案率、诉前案件数、诉前整改率、未整改案件起诉率、起诉案件数、提起公益诉讼后法院支持率、典型案例、专项活动开展情况等17项内容，指标数量在所有检察业务中居首位。

4. 全省基层院建设公益诉讼条线办案质效年度评价

2021年底，省院公布了全省基层院建设分析办案质效评价结果，其中对基层院公益诉讼工作的评价指标为四项：（1）行政公益诉讼立案数；（2）民事公益诉讼立案数；（3）诉前整改率；（4）对到期未整改案件提起诉讼案件率。每一项指标得分分别由该项指标12月底在全省的位次得分、12月底与6月底相比的进位得分，分别乘以相应的系数后相加得出。

从以上各评价指标发展变化可以看出，公益诉讼工作评价指标越来越细化，囊括了线索数、线索成案率、立案数、诉前案件数、诉前整改率、对到期未整改案件提起诉讼案件率、提起公益诉讼后法院支持率、县均办案数、人均办案数、检察长办案数等，几乎涵盖了公益诉讼的所有环节和工作内容。

（三）评价标准由重数量向量质并重转变

案件质量评价指标"三率一比"着重于案件质量；各市公益诉讼检察业

务建设情况年度评价从初期的数量考核向增加案件质量评价指标转变；全省公益诉讼办案工作情况月通报根据具体工作情况创设县均办案数、人均办案数等新的评价指标；全省基层院公益诉讼条线办案质效评价设计了新的指标计算规则——由下半年与上半年排名相比得出该项指标的进位得分。这些都体现了上级院对公益诉讼办案及工作的要求由重数量到量质并重的变化，评价标准不断提升。

二、改进公益诉讼评价工作的建议

公益诉讼工作评价是为了客观反映公益诉讼工作状况、更好引导公益诉讼工作开展方向，促进公益诉讼科学发展。因此对不能促进工作开展的评价指标、评价方式、计分规则要及时调整，以实现评价工作的积极作用。

（一）加强检察业务应用系统使用培训，提高公益诉讼评价工作的原始数据准确率

从前文分析可以看出，除了各市检察业务建设情况年度评价指标中的典型案例、专项活动、宣传调研等评价指标外，绝大部分评价指标的数据均来源于检察业务应用系统，系统填录是否准确决定着评价指标原始数据是否准确，决定着评价指标能否客观评价办案情况。实践中常见的问题是案卡错误填写行政机关“是否纠正违法或履行职责”，影响诉前整改率的计算，从而影响公益诉讼案件质量评价指标数据排名。尤其今年 8 月案件应用系统升级后，公益诉讼案件流程进行了优化整合，案卡项目调整较多，实践中遇到的问题也较多。建议案件管理部门加强对检察业务应用系统培训，帮助办案人员正确使用业务应用系统，为评价指标数据真实客观打好基础。

（二）及时调整评价指标，发挥其引导公益诉讼工作有序发展的积极作用

由前文分析可以看出，在四项评价工作中，“诉前整改率”和“对到期未整改案件提起诉讼案件率”这两个指标应用最广泛，但实践中存在的问题也多，建议根据实践中的问题及时作出调整。

1. 调整评价指标“诉前整改率”通报方式

建议由目前的具体数据通报改为通报值通报，即设置一个通报值，例如将“诉前整改率”通报值设定为98%，“诉前整改率”大于等于98%的，就属于“好”，不再通报具体数据；低于该通报值的，再进行具体数据通报，客观反映该地区诉前整改率。这样既能贯彻落实最高检党组提出的“诉前实现维护公益目的是最佳司法状态”理念，努力督促、协调绝大多数案件在诉前环节

得以解决，又能避免为片面追求100%诉前整改率而办简单案、容易案的现象。

2. 改进起诉案件集中管辖地区的“对到期未整改案件提起诉讼案件率”评价方式

建议将集中起诉案件分别计入移送检察院的起诉案件数进行评价。例如，将西安市检察机关移送西安铁路运输检察院起诉的案件，计入西安市起诉案件数，以此计算西安市“对到期未整改案件提起诉讼案件率”。这种评价方式可以真实反映办理诉前程序案件的检察院对未整改案件的起诉情况，有利于上级检察院对到期未整改、办案单位又迟迟未起诉的案件进行针对性的督导，实现公益诉讼评价工作的根本目的。

（三）完善进位得分的计分规则，公正评价基层院业务建设情况

建议将全省基层院建设公益诉讼条线办案质效评价中的“半年进位”得分规则修改为“年度进位”得分，年底将评价指标在全省排名与上年排名情况进行对比，对排名进步的基层院均进行加分，鼓励基层院均衡分配办案压力，保证案件质量的前提下不断加大办案力度，实现公益诉讼办案工作数量质量双提升。以对“年度进位”加分为导向，督促各基层院解决公益诉讼部门长期以来存在的人员流动频繁、人员少等现实问题，通过评价规则的改进切实促进公益诉讼工作更好发展。

检察公益诉讼线索发现和领域拓展研究

王艺馨*

公益诉讼是指对损害国家和社会公共利益的违法行为，由法律规定的特定机关和组织向人民法院提起诉讼的制度。公益诉讼保护的是国家利益和社会公共利益。2014 年，《中共中央关于全面推进依法治国若干重大问题的决定》提出“探索建立检察机关提起公益诉讼制度”。2015 年，最高人民检察院根据全国人大常委会的授权①，制定了《人民检察院提起公益诉讼试点工作实施办法》，指点试点地区检察机关开展公益诉讼工作。在全面总结两年试点工作基础上，2017 年 7 月 1 日，修改后的《民事诉讼法》和《行政诉讼法》正式实施。新修订的《民事诉讼法》《行政诉讼法》正式确立了检察机关提起民事公益诉讼和行政公益诉讼制度。

习近平总书记强调：“检察官作为公共利益的代表，肩负着重要责任。中国检察机关是国家的法律监督机关，是保护国家利益和社会公共利益的一支重要力量。建立检察机关提起公益诉讼制度，目的是充分发挥检察机关法律监督职能作用，促进依法行政、严格执法、维护宪法法律权威，维护社会公平正义，维护国家利益和社会公共利益。”其中，案件线索是提起行政公益诉讼的前提和基础，线索的数量和质量在很大程度上决定了行政公益诉讼的实施效果。

一、检察公益诉讼线索发现的主要途径

（一）建立公益诉讼线索内部发现、移送机制

制定本院公益诉讼线索内部发现与移送办法，要求业务部门将办案中发现

---

* 王艺馨，西安市灞桥区人民检察院第四检察部书记员。

① 2015 年 7 月 1 日，十二届全国人民代表大会常务委员会第十五次会议通过《关于授权最高人民检察院在部分地区开展公益诉讼试点工作的决定》，授权最高人民检察院在生态环境和资源保护、国有财产保护、国有土地使用权出让和食品药品安全等领域开展提起公益诉讼试点，在包括陕西省在内的 13 个省、市、自治区开展为期两年的公益诉讼试点工作。西安市被确定为陕西省的试点地区。

的公益诉讼线索第一时间制作《公益诉讼线索移送函》，并附相关资料移送该院公益诉讼相关部门，由该院办理公益诉讼案件的检察部门签收《公益诉讼线索移送回执》，并将该项工作纳入公益诉讼工作重点方向，逐步形成以公益诉讼部门为主导、相关部门积极协作配合的公益诉讼工作格局。近年来办理的刑事附带民事公益诉讼线索均通过该方法发现。

（二）抓住开展专项契机，深入挖掘案件线索

充分借助相关专项活动大力挖掘公益诉讼线索，在办理的公益诉讼类案件中，有近三成的案件是在专项活动开展过程中发现的。如该院以农村生活污水乱排、直排灞河和灌溉水质污染等农村水环境污染为切入点，以点带面开展农村人居环境整治专项行动，向生态环境、秦保、城管、街办等行政机关发出诉前检察建议48件，督促清运垃圾6000余立方米，回填种植土2000余立方米，完成水源地治理3处，切实守护了人民群众美好生活。再如，该院以非法占用农用地从事非农建设或违规倾倒建筑垃圾等问题开展专项监督，向资规、街办、城管等部门制发诉前检察建议15件，督促行政机关依法查处非法占用农用地从事非农建设、耕地改建鱼塘等违法行为，完成耕地保护系统治理4处，严守18亿亩耕地红线，切实保障了粮食安全。

（三）利用网络信息平台热点跟踪，摸排案件线索

通过互联网积极关注新闻媒体、社会舆论等当前社会热点，对媒体曝光的新闻事件进行筛选，追踪挖掘突发、公共安全事件、关系民生的环保、食品安全等事件背后损害公益、监管不作为等情况，摸排案件线索。如华商网报道的某街办露天焚烧问题；某大型社区住户起火后，消防员及时赶到后却因消防通道被占用而影响最佳救援时间，大量住户反映消防通道长期被违规占用引发社会舆论问题；某水库上方源沟内违规倾倒大量建筑垃圾，严重影响生态环境；董某通过网络大量销售假冒伪劣国窖1573白酒，销售金额高达20余万元刑事附带民事公益诉讼案等。上述问题均得到了有效解决，公益诉讼工作得到了群众的一致肯定，公益诉讼工作影响力有一定程度提升。

（四）检察公益诉讼线索领域的拓展

《行政诉讼法》第25条第4款在“生态环境和资源保护、食品药品安全、国有财产保护、国有土地使用权出让”之后以“等”字结尾，系对检察机关提起行政公益诉讼领域的不完全列举，立法机关为检察机关在更广泛领域内发挥法律监督职能预留了充足的规范空间。该院立足全区经济发展大局，坚持解决突出问题、推动完善社会治理为导向，立足开拓创新，积极探索公益诉讼“等”外领域。

1. 扎实开展无障碍设施维护专项监督活动

该院按照省、市院深入开展“三有”争创活动实施方案要求，以服务保障全运会和残奥会为契机，扎实开展无障碍建设维护专项监督活动，主要涉及盲道被违规占用或破损缺失、断点等问题。2021 年 3 月至今，共发现无障碍建设违法点 69 处，共摸排无障碍设施线索 10 件，立案 10 件。同时，将十四运主场馆所在的国际港务区列为此次专项行动的重点区域，以点带面，深入开展无障碍设施环境建设专项行动，联合相关单位对十四运比赛场馆周边无障碍设施情况进行全面排查，重点检查公交站台、公共厕所等公共设施无障碍设施改造情况，为无障碍设施建设和改造贡献检察力量。

2. 积极开展“寻访革命旧址，保护革命文物，传承革命精神”专项活动

该院按照省检察院“寻访革命旧址，保护革命文物，传承革命精神”专项活动要求，对辖区内红色革命文物逐一寻访。并将公益诉讼监督办案作为传承红色基因、深化党史学习教育的实际行动，针对寻访中发现的涉及革命文物安全等线索，充分运用公益诉讼手段，全面加强革命文物及历史资料的司法保护，营造保护革命文物、传承红色基因的良好氛围。共摸排行政公益诉讼线索 3 件，立案 2 件，磋商 1 件，制发诉前检察建议 1 件。

二、检察公益诉讼线索发现中存在的困难和问题

（一）发现案件线索的业务能力有待提升

案件线索的发现要求办案人员不仅具有较强的理论功底，还要兼具调查突破、捕捉战机的核查能力和水平，可以说公益诉讼案件线索的发现与检察机关自侦部门线索初查有着一定的相似之处，对初查人员的素质要求相当高。然而近些年，上级检察机关每年的公益诉讼绩效考核任务偏重，基层公益诉讼部门全员疲于应付，很难挤出时间进行“充电”，组织人员进行相关知识培训也较少，人员素能得不到有效提高。

（二）案件线索类型明显失衡

从案件类型来看，该院办理的行政公益诉讼案件占比较大，占公益诉讼案件总数的 96.8%，民事公益诉讼仅占 3.2%；从分布比例来看，绝大多数案件集中在生态环境和资源保护、食品药品、国有财产保护领域，占比 72.4%，主要涉及大气污染、土壤污染、水质污染、耕地保护等方面，其他法定领域占比较少。

三、检察公益诉讼线索发现新突破的路径思考

（一）完善制度保障，成立线索统一管理和调配机制

可以考虑在省、市级层面建立公益诉讼案件线索集中统一管理、调配机制，统一管理和研判，集中优势人员、力量重点突破发现、摸排的难点，统一部署和推进公益诉讼工作。在线索收集方面，除被动接受线索外，还可以主动要求移送相关线索，在履职过程中发现行政机关应当移送而未移送的案件，可以采用制发《移送公益诉讼线索通知书》等要求移送相关证据材料。

（二）强化科技支撑，用好“网格+检察业务”平台，完善公益诉讼信息交流机制

为充分发挥检察机关参与社会治理的主观能动性，创新检察工作方式方法，该院与区社会治理办签署了《关于推进检察业务与社会治理融合发展项目协议书》，建立了“网格+检察业务”融合治理办公室。融合治理办公室全面践行“以人民为中心”发展理念，从检察力量下基层、入网格工作着手，拓宽监督线索发现渠道，利用“长安e格”App和综治网格平台等大数据媒介，通过融合治理办公室建立线索移送、信息通报、协作配合机制。因此，“网格+检察业务”平台对于案件线索发现可挖掘潜力巨大，要进一步完善“网格+检察业务”工作模式，通过提升基层网格员发现、宣传、筛选案件线索的技巧和能力，进一步拓宽案件线索来源渠道。

（三）建立线索举报奖励机制，争取公众参与支撑

向公众加强宣传公益诉讼工作，并建立线索举报奖励制度，通过制定线索举报奖励办法，鼓励社会公众主动发现、踊跃举报公益诉讼案件线索。检察机关可以根据所举报线索的性质、情节和价值等因素，对举报者给予相应奖励。可以与当地有影响的媒体进行深度合作，追踪挖掘突发、公共安全事件、关系民生的环保、食品药品安全等事件背后损害公益、监管不作为等情况，摸排案件线索，并由媒体帮助宣传检察机关的举报方式，社会公众可通过来信来访、12309、举报邮箱、“两微一端”等方式举报。另外，还可以探索公益诉讼部门检察人员联合控申部门接访制度，防止遗漏案件线索。

浅议基层检察院行政公益诉讼实务问题与破解思路

李赫赫　赵蓉蓉*

2014 年 10 月，党的十八届四中全会审议通过《中共中央关于全面推进依法治国若干重大问题的决定》，提出探索建立检察机关提起公益诉讼制度。2015 年 7 月 1 日，第十二届全国人民代表大会常务委员会第十五次会议审议通过《关于授权最高人民检察院在部分地区开展公益诉讼试点工作的决定》，授权最高人民检察院在北京、吉林、内蒙古等 13 个省、自治区、直辖市开展为期两年的公益诉讼试点工作。① 2017 年 7 月 1 日，修改后的《民事诉讼法》和《行政诉讼法》正式确立了检察机关提起公益诉讼制度。至此，检察公益诉讼在全国范围内全面铺开。

从五年来基层检察院公益诉讼办案情况看，行政公益诉讼办案量明显超过民事公益诉讼办案量。以莲湖区检察院为例，2017 年以来立案办理行政公益诉讼案件共计 408 件，发出诉前检察建议 407 件，提起行政公益诉讼 2 件；立案办理刑事附带民事公益诉讼案件 10 件，其中起诉 6 件，法院均判决支持该院作为公益诉讼起诉人的诉讼请求。从办案数据看，该院行政公益诉讼办案量占到公益诉讼办案总量的 97% 以上。如何把行政公益诉讼进一步做实做细，作出更多成效，成为该院乃至基层检察院面临的重大课题。

一、基层检察院行政公益诉讼面临的主要问题

（一）案件线索不足

案件线索是启动公益诉讼程序的前提和关键，目前基层检察院行政公益诉

* 李赫赫，西安市莲湖区人民检察院第四检察部一级检察官；赵蓉蓉，西安市莲湖区人民检察院第四检察部检察官助理。

① 张雪樵、万春主编：《公益诉讼检察业务》，中国检察出版社 2022 年版。

讼案件线索不足的问题仍较为突出。一是线索来源渠道狭窄。行政公益诉讼案件线索主要通过监督履职中发现、刑事检察部门移转和上级院交办等方式获得，倾向于自主挖掘和内部流转，外部协同共治的局面尚未完全打开。二是线索类型相对单一。行政公益诉讼案件线索主要集中在违建、占道经营、道路破损等资源保护领域和食品药品安全领域，生态环境、国土国财以及新领域案件线索较少。

（二）办案力量薄弱

2017年9月11日，第二十二届国际检察官联合会年会在北京召开，会议主题是“为公益服务的检察”。习近平总书记在贺信中指出，检察官作为公共利益的代表，肩负着重要责任。人民群众日益增长的司法需求对公益诉讼检察工作不断提出更高要求。然而，基层检察院不同程度地存在人员配备与实际需求不匹配的问题。基层检察院民行部门往往同时承担民事、行政、公益诉讼三大检察业务，未实现部门单设，也未配置专门公益诉讼办案团队或人员，检察官、助理均需兼任，在对外联系、线索收集、调查取证、跟进监督等工作中常常面临人员不足、监督质效不高的问题。

（三）调查取证困难

《人民检察院公益诉讼办案规则》第二章第四节和第三章第一节都规定了检察机关在办理行政公益诉讼案件中的调查取证权。囿于多方面的原因，基层检察院调查取证权难以充分行使。一是行政机关配合度不高。根据《人民检察院公益诉讼办案规则》第35条的规定，人民检察院办理公益诉讼案件，可以查阅、调取、复制有关执法卷宗材料、询问行政机关工作人员、向有关单位收集书证、物证、电子证据等。实践中，部分行政机关对公益诉讼检察业务比较陌生，对检察机关通过诉前检察建议督促履职的监督方式比较抵触，配合度不高，加大了基层检察院调查、收集证据的难度。二是调查取证的配套不足。例如，基层检察院办理环境污染行政公益诉讼案件时，需要对污染物的种类、浓度、环境受损程度和生态修复费用等事项进行技术鉴定，但同时面临找合格鉴定机构难、鉴定费用高昂等问题。

（四）宣传引导不到位

“公益诉讼守护人民群众美好生活，人民群众支持和参与公益诉讼”的良好局面是推进公益诉讼工作的坚实基础。[①] 只有加强宣传引导，才能扩大行政公益诉讼工作的传播力和影响力，凝聚起公共利益保护的强大合力。基层检察

① 王瑛、廖九阳：《筑牢保护公共利益的屏障》，载《中国政协》2019年第22期。

院公益诉讼宣传工作存在的问题主要有：一是职能宣传不到位。公益诉讼检察职能比较新，对外宣传力度不足导致行政机关和人民群众对其了解和掌握较为有限，影响了检察履职的支持度和参与度。二是成效宣传不到位。基层公益诉讼检察工作主要借助自媒体平台进行宣传，社区宣传、节目宣传较少，受众有限，工作成效辐射面和影响力不够。

二、做好基层检察院行政公益诉讼的几点思考

（一）探索“大数据＋公益诉讼检察”工作模式

2022年6月29日，全国检察机关数字检察工作会议在浙江杭州召开。会议对加快数字检察建设，以“数字革命”驱动新时代法律监督提质增效，更好以检察工作高质量发展服务经济社会高质量发展作出重要部署。[①] 目前，浙江省检察机关在探索大数据赋能公益诉讼检察方面走在了全国前列，成效显著。基层检察院在学习借鉴其宝贵经验的同时，也要紧密结合自身实际情况，积极探索“大数据＋公益诉讼检察”工作模式，努力寻求破局之道。

1. 借助大数据筛查，破解线索难题

善于借助人民网群众留言板、12345便民热线、今日头条和社会治理综合信息等平台，抓取环境资源保护、食药安全、安全生产等热点领域案件线索，进行智能化筛选和高效率研判。如西安市阎良区检察院借助网格化管理平台，创立了“网格＋检察业务”工作模式，于2022年6月成立了全市首家“网格＋检察业务”融合治理办公室，截至9月底已通过社会治理综合指挥平台收集到涉公益诉讼案件线索20件，成功办理了督促治理某社区垃圾场装修垃圾堆放案，在大数据赋能公益诉讼方面进行了有益探索。[②]

2. 加强公益诉讼检察业务与检察技术融合，破解调查取证难题

近年来，随着全国检察机关智慧检务建设的推进，面对公益诉讼履职过程中勘验难、调查取证难的问题，多地检察机关加快探索检务科技赋能，无人机、快检设备等上岗运行，在生态环境与资源保护、食药安全、文物保护等领域案件办理中发挥了重要作用，为公益诉讼工作插上了翅膀。例如，山西省沁源县检察院将无人机作为检察调查取证工作的“空中奇兵”，选派干警参加无人机驾驶员专业培训，取得无人机驾驶员执照，并将无人机充分运用到公益诉

① 叶伟忠：《大数据与能动检察：以数字检察推进检察工作高质量发展》，载《检察日报》2022年7月8日。

② 《市域社会治理“西安样板”：“检察官进网格”打通检察服务群众“最后一公里”》，载《西安政法》2022年9月27日。

讼工作中。在办理某矸石贮存场破坏生态环境公益诉讼案件过程中，利用无人机进行现场勘查，对封土层厚度是否达标、是否按规定修建导流渠、植被种植密度是否合理等事实逐一收集固定证据，通过连接的计算机及时完成数据传输，成为公益诉讼监督办案的得力助手。[①]

（二）凝聚治理合力，服务市域社会治理现代化

市域社会治理是国家治理在市域范围内的具体实施，是庞大而复杂的系统工程，治理对象多维，实施主体广泛。检察机关作为法律监督机关，肩负着维护国家利益和社会公共利益的神圣使命，是市域社会治理工作中的重要环节。基层公共事务多而繁杂、社会矛盾集中，是市域社会治理的主阵地，公益诉讼大有可为。

1. 正确处理好与外部的关系

首先要保持检察监督的谦抑性，充分尊重行政机关独立自主处理行政事务的权力，不过早介入、过分干预行政权的行使，做到监督与支持并重。行政公益诉讼案件立案后，检察机关应优先适用诉前程序，通过圆桌会议、磋商会等形式与行政机关进行磋商，就行政机关是否存在违法行使职权或者不作为、国家利益或者社会公共利益受到侵害的状态、具体整改方案等交换意见，达成共识，实现诉前保护公益的最佳司法状态。其次要积极争取本级人大、政府的支持。定期向人大、政府报告公益诉讼工作开展情况，对于疑难、复杂案件主动寻求指导，并推动党委、人大制定出台支持检察机关依法开展公益诉讼工作的文件，建立健全协同工作机制，开拓多赢共赢的局面。

2. 增强履职的主动性和积极性

聚焦社会治理的难点、堵点和痛点，增强履职的主动性、积极性，助力凝聚起协同共治的合力，回应人民群众的新需求、新期待，服务市域社会治理现代化。例如，莲湖区检察院在办理某小区消防设施不符合安全要求一案时，针对群众反映的消防管道无水、灭火器老旧等问题，会同区应急管理局、区住建局、消防大队、辖区派出所、辖区街办等多家单位到涉事小区实地查看，确认相关情况后，协调在场单位召开现场工作会议，共同研究制定解决方案，督促落实整改责任，逐步推进灭火器更换、消防管道维修等工作，消除了消防安全隐患，取得了良好的社会效果。

① 参见《这个检察院设备上新！无人机和“快检实验室”专治“取证难”》，载山西长安网，2022年8月18日。

（三）内部挖潜，善用“外脑”，提升监督质效

1. 从内部入手，注重加强公益诉讼检察队伍建设

《中共中央关于加强新时代检察机关法律监督工作的意见》指出，要全面深化司法体制改革，大力推进检察队伍革命化、正规化、专业化、职业化建设，着力提高法律监督能力水平。公益诉讼检察作为“四大检察”之一，应当将公益诉讼检察队伍建设作为重中之重。结合目前基层检察院人员情况来看，组建专门公益诉讼部门或办案团队是解决人员困境、增强办案力量的根本出路。赣州市章贡区检察院已先行探索单设公益诉讼检察部门，与传统民事行政检察部门并列，将业务骨干调配充实到公益诉讼一线，组建“2+1+3”（2名员额检察官、1名检察官助理、3名书记员）办案团队，集中受理和承办公益诉讼案件，避免了之前人员身兼数职精力不足的问题，工作成效明显。[①]

2. 从外部借力，善用“外脑”智慧提升监督水平

近年来，公益诉讼办案领域除《民事诉讼法》《行政诉讼法》规定的4个传统领域外，范围不断扩展，专业性要求不断提高。基层检察院监督办案时既要充分发挥自身优势，也要积极争取外援。向上级院寻求支持指导、邀请代表委员参加检察听证、招募公益诉讼观察员、聘任特邀检察官助理等都是基层检察院借助“外脑”力量提升司法公信力的创新举措。例如，江门市江海区检察院在办理督促整治保护个人信息安全行政公益诉讼案时，针对行政机关监管职责不清、公益受损事实不确定等难题，组织召开公开听证会，邀请代表、委员担任听证员，区公安分局、区住建局等多家单位参加，群众代表、新闻媒体旁听，经过现场研讨评议，就公益损害事实和监督管理责任达成共识，推动检察建议落地见效，提升了检察监督的精准度和影响力。[②]

（四）强化宣传引导，扩大检察公益诉讼“朋友圈”

检察公益诉讼作为一个新生事物，无论理念、理论层面，还是实践、实务层面，都面临诸多困难和挑战，人民群众的普遍支持和广泛参与将赋予检察公益诉讼更加旺盛的生命力。[③] 要争取群众的支持和参与，检察机关首先要落实好普法责任，讲好公益诉讼检察故事。

基层检察院在开展公益诉讼检察工作时要正确处理埋头苦干与宣传引导的关系，在对外宣传上下大力气、花大功夫。坚持线上与线下相结合、传统媒体

---

① 《赣州章贡：单设公益诉讼检察机构加大公益保护力度》，载江西政法网，2022年2月11日。

② 《公益诉讼检察听证典型案例》，载最高人民检察院网上发布厅，2021年7月22日。

③ 闫晶晶：《公益诉讼检察：凝聚共识，打造社会治理共同体》，载《检察日报》2021年11月21日。

与新媒体相结合，不断丰富宣传手段，强化宣传效果。注意留存日常工作日志、照片、影像资料，为对外宣传积累素材。制作发放宣传手册，录制微视频、宣传片，向人民群众和行政机关普及检察公益诉讼的职能定位，介绍公益诉讼案件范围及工作流程，明确外部支持参与渠道；对政策性强、社会面价值突出的案件，可以通过庭审直播、新闻报道、案例展示等手段向社会公开，积极回应人民群众关切，发挥正确的舆论导向，努力实现“办理一案、警示一片、治理一域”的效果；摄制微电影、普法栏目剧，讲述公益诉讼检察官办案故事，以人民群众喜闻乐见的方式宣传公益诉讼工作成效，不断扩大检察公益诉讼的“朋友圈”，凝聚起保护公共利益的合力。

从检察实务看刑事附带民事公益诉讼时效

梁　枫*

一、基本案情

2013 年 5 月，史某某等人承揽了某地方政府发标的矿区地质环境治理工程，在施工过程中，未按要求实施边坡整治、废坑填埋、植树绿化等工程，而是将治理工程拆分为不同标段非法转包开挖残煤，牟取不法利益。非法采挖残煤持续至 2017 年，导致待治理区域的地质灾害隐患加剧，存在地质环境问题的地域扩大。2017 年 9 月，地方政府责令史某某等人全面停工，此后，地方政府再次投入 5000 余万元对该区域重新治理。2022 年 4 月，公安机关以史某某等 14 人未取得采矿许可证开采矿产资源，造成矿产资源严重破坏，涉嫌非法采矿罪移送检察机关起诉。案件审查期间，对于检察机关应否对史某某等人的非法采矿损害生态环境行为同时提起刑事附带民事公益诉讼产生分歧。

二、分歧意见

第一种观点认为，不宜提起刑事附带民事公益诉讼。民事公益诉讼亦属于民事诉讼活动。从实体角度看，刑事责任与民事责任之间是并立关系，而非后者附从于前者的关系，“刑事附带”强调的是刑事、民事合并审理的程序要求，因而刑法中的追诉时效不应适用于民事责任。对于民事责任的追究，当然适用民法有关诉讼时效的规定，特别是民事法律中关于环境损害侵权的规定。案发地的地方政府早在 2017 年就已明知侵权事实的发生以及主要侵权人的身份信息，既未作出行政处罚决定也未提出索赔请求。2021 年，该案侦查终结移送起诉时，距损害环境行为发生时已超过三年，请求民事侵权损害赔偿的诉讼时效已超过法律规定。此时，作为公益诉讼代表的检察机关提起刑事附带民

* 梁枫，西安市碑林区人民检察院检察委员会专职委员。

事公益诉讼，可能因侵权方超过诉讼时效的抗辩而面临败诉的风险，因此不宜提起刑事附带民事公益诉讼。

第二种观点认为，检察机关可以向人民法院提起刑事附带民事公益诉讼。刑事附带民事公益诉讼不是对刑事、民事方面为方便审理的简单合并，确定行为人的民事责任是附属于追究行为人刑事责任的刑事诉讼之中，不具有独立属性。根据最高人民法院《关于适用〈中华人民共和国刑事诉讼法〉的解释》第163条规定，“人民法院审理附带民事诉讼案件，除刑法、刑事诉讼法以及刑事司法解释已有规定的以外，适用民事法律的有关规定。”该条规定强调审理附带民事诉讼案件时，无论是刑事实体法律还是刑事程序法律，无疑是排在民事法律之前优先适用，且民事法律也仅限于其中的“有关规定”。对于刑事附带民事公益诉讼中的时效问题，当然应优先适用刑法中的追诉时效规定。本案行为人涉嫌非法采矿罪，法定最高刑为5年以上不满10年的，追诉时效为10年，检察机关发起刑事附带民事公益诉讼时尚未超过法定诉讼时效。根据《刑事诉讼法》第101条规定：“被害人由于被告人的犯罪行为而遭受物质损失的，在刑事诉讼过程中，有权提起附带民事诉讼。”因此，检察机关向人民法院提起公益诉讼符合法律规定。

三、实务观点

附带民事公益诉讼究竟是一种特殊形态的民事诉讼抑或是一种特殊形态的刑事诉讼，澄清其地位、归属关系的理论，事关准确适用法律，因此有探讨的必要。上述两种意见从探讨刑事附带民事公益诉讼的基本定位出发，解决审理刑事附带民事公益诉讼案中因刑事、民事不同时效的规定造成的法律适用的困惑，固然是“治本良策”，不必就同类个案重复思考，但是必然伴随漫长的争论。对于检察机关来说，等待理论的完善显然不足取，现实的选择只能是暂时放弃附带民事公益诉讼“是刑，是民”的理论争鸣，将附带民事公益诉讼假定是一种特殊的民事诉讼，结合具体案情探讨检察机关应如何适用民事法律审理附带民事公益诉讼。

首先，检察机关应就行为人非法采矿造成矿区生态环境损害的事实向人民法院提起刑事附带民事公益诉讼。《民法典》第193条规定“人民法院不得主动适用诉讼时效的规定”。时效抗辩是义务人的权利，义务人出于各种考虑，不愿意行使该抗辩权，故是否行使应由义务人决定，人民法院在义务人未提出诉讼时效抗辩情况下主动援引、释明。在案件审理过程中，人民法院既不能主动审查公益诉讼就侵权事实提出的诉讼请求是否已超过法律保护民事权利的期间，更不能据此作出是否受理的决定，也不能主动依据诉讼时效的规定判决驳回检察机关提出的公益诉讼请求或者向侵权行为人释明以超过诉讼时效作为抗辩理由，以对抗检察机关提出的公益诉讼请求。人民法院不能以超过诉讼时效拒绝受理，那么，在刑事附带民事公益诉讼的审查阶段，检察机关也不必将诉讼时效问题作为启动公益诉讼的先决条件加以审查。笔者认为，即便存在侵权行为人提出超过诉讼时效抗辩的风险，检察机关也应当提出公益诉讼，这既是检察机关履行自身职责的要求，也是检察机关作为公益诉讼代表人定位的必然。

其次，从确定全部侵权人即刑事侦查终结时计算诉讼时效期间，有效对抗公益诉讼侵权人可能提出的诉讼时效抗辩。《民法典》第 188 条第 1 款规定，向人民法院请求保护民事权利的诉讼时效期间为三年。第 2 款规定诉讼时效期间自权利人知道或者应当知道权利受到损害以及义务人之日起计算。刑事附带民事公益诉讼案件中知道或者应当知道权利受损的时间一般比较容易被证据所证实，当事人之间不会就侵权事实发生、持续、停止等时间节点问题发生重大争议。出现较大争议的是侵权责任义务人的确定。任何诉讼的提起不但是以权利受损为前提，还有一个不可忽视的前提，即被诉主体必须明确，二者必须齐备，否则诉讼活动无从启动。刑事附带民事公益诉讼案中往往涉及多个侵权人共同实施侵权事实，如前述案情中，涉及非法采矿行为的刑事被告人多达 14 人，如不采取强制性的刑事侦查措施则无从全面查明行为人的侵害事实，获知全部侵权人的真实身份信息。在无法全部获知义务人的情况下，当然无法行使民事法律赋予的就侵权事实产生的请求权。如果公益诉讼侵权人在刑事附带民事公益诉讼案件审理中以超过诉讼时效抗辩，检察机关可以刑事侦查终结时才知道公益诉讼侵权义务人，按照民事法律有关诉讼时效期间计算的规定，从刑事侦查终结时计算诉讼时效期间与之对抗。

司法实践中，在刑检部门已查清案件事实，且向法庭提供了确凿证据的情况下，公益诉讼侵权人现实、有效的辩护策略是承认侵权事实，表示自愿修复，以此换取较轻的刑罚。反之，如果仅承认自己实施了损害环境的行为，造成了环境破坏的危害结果，却以超过诉讼时效抗辩，拒绝为自己的行为“买单”，则存在无悔罪表现从重处罚的风险。显然，这是“理性”犯罪人所不愿承担的风险。

总之，检察机关在刑事附带民事公益诉讼审查阶段，不宜过分评价诉讼时效问题导致败诉的风险，而应结合具体案件积极启动附带公益诉讼，通过全面、准确适用法律削弱公益诉讼侵权人的抗辩，获得法院对公益诉讼请求的全面支持。

首届西安市检察理论与实务研讨会（民事 行政 公益诉讼论坛）综述

倪　波　党盟盟*

由西安市人民检察院举办的首届检察理论与实务研讨会（民事 行政 公益诉讼论坛）在西安召开。来自陕西省检察院、西北大学、西北政法大学、西安市两级检察院的检察官、学者共计150余人出席了会议。

本次研讨会共收到论文59篇，内容涉及民事、行政、公益诉讼检察监督中的难点和热点问题。研讨中，11名与会代表围绕民事诉讼监督方法、虚假诉讼、知识产权保护、支持起诉、行政非诉执行监督、行政违法行为监督、公益诉讼与社会治理、环境公益诉讼等问题进行了专题讨论，取得了丰富的成果。这是检察机关开展司法体制改革、拓宽检察新领域的积极探索，也是应对新时代新情况、疑难复杂案件大量涌现的主动思考，更是西安市检察机关深入学习贯彻党的二十大精神，以检察工作高质量发展服务保障经济社会高质量发展，为推动中国式现代化建设提供有力司法保障的有力举措。

一、民事检察

民事检察领域涉及内容较多，较为集中的是民事诉讼监督思路的探讨、虚假诉讼、支持起诉、检察和解、知识产权检察保护及对某一领域民事案件提出的审查要点和监督思路。

（一）关于精准监督的探讨

有检察官从“沉浸式”体验与“跳出式”体检的二维视角对民事诉讼精准监督进行分析，指出民事诉讼监督具有程序滞后、相对封闭、非亲历、弱对抗、效力有限、分工不细等特性，导致检察官欠缺审判的逻辑思维、裁判的经

* 倪波，西安市人民检察院第六检察部四级高级检察官；党盟盟，西安市人民检察院第八检察部二级检察官。

验方法和裁判的平衡度，影响监督的质量和精准度。因而，作为监督者的检察机关在履行监督职责时，需要融入裁判者的思维、方法和经验，对裁判结果的形成过程进行一种沉浸式的体验，既在某种程度上减弱因上述民事监督程序特性所带来的监督条件限制，又最大限度缩小与法官办案能力的差距。同时，作为监督者还应该从沉浸于裁判者思维中跳出来，以超然监督者的身份，在深刻把握监督理念上的精准性、监督履职中的主动性、监督角色上的客观性、监督尺度内的包容性和监督权力边界上的谦抑性等六项监督视角和维度，对生效裁判活动和结果进行更高层次的质量检验，让法律监督更加专业权威。有检察官指出民事检察类案监督是一种更高层次的监督，是做强民事检察、实现精准监督的应然要求和重要方式，并从数字赋能、系统指引、综治助推等方面提出了多维构建民事检察类案监督机制的构想。

（二）关于虚假诉讼问题

民事虚假诉讼的预防与惩治已成为检察机关的一项重要业务。西安市院专门成立了课题组，对2019—2022年两级院办理的民事虚假诉讼案件进行了分析调研，指出工作中存在的线索来源不足、办案力量薄弱、调查核实权强制力不足、当事人对检察机关民事虚假诉讼监督知晓率低等问题，有针对性地提出主动监督拓展案源、强化用足调查核实权、加强协作依托大数据办案、加强职能宣传等方面提出改进思路措施，对深入推进该项工作具有很强的现实意义。有检察官指出由于立法上的不周延和不统一，产生了虚假诉讼定罪与民事虚假诉讼认定范围不一致的制度问题，导致刑事案件办理和民事虚假诉讼监督的衔接不紧密、“部分篡改”型虚假诉讼行为无法进行刑事打击、民事虚假诉讼追责惩戒落实不到位等现实问题，并提出修改立法和司法解释的建议。有检察官从法理、立法和实践三个维度论证了单方虚构部分事实、伪造证据的行为应认定为民事虚假诉讼。有检察官针对虚假诉讼线索发现难问题，提议立足数字检察的发展趋势，建立检察业务数据、公安政务数据和互联网大数据融合分析系统，以类案监督要素为中心设计开发数据分析模型，从而对异常线索进行有针对性的核查，解决线索发现难问题。

（三）关于支持起诉的问题

支持起诉是民事检察业务中近年来力推的一项重点工作，在维护弱势群体权益方面发挥着重要作用。多数检察官指出支持起诉实务中存在的法律规定原则化、操作办法不明确，导致实践中做法不统一、工作开展不均衡，进而提出革新工作理念、明晰诉讼地位、明确支持起诉范围、合理设置工作程序等措施。有检察官对最高检第三十一批指导性案例和支持起诉工作指引进行分析，指出上述文件已经从职能定位、案件受理范围和工作程序等方面明确了检察机关支持起诉工作，建构起支持起诉制度，基本解决了“制度供给不足”的问题；同时指出支持起诉并非检察机关专属职权，且最高检第六检察厅制定的《民事检察部门支持起诉工作指引》设置了“前置程序”，隐含了支持起诉的发展方向——协调并监督相关职能机构开展支持起诉，必要情况下自行开展支持起诉。

（四）关于检察和解的问题

近年来，最高检在不断强化民事检察精准监督的基础上，积极倡导以和解等柔性手段化解矛盾纠纷。检察官普遍认为，《人民检察院民事诉讼监督规则》对民事检察和解制度的规定过于原则，其适用范围和和解效力及救济等问题都存在不明确的状态。对此，有检察官提出并非所有民事案件均适合进入检察和解程序，建议检察机关受理民事申诉案件时，应对原裁判文书确有错误或瑕疵，但对当事人权利义务影响不大的案件或不宜监督或当事人有特殊关系的三类案件优先启动和解程序。有检察官提出，一方面应从立法或司法解释的角度对上述问题予以明确，另一方面检察机关应能动检察，以机制建设推动民事检察和解工作稳步有序开展，同时运用多元化纠纷解决形式，积极引导当事人和解。

（五）关于知识产权检察保护的问题

近年来检察机关不断加强对知识产权的保护，发布了最高人民检察院《关于全面加强新时代知识产权检察工作的意见》，深入推进知识产权检察领域改革和体制机制建设，着力加强知识产权司法保护，全面提升综合保护质效，服务保障创新驱动发展。有检察官对知识产权检察保护从民事、刑事两个方面进行了探讨。有检察官提出应明确知识产权刑事附带民事诉讼制度，为知识产权案件权利人提供更多保护和选择，节约司法资源、方便维权。

除上述问题外，有检察官指出刑民交叉案件的审理应当体现公权力与私权利的平衡，无论是先刑后民还是刑民并行的司法程序选择，还是刑事判决在民事裁判的采信都不可一概而论，应当理顺刑民交叉案件在立案、执行程序等方面的沟通衔接机制，保证刑民交叉案件在程序与结果方面均能实现正义。有检察官对《民法典》的实施情况进行了研究分析，指出实践中存在的问题和解决思路。有检察官对调卷难这一长期制约民事监督的问题做了较为全面的分析，指出实践中存在的调卷审批程序繁简不一、正副卷不能同时调阅、复印卷宗付费等问题，及由此带来的检察机关监督地位、监督效率和监督效果的困惑，进而提出从中央立法规制、“两高”司法衔接和基层先行先试三个层面解决的思路。有检察官深入分析了县级院案源不足的现状和原因，提出通过对内提高办案水平、打开发现线索和案源的视野，对外扩大民事监督职能宣传、降低监督案件受理条件，从两方面拓展案源的思路。有检察官对民间借贷、施工合同纠纷、股东资格否认之诉、劳动纠纷、商标纠纷等案例进行分析，提出类案监督的审查要点，检察机关应当提高监督的敏锐性，在调查核实的基础上全面开展检察监督。有检察官对辖区街道在处置因征迁而确认农村集体经济组织成员资格情况进行实证研究，并结合陕西省人民法院文件，对困扰集体经济组织及其“成员”的资格问题进行了较为详细的论证，提出认定的思路与方法。有检察官对民事送达程序进行了程序价值、法律规范上的分析，指出实践中存在的问题，并提出解决思路。

二、行政检察

行政检察方面的文章，主要围绕行政违法行为检察监督、行政争议实质性化解、行政非诉执行检察监督三个方面的问题展开。

（一）关于行政违法行为检察监督问题

参会检察官主要从行政违法行为检察监督的必要性、合理性、存在问题及如何完善等进行研讨。参会检察官一致认为，中共中央《关于加强新时代检察机关法律监督工作的意见》为新时代全面深化行政检察监督指明了方向，将检察机关的法律监督范围从诉讼领域拓展到诉讼领域以外，进一步丰富了检察权的内容。

检察官结合工作实际，从不同的角度分别梳理了当前存在的法律依据不足、监督范围不清晰、检察建议刚性不足、监督保障机制不健全、案源不足、办案力量薄弱、监督信心不足，以及与监察权、检察公益诉讼职能交叉等问题。多位检察官一致认同行政违法行为检察监督应秉持“谦抑”和“有限监督”的原则，不能替代行政权、当事人的救济权，以及纪检监察对“人”的监督。有检察官从加强队伍建设、理论研究和职能宣传、完善协作联动机制、拓宽线索发现渠道等方面提出了具体的建议。另有检察官提出应通过一体化办案确保检察权统一行使，并运用好检察监督程序性优势，实现与其他监督制度融合贯通，形成监督合力等方式，提升监督刚性、增强监督实效。

有关行政违法行为检察监督的范围问题，有检察官认为应当正确理解和把握“在履行法律监督职责中发现”，除了包含检察机关所有的监督职责外，还可以探索从受理当事人申请控告、参与社会治理、与行政机关协作，以及国家机关、社会团体和人大代表、政协委员等转交线索中发现。监督重点应集中在对公民权利有直接影响的行政违法行为，监督内容主要为行政行为的违法性，对行政机关的自由裁量行为应给予必要尊重。

关于行政违法行为监督与公益诉讼、纪检监察的交叉处置难题，有检察官提出凡不属于行政公益诉讼领域，或虽属其领域但不具备“侵害国家利益和社会公共利益”要件的，均可由行政检察部门监督。区分行政违法行为监督和纪检监察监督的核心在于侧重点不同，行政违法行为监督“对事”，纪检监察监督“对人”。

（二）关于行政争议实质性化解的问题

参会检察官主要依托各自开展行政争议实质性化解工作的经验和遇到的问题，探讨了行政争议实质性化解的法律依据、工作难点和完善的建议。行政检察监督的法律依据源于2014年修改的行政诉讼法关于“人民检察院有权对行政诉讼实行法律监督”的规定。当前工作中主要存在案件数量较少、人才储备不足、缺乏具体操作规范等问题。有关行政争议实质性化解工作完善的建议，有检察官提出应通过跟踪监督、向人大、党委报告等方式增强监督刚性，以“违法占地类”个案处理推动类案监督，以及积极参与社会治理等方式进行完善；有检察官从主动拓展案源、多主体合力协作、引入专业外脑等方面提出具体对策；有检察官提出应坚持“穿透式”监督与有限监督并重，依法向法院发出再审检察建议或向行政机关发出检察建议，督促其“自我纠正”，不能通过上述程序解决的案件，则应能动履职开展化解工作。

（三）关于行政非诉执行检察监督问题

参会检察官以国土执法领域的非诉执行检察监督为样本，指出检察机关存在的法律依据不足、案件线索来源单一、监督方式刚性不足、监督力量及力度不够等问题，法院存在受理环节审查不严、对行政行为的合法性审查流于形式、裁定准予执行后案件并未进入执行环节、执行程序与结案标准不明确、不统一等问题，以及行政机关存在的执法不规范、不严谨、告知行政相对人起诉期限不统一、行政没收的法律规定与实践操作不统一等问题。有检察官针对法院的执行行为，提出了受理环节严把“入口”关、明确案件审查标准、多措并举确保执行效果、起诉期限存疑应当作有利于行政相对人的解释等建议；有检察官提出加强立法建设、完善监督依据，加强内外协作、深挖案源线索，加强队伍建设、提升监督能力方面的建议。

三、公益诉讼检察

公益诉讼检察是一项全新的司法制度，党的二十大报告明确提出完善公益诉讼制度。如何完善公益诉讼制度，既是落实党的二十大精神的体现，也是推进公益诉讼制度发展的保障。公益诉讼检察方面的文章主要围绕公益诉讼检察与社会治理、公益诉讼监督领域、公益诉讼线索发现、调查核实权等问题讨论。

（一）关于公益诉讼与社会治理

参会检察官分别从检察公益诉讼与基层治理、社会治理方面进行了探讨。有关检察公益诉讼与社会治理的融合方面，主要聚焦于公益诉讼与社会治理网格化机制的融合，采取“公益诉讼＋网格化”的方式。部分检察官分别介绍和总结了其所在院开展的“公益诉讼＋网格化”的主要做法，分析了当前存在的群众基础薄弱、数据壁垒和数据孤岛制约、融合程度不够、移送线索成案率不高，以及法律监督刚性不足的问题，并提出了建立联系基层群众网络、建全信息收集和大数据研判平台、提升检察建议刚性、加强人才配备和培养、加大对网格员培训力度等建议。有检察官还提出了建立乡村涉农检察联络员制度、参与街道网格管理、组团服务等具体措施。

关于检察公益诉讼与基层治理的融合方面，有检察官以最高检发布的185件典型案例为样本，提出当前检察公益诉讼以基层治理的法治方式为主，与基层治理的自治和德治方式融入不足；以促进基层治理的法治化为主，与基层治理的社会化、智能化、专业化融入不深等问题，认为检察公益诉讼在基层治理中应定位为“培育自治、实现法治、参与德治”，进而引入嵌入性理论，通过政治、关系、功能的嵌入，提出了检察公益诉讼融入基层治理的具体路径。

（二）关于公益诉讼监督领域的问题

办案领域和范围的拓展一直是检察公益诉讼发展的重要引擎。随着几部法律的制定和修改，检察公益诉讼法定办案领域和范围扩大至13个。参会检察官主要围绕安全生产、环境保护、妇女权益保护、传统村落保护、商标知识产权保护五个新领域进行研讨。关于安全生产领域，有检察官提出当前办案中主要存在对安全生产公共利益的理解不统一、对行政机关履职标准认识不一致、检察监督不专业等三大问题，提出对“安全生产”的理解不宜超出《安全生产法》的适用范围而作扩大解释，同时应多措并举提高安全生产方面的专业能力，并以“行为标准＋实质性合法”作为判断行政机关履职的标准。关于环境公益诉讼问题，有检察官指出检察机关先天具有办案制约因素少、效率高、力度大的优势，且较早地获得明确的公益诉讼权力，广泛而有力地开展了环境公益诉讼；进而提出设立举报奖励、破解线索不足难题，吸纳专家辅助人、成立专业化办案组，争取财政经费支持、提高科技办案能力等措施建议。

关于妇女权益保护领域，有检察官提出新修订的《妇女权益保障法》授权检察机关提起公益诉讼，使妇女权益保障成为公益诉讼第十三个法定领域，进而从妇女权益保障和公益诉讼检察的发展脉络出发，对妇女权益保障类公益诉讼的法律适用问题进行了全面的分析，提出先行试点稳妥推进、更新理念创新发展和发挥优势整合力量等三方面的措施建议。关于传统村落保护领域，有检察官提出我国目前的传统村落保护面临法律法规缺位，申报认定、管理监督、违法处罚等制度不健全的困境，应从完善立法和制度等方面解决前述困境。关于商标保护问题，有检察官以实践中遇到的销售假冒注册商标的女性卫生用品刑事案件，难以提起刑事附带民事公益诉讼为切入点，提出该类案件侵害了不特定多数女性群体权益，符合公益诉讼的目的和本质，应纳入公益诉讼的范围。

（三）关于检察公益诉讼调查核实权问题

调查核实是公益诉讼办案的基础和前提，其规范运行直接影响着事实认定的合法性和检察监督的有效性，但在公益诉讼的实践中，调查核实权的行使存在规范要件抽象、操作程序模糊、保障力度较弱等问题。有检察官提出检察机关公益诉讼调查核实权的性质属于法律监督权，其行使应当遵循合法、合公益保护目的及必要性三大原则。有关调查核实权的保障方面，有检察官提出应主动争取政府人大支持，通过聘任特邀检察官助理等方式借助“外脑”外力，通过自动检测仪、无人机航拍、卫星遥感、大数据检测平台等智能智慧技术的应用，以及司法警察取证协助等间接强制措施。

（四）关于公益诉讼线索发现难问题

有检察官提出应通过“大数据应用 + 检察监督办案”的方式，从网格信息中智能筛选、汇总和碰撞比对案件线索，同时通过加强内外协作、建立线索统一管理和调配机制、线索举报奖励机制等丰富线索的来源途径。

除上述问题外，还有检察官探讨了公益诉讼业务评价工作中存在的问题，提出应通过办案系统培训提高评价原始数据准确率，及时调整评价指标，以及完善进位得分计分规则等方面的完善建议。有检察官指出行政公益诉讼作为基层院公益诉讼的“重头戏”，但面临案件线索不足、办案力量薄弱、调查取证困难、宣传引导不到位的问题，进而提出从大数据赋能、凝聚市域社会治理合力、内部挖潜、引入“外脑”、扩大宣传等方面发力探索。有检察官指出对刑事附带民事公益诉讼是否应适用民事诉讼的诉讼时效问题，检察机关可以刑事侦查终结时才知道侵权主体并明确损失为由，以刑事侦查终结时开始计算诉讼时效。

后　记

首届西安市检察理论与实务研讨会（民事 行政 公益诉讼论坛）近日成功举办，这次研讨会是西安市人民检察院不断加强检察调研的缩影，更是重视调研结出的硕果。

最高检领导强调，要围绕新时代检察理论研究，促进习近平法治思想更深融入、引领检察实践。陕西省检察院王旭光检察长指出，检察理论研究是推动检察工作高质量发展的先导性、基础性工程，承载着助推新时代检察事业高质量发展的重大使命。西安市检察院党组深刻领会，高度重视，把调研作为加强队伍建设、培养锻炼发现人才、推动各项业务的重要举措。2022 年 8 月，西安市检察院计划举办民事行政公益诉讼论坛，向全市检察干警征集调研文章。10 月，西安市检察院党组会议就举办首届西安市检察理论与实务研讨会（民事 行政 公益诉讼论坛）的筹备工作进行研究部署。陈明检察长在会上对举办研讨会提出明确要求和期望，并对筹备工作做出具体安排部署，同时，市院成立了以陈明检察长为组长的筹备工作领导小组，先后数次研究部署这项工作；杜豫苏副检察长任副组长，具体负责各项具体筹备工作。文章征集期间邀请专家为全市民事、行政、公益诉讼检察干警讲授调研论文的选题、破题与撰写。培训中杜豫苏副检察长向干警分享其调研心得，并指出检察调研具有领导力、检察力、凝聚力和宣传力，检察工作的科学发展离不开检察调研的理论支撑和智力保障。通过培训进一步提升了干警的调研和写作能力。

截至 2022 年 11 月底共征集了 59 篇文章。为客观公正评定文章等次、确定获奖文章，成立了有外单位专家参与的评审委员会，经过两轮评审，评选出一等奖 4 篇、二等奖 8 篇、三等奖 13 篇和优秀获 25 篇，随后编印成册。这些文章梳理了当前民事、行政和公益诉讼检察面临的困难与机遇，并从推动制度机制建设、延伸监督触角、强化监督措施、提升监督效果等角度，提出了建设性的意见和建议，对激发干警思考分析现状、推动工作持续有力开展具有重要促进意义。

编委会

2023 年 11 月